重读经典
——丛书——

重读陶行知

李镇西 著

四川人民出版社

图书在版编目（CIP）数据

重读陶行知 / 李镇西著. — 成都：四川人民出版社, 2022.6（2024.7重印）
ISBN 978-7-220-12714-4

Ⅰ.①重… Ⅱ.①李… Ⅲ.①陶行知（1891-1946）—教育思想—研究 Ⅳ.①G40-092.6

中国版本图书馆CIP数据核字（2022）第037011号

CHONGDU TAOXINGZHI

重 读 陶 行 知

李镇西 著

出 版 人	黄立新
策划统筹	蔡林君
责任编辑	蔡林君 汤 梅
版式设计	戴雨虹
封面设计	张 科
责任校对	舒晓利
责任印制	周 奇
出版发行	四川人民出版社（成都市三色路238号）
网 址	http://www.scpph.com
E-mail	scrmcbs@sina.com
新浪微博	@四川人民出版社
微信公众号	四川人民出版社
发行部业务电话	（028）86361653　86361656
防盗版举报电话	（028）86361661
照 排	四川胜翔数码印务设计有限公司
印 刷	成都勤德印务有限公司
成品尺寸	170mm×240mm
印 张	22
字 数	282千
版 次	2022年6月第1版
印 次	2024年7月第6次印刷
书 号	ISBN 978-7-220-12714-4
定 价	68.00元

■版权所有·侵权必究
本书若出现印装质量问题，请与我社发行部联系调换
电话：（028）86361656

目 录

001　穿越时空的陶行知先生
　　　——李镇西《重读陶行知》序言　朱永新

005　大先生陶行知

001　陶行知的初心
005　他日爱国爱人，必自今日不欺始
009　"教育乃一种快乐之事业"
013　先生的责任"在教学生学"
017　听陶行知怎么说"新教育"
023　"今日的学生，就是将来的公民"
028　教育应给人以自由和快乐
032　"总要把小孩子当作活的"
036　"这种教育中的败类，真不知害了多少青年！"
040　"平民教育就是平常人民的教育"
048　"小朋友的信啊，你是我精神的泉源！"
053　陶行知喜欢的"活学校"长什么样儿？

059	"学校里师生应当相依为命"
063	学校生活处处皆教育
067	"我们要向农民'烧心香'"
074	德育工作者应该是怎样的人？
079	"中国乡村教育走错了路！"
083	师范院校怎能以姓"师"为耻？
087	"课外作业是生活与课程离婚的宣言"
091	做有思想的行动者
095	"教"是最好的"学"
100	办有中国气派的教育
104	"不要再把伪知识传与后辈"
109	道德教育不可简单化和绝对化
112	"小事大做，则小事变成大事"
116	"教育就是社会改造"
121	"真教育是心心相印的活动"
125	看陶行知怎样"翻了半个筋斗"
130	"教师是儿童队里的一员"
134	"师范生的唐僧是小朋友"
138	"您不可轻视小孩子的情感！"
143	如果孩子不是将来的瓦特，就可以鞭挞吗？
147	科学"犹如一柄锋利的刀"
152	"要解放小孩的自由"

目 录

156　会考何以杀人？
160　"我们要创造儿童的世界"
164　"教师只能说真话"
167　这样的教育是不是"亡国教育"？
171　"不要你哄，不要你捧，只要你懂"
175　"不是标语统一便算统一"
179　"学做一群人中人"
184　儿童吃饭时可不可以讲话？
188　陶行知是如何对待"难管的小孩"的？
192　"宁为真白丁，不作假秀才"
196　"建筑起'人格长城'来"
203　创造真善美的活人
208　"首先要尊重儿童的人权"
213　"必须解放老百姓的创造力"
216　让每一个孩子都能过自主的儿童节
221　民主的教师应该有着怎样的资格？
225　"民主是一种新的生活方式"
230　中国民主教育的先行者
236　第一流的教育家需要怎样的土壤？
241　中国需要怎样的教师？
245　"校长是一个学校的灵魂"
251　"日记是我们一天心灵的写真"

256	教育首先是心灵的艺术
260	"教师之职务是教人学做主人"
264	"吃得苦中苦,方为人中人"
269	"人人都能享受粗茶淡饭的教育"
274	"看他开花,看他成熟"
278	"教育万能之说是教育界自欺欺人的话"
284	师生应该"共造校风,共守校规"
288	"要想学生学好,必须先生好学"
292	看陶行知是怎样批判孔老先生的
297	陶行知为什么提倡"有限制的爱国心"
301	自然而有温度的教育
305	"校长和校工一律看待"
310	孩子的错误算不算"错误"?
314	陶行知是怎样维护教师权益的?
318	父母是儿童最好的老师
322	跟陶行知学写文章
327	新教育的世纪回响
331	后记　不读行知,何以为师?
335	参考文献

穿越时空的陶行知先生
——李镇西《重读陶行知》序言

朱永新

镇西的《重读陶行知》就要正式出版了，嘱我写一序言。

我非常高兴地答应了。这不仅因为我是中国陶行知研究会的会长，要鼓励大家研究陶行知先生的教育思想，也不仅因为镇西是我的学生，"高徒出名师"，镇西的成就于我有荣光焉，更重要的是，我一直认为李镇西是陶行知的真正传人。

镇西与陶行知是跨越时空的同志，是心灵相通的知己。有一位一线老师曾经在文章中写道：读了陶行知你就会发现，李镇西与陶行知在思想上、理念上、方法上乃至文章风格上都有惊人的相似。读懂了陶行知，你就可以理解李镇西；而读懂了李镇西，你就可以走进陶行知。此言确也。

我看过镇西的书房，书橱里陈列着各种版本的陶行知先生的著作。他告诉我，其中许多著作已经读过无数遍了。我想象着他在紧张的教学和管理工作之余，在灯下读陶行知先生著作的情景，感慨他真诚的追随。他曾告诉我，越读陶行知，就越觉得陶行知没有离去，就在今天的中国，就在我们身边。

我去过镇西的学校，校园有两个重要的景观，一个取名为"苏园"，为了纪念苏霍姆林斯基先生；一个则是"陶园"，为了纪念陶行知先生。镇西当时告诉我，苏霍姆林斯基和陶行知是他的两位精神导师。他说："我并没有自己原创的教育思想，我的教育信念和教育理论都来自包括陶行知和苏霍姆林斯基在内的中外教育家。我的全部努力，都是为了让苏霍姆林斯基思想中国化，让陶行知思想当代化。也许我一生都不能实现这个理想，但我愿意点点滴滴地去尝试和探索。"

镇西追随陶行知，践行平民教育。陶行知先生是伟大的人民教育家，著名的平民教育家、社会活动家，其教育思想对中国教育史有着深远影响。他最大的心愿是希望全中国人民都有受教育的机会。他扎根在中国的田野上，亲自办学校，用脍炙人口的理念、诗化的语言，击中人心。他所创办的乡村教育，为乡村振兴铺路，成为改造民心的途径。

而镇西当时任校长的学校成都市武侯实验中学，是一所以当地失地农民和进城务工人员子弟为主要生源的学校。所以，镇西在办学的过程之中，以陶行知理论引领学校的发展，践行着平民教育思想，把自己的学校定位为"为最普通的老百姓办好家门口的学校"。他和老师们的努力是有价值的，而且取得了一定的成绩。学校不但在社会上得到了良好的社会口碑，而且于2007年7月31日得到了时任国务院总理温家宝的高度肯定："他（李镇西）走的乡村平民教育之路是正确的，他和同事们通过'提升教师、关爱孩子和影响家长'三件事，让孩子们享受优质教育，富有创意，符合实际，抓住了素质教育的关键问题。他们所从事的事业是高尚的，我向他们表示敬意。"

镇西追随陶行知，践行生活教育。陶行知先生曾提出"六大解放"思想，即解放儿童的头脑、双手、眼睛、嘴、时间、空间，要培养"真善美的活人"，这与当下"双减"政策不谋而合。我们应该让孩子从单纯的课本中解放出来，将孩子推入大自然、大社会，变成立体、开放且生动的"活人"。

镇西对此也深得陶行知先生教育的精髓。从他任教之初的"未来班"开始，他就引导学生关注窗外的世界，懂得社会的生活，让学生拥有一颗自由的心灵。他提出"教育生活化，生活教育化"，把语文课搬到了菜市场、岷江边、油菜花地里，还带着学生走向社会，在街头找错别字，进行各种社会调查……须知这是在20世纪80年代，可以说，镇西至少提前了十年实施素质教育，这不是他有什么"先见之明"，而是因为他心中有陶行知。

陶行知先生反对培养只会考试答题的"书呆子"，主张以培养学生素养和能力为中心，而不单单是以知识和考试为中心。陶行知先生的教学逻辑先是"做什么""教什么"，最后才是"学什么"。在教育实践中，陶行知先生尤其注重培养学生的创造力，鼓励学生主动探索，扬长避短。在"修钟表"的故事中，他高度评价孩子的好奇心；在"拒绝为儿子开假学历证明"的故事中，他强调要老老实实做人，实事求是处理问题；在"四块糖"的故事中，他从错误行为中看到良好的动机，推崇从正面教育孩子，非一味批评指责，体现出他与众不同的教育智慧与教育艺术。

镇西也旗帜鲜明地反对应试教育，他认为要站在社会的高度看教育，站在教育的高度看课堂，要能够看到超出"分数"本身的东西，才能获得好分数。教学的目的不只是知识，更不是分数，而是育人，或者说，课堂教学是育人的重要途径。教学，除了让学生获得知识，掌握能力，还要形成信念、滋养人格。陶行知认为，好教师最根本的是要有社会改造家的精神。镇西高度认同这个理念，他继承陶行知"教人求真，学做真人"的精神，在自己的班级和课堂，把"做人"放在首位，同时注重鼓励学生创新能力和质疑精神，培养学生的批判性思维，为中国培养社会主义公民。

作为新教育研究院院长，镇西一直倡导"过一种幸福完整的教育生活"，认为最好的教育是帮助孩子成为更好的自己，是把每个孩子的天性、潜能和特长发挥出来，而不是一味地"补短"，同时也要允许孩子犯错误，在这个过程中成长，可以允许孩子"野"一点、"猛"一点，去做想做的事情，激发孩子的创造力。这些与陶行知先生的教育理念也都是一脉相承的。

在我看来，这本《重读陶行知》不仅仅是镇西的读书笔记，更是他多年来学"陶"、思"陶"、践"陶"的理论研究与实践探索。将镇西的这本书作为桥梁，我们可以进入陶行知先生的思想宝库。镇西几十年的读陶经历，就是一个年轻老师从追随杰出教育家到走向教育专家的成长史。

只要怀有初心，追随大师，每一个老师都可以成为陶行知式的教育者。

2022年1月17日晨，写于北京滴石斋

大先生陶行知

陶行知无疑是一位大先生。如何理解这位大先生？我觉得还是当年他去世后覆盖遗体的旗帜上那八个大字最能说明这位"大先生"之"大"——

民主之魂，教育之光。

我理解，这里的"民主之魂"，指的是陶行知先生的政治之魂、生活之魂和教育之魂。

政治之魂，即他的政治理想。陶行知先生年轻时曾说："余今生唯一的目的是经由教育而非军事创造一民主国家。"他最初的理想就是国家的民主，但这个民主通过教育实现，所以他是从民主出发，走向教育民主，最后他发现，不摧毁一个专制的政权是无法单独实现教育民主的，因此他后来走向政治民主，成为著名的民主主义战士。

生活之魂，即他的生活方式。民主不仅仅是一种政治制度，也是一种生活方式。这个观点最早是由杜威提出的。他指出，民主主义"还有一种更为深刻的解释：民主主义不仅是一种政府的形式；它首先是一种联合生活的方式，是一种共同交流经验的方式"。也许是受老师的影响，陶行知也曾指出："民主的时代已经来到。民主是一种新的生活方式，我们对于民主的生活还不习惯。但春天已来，我们必须脱去棉衣，穿上春装。我们必须在民主的新生活中学习民主。"

这是对民主更为深刻的理解。将民主看作一种个人的生活方式，即认为民主不只是一种形式或者外在的东西，还是一种内在的修养。这种内在的修养体现于日常生活和与人交往的过程中：相信人性的潜能；相信每个人不分种族、性别、家庭背景、经济水平，其天性中都蕴含着发展的无限可能性；相信在日常生活与工作中，人与人之间是能够和睦相处，能够真诚合作的。民主的生活方式，意味着自由、平等、尊重、多元、宽容、妥协、协商、和平等观念浸透于社会的每一个角落，体现于生活的每一个细节。

陶行知的民主生活方式，最突出的体现，就是他与人相处的平等观念，尤其是提出要消灭"人上人"的观念，树立"人中人"的意识；他还特别提倡师生互助互进，强调先生要向学生学习，向老百姓学习，呼吁做先生的要把自己的生命放在学生的生命中，放在大众的生命中。

教育之魂，即他的所有教育实践都是为了培养具有共和精神的公民，培养国家的主人，培养共和国的公民。

针对专制社会的顺民教育，陶行知旗帜鲜明地指出："民主教育是教人做主人，做自己的主人，做国家的主人，做世界的主人。"

陶行知民主教育的目的始终是指向未来的民主社会的。他认为，民主教育应该为共和国培养公民："今日的学生，就是将来的公民；将来所需要的公民，即今日所应当养成的学生。"封建专制教育说穿了就是培养奴才；而民主教育是培养主人，是高扬人的主体性的教育。因此，是训练奴才还是造就主人，可以看作是专制教育与民主教育的分水岭。

上面说的是我对陶行知"民主之魂"的理解。下面谈谈我对"教育之光"的理解。

陶行知先生的教育之光，是"中国之光"，即办有中国气派的教育。针对当时一些人不顾中国的实际而一味将"洋货"往孩子头脑里灌，把中国教育搞得奄奄一息的情况，他特别强调，无论多么先进的理念和做法，都要根据中国的实际情况予以改造。晓庄师范、山海工学团、育才学校、社会大学等，无一不是最具中国特质的教育形式。

陶行知先生的教育之光，是"平民之光"，即面向多数人的教育，面向劳苦大众的教育。作为中国平民教育的先驱者之一，他和晏阳初等人，一直怀着服务大众的情怀，在广大乡村面向最基层的百姓办教育。对比今天，我们有些学校的教育越来越贵族化，回眸一下陶行知教育的"平民之光"，是很有必要，也是很有意义的。

陶行知先生的教育之光，是"儿童之光"。儿童在陶行知眼里至高无上。他一直强调做先生的乃至所有成人都要向孩子学习，他希望师范生要"变成小孩"，并且说这是做教师的资格。陶行知先生无限地相信儿童，坚信每一个孩子都有着无穷的创造力，多次呼吁要解放儿童，提出了著名的"六大解放"。

陶行知先生的教育之光，是"生活之光"。他的教育根植于生活，融合于生活，着眼于生活，从生活出发，最终为了生活。他提出生活教育的理论，主张"生活即教育"。他强调生活实践的意义，强调"教学做合一"，强调生活处处都是教育、都有教育。他把教育与生活彻底打通，让孩子们时时处处都可以学习，人人都可以互相为师。

陶行知先生的教育之光，是"创造之光"。教育最终是为了解放人的创造力。他认为创造无处不在，无时不在，无人不可创造："处处是创造之地，天天是创造之时，人人是创造之人。"特别要强调的是，陶行知提出的"培养创造力"是与他的民主社会理想直接联系的："培养创造力，以实现创造的民主和民主的创造。"

陶行知先生的教育之光，是"师范之光"。教育的品质取决于教师的品质，只有高质量的教师，才可能有高质量的教育。陶行知特别重视师范生教育，他致力于培养热爱儿童、献身教育、建设乡村、服务人民的师范生。现在我们越来越重视教师队伍的建设，而教师队伍的建设应该从师范生开始。陶行知师范教育的思想至今依然闪烁着光芒。

"大先生"有什么内涵？我认为，这里的"大"指的是超出或高于一般人的品质。从陶行知先生的身上，我们可以看到，所谓"大先生"之大，至少包括——

大道德。这里的"大道德"应该是具有超越个人一切功利的人格，教育就是信仰，怀着爱心，心里装着每一个孩子。陶行知对师范生说："我今天要代表乡村儿童向全国乡村小学教师及师范生上一个总请愿：'不要你的金，不要你的银，只要你的心'。"这实在是让我感动。他还说："只要是为老百姓做事，我吃草也干。"这种无私，的确非常人能够拥有，这就是大道德。

大理想。所谓"大理想"，即不是个人的小追求，而是一种为了国家为了民族的使命感，是一种大担当。陶行知说："人生为一大事来"。这里的"大事"，一般人很容易理解为他所从事的教育，其实不是，这里的"大事"，指的是陶行知改造社会、改造中国的伟大抱负。没有这样的大理想，就谈不上大先生。

大胸襟。宽广的胸襟，开阔的视野，是大先生的品质。我的导师朱永新说过，只有有了大胸襟才能够做大事业。大胸襟，指能够包容一切，真正的海纳百川，包括世界一切文明成果。我们要站在人类精神文明的制高点，反思自己的每一堂课。今天我们当然要立足中国办中国的教育，但"教育要面向世界，面向现代化，面向未来"的思想也并没有过时，而是要办立足国内，放眼全球，办中国的教育。

大思想。大先生当然是一流的知识分子，而知识分子便意味着同时是一名长于思考者甚至是一名思想家。他思考民族和国家的昨天、今天和明天，当然要顺应历史潮流，响应时代呼唤，服务于民族、国家的发展，但这绝不意味着人云亦云，屈从于权贵。真正的大先生始终保持着如陈寅恪所说的"独立之精神，自由之思想"。

大学问。大先生具有大学问,这不言而喻。今天我们缺少大先生的原因,就是太多的"先生",和过去的大先生相比,肚子里的货太少,说到底是书读得太少。所以我曾经说过,和老一辈大先生相比,我们连学者都谈不上。没有手不释卷的习惯、博览群书的阅历,没有学富五车的积淀,就休要谈"大先生"。

大智慧。大先生不仅仅有思想,而且还有实践,尤其能够在教育实践中,显示出教育智慧。历史在发展变化,时代会给我们提出一个又一个新的问题,具有大智慧的先生总能与时俱进地面对这些难题,提出有针对性的策略、技巧、办法。这些策略、技巧和办法也许会过时,但其中蕴含的智慧却能超越时空。

我认为,作为一种理想的境界,大先生是完美的,正如杜时忠教授所说,大先生符合我们对理想教育者的全部想象。但这绝不意味着具体到每一个大先生,他就没有弱点或缺点。任何一个大先生都有着自己的个性特点,难免有弱点或缺点,是"唯一"的。

有人问,新时代如何培养大先生?我认为,新时代当然有着我们特定的使命,比如我们现在正在为实现第二个百年目标而奋斗,所以肯定有过去的大先生没有遇到的问题;但我更要说,对今天绝大多数教育者来说,我们需要的是继承。先别说"创新",先看看我们同过去大先生们的差距有多大?——人格的、胸襟的、学问的、思想的……所以,我们现在与其说"培养"大先生,不如说首先应该学习和继承老一代大先生的品质、风范与传统。

再说,大先生是能够"培养"的吗?不,大先生从来不是人为"培养"的,而是在适宜的环境中自己成长起来的。必须说,人的成长离不开大的时代,比如如果没有改革开放,没有1977年恢复高考,中国许多杰出的人才可能被埋没。但同样的环境,有的人成长了,有的人湮灭了,关键还在于个人。你能说陶行知这位大先生是谁培养的吗?难道是国民党反动派培养的?不,是他自己成长起来的。我这样说，丝毫不意味着我否认外在条件的重要性。大先生的出现，需要爱、自由和宽容，就是说，包括大先生在内的所有杰出人才的成长，都需要爱的阳光、自由的空气和宽松的土壤。当然，也需要时代的机遇、领导的关怀和恩师的引导，但最终，有了同样的机遇、关怀和引导，有的人成长起来了，有的却没有成长。这只能说，可以创造条件让大先生自由而宽松地成长，却不能人为地"培养"大先生。

必须承认，不是人人都可以成为大先生的，但这不妨碍每一个普通的老师心中有成为大先生的追求。

今天，我们对陶行知最好的纪念，就是像陶行知那样做人、做事、做教育！

李镇西

2021年10月18日

陶行知的初心

1915年，陶行知（当时名为陶文濬）在伊利诺大学市政专业获得硕士学位后，于当年秋季转入哥伦比亚大学师范学院改学教育专业，师从杜威、孟禄等大师。

本来这是一件好事，但陶行知却遇到了一个大困难，就是经济拮据，缺乏足够的经费维持学习。其实他本来是获得了中国政府给予的部分庚款奖学金资助，但哥伦比亚大学位于纽约，生活费比伊利诺大学要昂贵得多。所以到了哥伦比亚大学不到半年，陶行知便囊中羞涩。

这时，由于孟禄博士的介绍，陶行知得以申请利文斯顿奖学金并获批准。这笔奖学金对陶行知来说，无疑是雪中送炭。

按程序，受助人得向利文斯顿奖学金捐助人说明"曾受训练及终身事业之计划"，于是，陶行知给哥伦比亚大学师范学院院长罗素写了一封信，汇报自己的学习经历以及终身志愿。

在这封信中，陶行知表达了自己"欣喜何似"的心情，希望院长能够"提供一些住在本市附近的捐赠人姓名，以便我登门拜访"，向捐助人当面表示感谢。他还陈述了自己从发蒙到留美的学习经历。

在表达了"衷心感谢"之外，陶行知写道——

> 愿向您以及利文斯顿奖学金捐赠人保证，在斯特雷尔教授及其他科、系教职员之教导下，再经过两年多的培训，余将回国与其他教育工作者合作，为我国人民组织一高效率之公众教育体系，以使他们能步美国人之后尘，发展和保持一真正之民主国家，因此乃唯一能够实现的正义与自由的理想之国。

在这里，青春勃发的陶行知向罗素以及捐赠人袒露了自己毕生的志愿——用教育振兴中国。

其实，陶行知"教育救国"的理想也有一个形成的过程。当初少年陶行知走出家乡的时候，胸怀报国之志的他和鲁迅、郭沫若当年一样，最初的志向是学医，并投考了杭州的广济医学堂，但也因为和鲁迅、郭沫若同样的原因，他弃医从教。

所以，1914年刚到美国时，陶行知心仪的大学就是哥伦比亚大学师范学院。他非常希望学教育，无奈费用不够，不能直接进入哥伦比亚大学学习，便退而求其次，进入费用相对低一些的伊利诺大学研究院攻读市政专业，后获得了伊利诺大学政治学文科硕士学位。但他认为学习市政专业将来只能做官，不能真正建立起民主共和的国家，而在中国最不缺少的就是官员，于是他毅然转到哥伦比亚大学，专门研究教育。

在这封给罗素的信中，陶行知写道："鉴于我中华民国突然诞生而带来之种种严重缺陷，余乃深信，如无真正之公众教育，真正之民国即不能存在。"

这寥寥数语，缘于他来美前就对"共和"才三四年的中国现状的深深忧虑。

辛亥革命后，民国取代了清朝，共和取代了帝制。但中国依然没发生根本的变化，尤其是国民精神依然停留在封建专制时代，政治黑暗，百姓愚昧。随着袁世凯为首的封建反动势力的复辟，中华民国有成为袁氏"中华帝国"的危险。为此即将毕业于金陵大学的陶行知写下论文《共和精义》，阐述共和主义的真谛。

在这篇文章中，陶行知倡导民主共和，反对专制横威，认定"自由、平等、民胞，共和之三大信条也"。他还指出了当时种种"共和之险象"，包括"国民程度不足""伪领袖""党祸""多数之横暴"。

怎样才能防止"共和之险象"呢？当然是人民共和精神的觉悟与提升。那如何才能有足够的共和公民？陶行知把目光投向了教育——

> 人民贫，非教育莫与富之；人民愚，非教育莫与智之；党见，非教育不除；精忠，非教育不出。教育良，则伪领袖不期消而消，真领袖不期出而出。而多数之横暴，亦消于无形。……同心同德，必养成于教育；真义微言，必昌大于教育。爱尔吴（即爱尔威）曰："共和之要素有二，一曰教育，二曰生计。"然教育苟良，则人民生计必能渐臻满意。可见教育实建设共和最要之手续，舍教育则共和之险不可避，共和之国不可建，即建亦必终归于劣败。……故今日当局者第一要务，即视众庶程度，实有不足。但其为可教，施以相当之教育，而养成其为国家主人翁之资格焉。

陶行知以第一名的成绩获得了金陵大学优秀毕业生的资格，而他这篇毕业论文被校方推出来在毕业典礼上宣读。

从《共和精义》中，我们可以清楚地看到，陶行知已经基本确定了为在中国实现民主共和而从事教育的人生志向。

因此，他从伊利诺大学转到哥伦比亚大学师从杜威、孟禄等著名教育大师专攻教育，有着坚实的思想基础和强劲的理想动力。

25岁的陶行知给罗素的信中，有一句话掷地有声——

> 余今生之唯一目的在于经由教育而非经由军事革命创造一个民主国家。

民主，是陶行知教育思想的根本。他的包括生活教育在内的所有教育主张和实践，都是民主这棵大树生长出的繁茂枝叶。

当然，陶行知的民主思想是不断发展的——从旧民主主义发展到有社会主义倾向的新民主主义，但对民主本身的追求，他从未停歇。

为了民主中国献身教育，通过教育创造民主中国。这就是陶行知的初心。

为了这颗初心，他奋斗了一生。

鞠躬尽瘁，死而后已。

1946年7月26日，上海人民在为英年猝逝的陶行知举行大殓，在他的遗体上覆盖了一面鲜红的锦旗，上面写着八个大字——

民主之魂，教育之光。

2021年9月3日

他日爱国爱人，必自今日不欺始

陶行知一生追求真教育，这是众所周知的。

22岁那年，他在担任主笔的《金陵光》杂志上发表了一篇《为考试事敬告全国学子》的文章，抨击学生作弊，力数其害——

（一）欺亲师。……欺师不敬，欺亲不孝，不孝不敬，是为败德。败德之人，不得志害身家，得志害天下。自来滔天罪恶，盖有始于此者矣。

（二）自欺。……将以求荣，适以受辱；将以欺人，适以欺己：其愚亦已甚矣。

（三）违校章。……以尊荣之学生，而行同偷窃，甘以身试法，不独行为不轨，亦且太自轻其身份矣。

（四）辱国体。……吾华生之一举一止，一言一行，莫不为彼邦人士所注意。倘不慎而所安、所由、所以，皆未能出于诚，则被外人行将以一斑而概全豹，谩谓吾"中华之大病在于不诚"。……惟欺诈是尚，则不徒召外人之藐视，亦且失其共和国民之精神矣。

（五）害子孙。……今日之学子，即他年之父母也。为学子而行欺，是不啻引将来子女之行欺矣。可不惧哉！

陶行知还把作弊上升到假爱国和假爱人高度——

且吾人今日，盖莫不以爱国爱人自任矣。对于吞赃纳贿，则重斥之；对于任用私人，则訾议之；对于运动位置，则鄙弃之。吾嘉其志，吾佩其言，然爱国者必遵守法律。今日不服从学校之法律，安望其他日服从国家之法律乎？爱人者，必推亲及疏。今日师傅之昵而欺之，父母之亲而欺之，己身之切而又欺之，安望其他日之能爱人乎？……故欲他日爱国爱人，必自今日不欺始。欺人欺己而自谓爱国爱人者，假爱也。亲且不爱，遑论乎疏？己且不自爱，遑论乎推己而爱人？

此文让我感慨万千。我的眼睛久久停留于"自来滔天罪恶，盖有始于此者矣"而浮想联翩。

作弊可耻，这已经是从古到今的道德公论，然而在行动上呢，作弊之风一直绵延不绝。如果说陶行知当年所抨击的是旧社会的污浊现象，那么中国进入社会主义时代，按说这种旧社会的丑行应该消失，至少应该大大减少吧！然而，只要稍微去考察一下现在的一些学校，恐怕很难让人不摇头。

仅从考试方式上看，为了杜绝作弊，学校煞费苦心，严防死守。比如

"混班交叉考试",即不同年级的学生在一个考室考不同的试卷,以防止学生窃视;又比如将考场设置在学校操场,考生与考生之间彼此隔离——如果航拍这个场面,应该如大型团体操一样整齐而宏伟吧!

本来考试要诚信是天经地义的,可现在有些学校居然倡导"诚信考试",且大造声势,让学生在国旗下宣誓,举起右手,大声呼出"诚信考试"的誓词,宛如敢死队奔赴战场一般壮烈。可笑!

更有甚者,有的老师也默许甚至纵容更甚至帮助学生作弊。这种现象好像也是"历史悠久"了。1914年1月,陶行知还在《金陵光》上发表过一篇题为《呜呼某校》的短文,以辛辣的笔调,形象地描绘了这样的情景——

> 年考将届,某校学生某起谓某教员曰:"请先生给我们些范围。"
>
> 众学生曰:"这是要的,这班书顶难。"
>
> 某教员曰:"上班了四个月,只念了十八面书,怎样叫难?"
>
> 众学生曰:"这是要的,这班书顶难。"
>
> 既思欲保存饭碗,惟有取悦学生;欲取悦学生,惟有允其要求。
>
> 乃继曰:"那么,照书面数,逢单的就考;逢双的就不考,好不好?"
>
> 众学生曰:"好……好……好!"
>
> 考试届,某教员书考题毕,一生曰:"先生,第二个题目在书上哪一面呢?"继又一生曰:"先生,末了一个题目我忘记了,在那一面吗?"
>
> 某教员始则支吾两语,终则一一俱应学生所问。考试始终学生忽而交头耳语,忽而纸球四飞。抽屉之下,几成藏书楼。一时眼手交忙,大有偷儿之态度。教员则如知情之捕快,见若不见,闻若不闻。
>
> 记者曰:一学期而读十八面书,已届不成事体。考时复取其半,

以为范围；范围之外，复有指点；指点不足，继以夹带；夹带不足，继以枪替、剽窃。学生以此欺教员，教员亦以此误学生，成何教员？成何学生？更成何学校？然就吾之目光所观察，正不止某校已也。呜呼，民国教育之前途！

一百多年过去了，陶行知当年"呜呼"的"某校"不是依然没有绝迹吗？

我曾经听有帮助学生在考场上暗中作弊的老师说："我也没办法啊！上面逼得紧啊！"她所谓的"逼得紧"，是指教育部门对学校教学分数的各种考核，包括排名，这些考核又直接关系着老师的绩效。所以有老师激愤地说："应试教育逼良为娼！"

似乎很有道理，这"道理"让可耻者居然成了无辜者。然而，绝大多数没有作弊的学校和老师，在同样的应试压力下，为什么没有被逼成"娼"呢？如果说，只有通过和学生配合作弊才能有理想的"教学质量"，这是对踏踏实实教书的老师和老老实实考试的学生极大的侮辱！

正如陶行知所讽刺的，这些作弊的学生和老师，面对国旗庄严得很呢！作文、演讲无不表现出自己"爱国"的模样。然而，"欺人欺己而自谓爱国爱人者，假爱也"。

2021年9月4日

"教育乃一种快乐之事业"

有一个判断,我估计是包括许多教师在内的大多数人的共识:师德低下、水平糟糕的教师是个别的,品学兼优、出类拔萃的教师也不多,处于中间状态的教师往往爱孩子,也有把教育做好的真诚愿望,但业务素养不理想,教育教学智慧也不够用,总之整体素质平平。

我们可以从个人素质(包括天赋)、收入待遇、制度建设、社会风气等方面去找原因,但还有一个重要的原因,就是从师范生的源头上就出了问题,或者干脆说,师范院校招生时就为未来的教师队伍埋下了隐患——

第一,因为现在中国的师范大学(含师范学院)所录取的新生,绝大多数都不是中学毕业生中的佼佼者,换句话说,最优秀的高三毕业生往往不会把报考师范院校作为自己的首选志愿。第二,相当多的师范生并非出于热爱教育而报考师范院校,更多的是由于其他原因,"我的高考分数只能上师范""父母劝我,说女孩子教书也不错""现在各行各业都有压力和风险,相比之下,教师职业还算稳定""虽然辛苦,但毕竟还有寒暑假"……

这样的教师,会给教育带来怎样的后果?陶行知当年早就预料到了。

陶行知先生的《师范生应有之观念》,是他1918年5月对安徽省立第一师范学校和省立第一女子师范学校师生所作的演讲记录。

先生告诉师范生们,"教育乃最有效力之事业"。这里的"有效力"特指对共和国的重要性,是"能巩固共和之基础"——

> 教育能养成共和之要素。共和国有两大要素：一须有正当领袖,一须有认识正当领袖之国民。盖领袖有正当者,亦有不正当者。正当领袖,能引导国民行正当之事业;不正当领袖,能诱致国民行不正当之事业。故又必须养成能认识正当领袖之国民,领袖正当则从之,领袖不正当则去之。由是,正当领袖之势力日张,而不正当领袖之势力日蹙。所以教育能巩固共和之基础也。

简言之,教育就是造就共和国的公民。而培养公民的教师,自己首先就得是真正的公民。这是不言而喻的。

先生还告诉师范生们,"教育乃一种快乐之事业"——

> 《论语》曰："有朋自远方来,不亦乐乎？"非当日孔子言教育之快乐耶？孔子一生诲人不倦,至于发愤忘食,乐以忘忧,不知老之将至。现任教育者,无不视当教员为苦途,以其无名无利也。殊不知其在经济上固甚苦,而实有无限之乐含在其中。愚蒙者,我得而智慧之；幼小者,我得而长大之；目视后进骎骎日上,皆我所造就者。其乐为何如耶？故办教育者之快乐,当在手续上,而不在其结果之代

价。换言之，即视教育为游戏的作业、作业的游戏也。

我经常对年轻老师说，只有把教育当爱好（即陶行知所说的"视教育为游戏"）才能享受到其中的快乐。我曾对一个不甘于教书的年轻老师说："如果你对教育职业不满意，就两个选择，要么改变职业，要么改变职业心态。"这话有些"无情"，但我直言的是一个事实：如果一辈子从事自己不爱的职业，自己痛苦，学生也痛苦。

所以，报考师范就要想清楚：我为什么要报考师范？

陶行知当初对师范生们也是这样说的——

> 诸君亦当自省为何不入他校而入师范学校？岂为师范学校豁免学膳费而来乎？抑为求学之故，无他校可入，不得不入师范学校乎？或迫于父母之命，不得已而入师范学校乎？将负大才能、抱大兴味而后入师范学校乎？假如因免学膳费，因无他校可入，及因父母所迫而入，姑且无论。若因负大才能抱大兴味，其将何以自待？吾见今日师范毕业生，有一部分人不办教育，或办教育而不尽心力者，皆由初未能自省也。然则，以上所说均成空谈矣。鄙人此番之话，方为负大才能抱大兴味而入师范学校者言之，望诸君皆注意焉。

在陶行知看来，"负大才能抱大兴味而入师范学校者"（即有理想有兴趣而报考师范的人）将来才可能成为真正有作为且享受职业幸福的教师。

在《中国师范教育建设论》中，陶行知先生在谈到师范教育时，特别谈到对未来先生的选择："预备要做先生的是那种人？他对于教师职业的兴味、才能如何？他充当某种教师是否可以胜任愉快？现在实际在那儿当教师的是谁？师范学校所期望于他所训练的人才有多少能做适当的教师？这也是师范学校要考虑的问题。我们的建议是：谁在那儿教，谁欢喜教，谁能教得好，就应当训练谁。"

然而，当今现实令人忧虑。2018年，安徽省（陶行知就是安徽人啊）某县给所辖学校发了一个通知——中考成绩330分（除去体育和实验成绩）的考生有资格被送到某专科学校，五年后就能成为一名乡村教师！

据网上透露，该县2018年普通高中（含民办）录取控制分数线是420分，该县比较差的高中统招线也达到了671分！安徽省2018年高中招考总分为880分，扣除实验和体育占分90分，卷面总分还有790分！ 330分，得分率仅为41.8%！

这些中考只有330分、得分率仅为41.8%的学生，至少从成绩看来，绝对是"差生"，但这些"差生"居然可以免试进入师范专科学校，五年后将成为光荣的人民教师，无数家长的孩子将交给他们教育培养……我想起来就感到"恐怖"。

现在，居然公开号召连普通高中都考不上的初中生去读师专，师范生的质量沦落到如此境地，真是让人欲哭无泪——为我们民族的未来忧心忡忡！

很多人会说，是教师待遇太低而让教师职业缺乏吸引力。这当然是事实，国家也的确应该不断提高教师待遇。但是，无论教师待遇如何提高，教师都不可能成为超级富翁。我的意思是，仅仅靠待遇去吸引考生报考师范，作用是有限的，就像高薪养廉一样，究竟得多高的"高薪"才能"养廉"？

国家除了提高教师待遇，还应该以各种方式创造一种全社会尊重教育、尊敬教师的氛围，而且这些方式应该制度化，让每一个教师都有一种发自内心的自豪感；同时，所有报考师范的学生，在填报志愿的时候，都应该郑重地思考：我为什么要当老师？

2021年9月4日

先生的责任"在教学生学"

无论是多年前的新课改,还是最近强调的核心素养,都要求课堂上尊重学生的学习主体地位,根据学生的需求来设计教学。教师的教,要服务于甚至服从于学生的学,教和学成为有机的一体。有专家还为这种突出学生本位的课堂取了一个名字,叫"生本课堂"。

其实,在陶行知1919年发表的《教学合一》一文中,已经将学生在教学中的主体地位谈得很透彻了。虽然和八年后(1927年)他的《教学做合一》比起来,还没有强调"做",但仅就教学中的师生关系而言,"教学合一"已经是对传统课堂的一个革命性冲击了。

陶行知善于从大家司空见惯的地方发现其谬误:"现在的人叫在学校里做先生的为教员,叫他所做的事体为教书,叫他所用的法子为教授法,好像先生是专门教学生些书本知识的人。他似乎除了教以外,便没有别的本领;除书之外，便没有别的事教。而在这种学校里的学生除了受教之外，也没有别的功课。先生只管教，学生只管受教，好像是学的事体，都被教的事体打消掉了。"

明明叫"学生"，但"学的事体，都被教的事体打消掉了"，难道不荒唐吗？

陶行知从大家熟悉的"学校"二字入手，轻轻一挑，便挑破了一个滑稽的水泡："论起名字来，居然是学校，讲起实在来却又像教校。这都因为重教太过，所以不知不觉地就将它和学分离了。"

由是，陶先生提出"教学合一"三个理由："第一，先生的责任不在教，而在教学，而在教学生学。……第二，教的法子必须根据学的法子。……第三，先生不但要拿他教的法子和学生学的法子联络，并须和他自己的学问联络起来。"

关于第一点，先生特别强调："好的先生，不是教书，不是教学生，乃是教学生学。教学生学有什么意思呢？就是把教与学联络起来：一方面先生要负指导的责任，一方面学生要负学习的责任。"所谓"负学习的责任"，就是先生自己要不断学习，汲取新知，即在教会学生学的同时，自己也要不断学习——用今天时髦的说法，就是"做一个学习型的教师"。其实，所谓"学习型的教师"就是一个很荒唐的说法，难道还有"非学习型"的教师吗？如果不学习，还叫教师吗？

但很遗憾，现在不学习的教师还真不少，如果不是教育行政部门规定"继续教育学分"，不是学校规定"必读书"而且每天打卡，还要考核，有的老师恐怕除了读教材教参，很难会再读其他书。

所以今天的老师读到陶行知对"好的老师"的界定，应该问问自己：我要求学生读书，我读书吗？

关于第二点"教的法子必须根据学的法子"，从根本上说，是教师对学生的尊重。这里，陶行知如此批评道："从前的先生，只照自己的意思去教学生，凡是学生的才能兴味，一概不顾，专门勉强拿学生来凑他的教法，配他的教材。一来先生收效很少，二来学生苦恼太多，这都是教学不合一的流弊。"现在，"只管自己的意思去教学生"的老师依然存在。如果这些老师读到这里，不应该深思吗？

"教的法子必须根据学的法子"的课堂，彻底变革了传统课堂上的师生关系，把教师"教"的过程变为学生"学"的过程，让教师的"教"服务于甚至服从于学生的"学"。这样的课堂，是陶行知民主教育理念的生动体现——它意味着教师必须尊重学生原有的基础与个性，意味着教师对学生能力与潜力的无限信任，意味着师生是在探求知识真理道路上志同道合的同志和朋友，意味着还学生自主学习的权利，意味着让学生成为课堂的主人……建立在师生人格平等基础上的课堂，是以师生积极交流对话为主的课堂，是让学生真正成为学习主人的课堂，是充满生命幸福与人性光芒的课堂！

关于第三点所说的先生"须和他自己的学问联络起来"，对教师的专业素质提出了较高的要求。陶行知的原话是："做先生的，应该一面教一面学……"而不是照本宣科，做知识的"二传手"。

注意，这里的"学"不只是一般的阅读，更是指做学问研究。陶行知说："他必是一方面指导学生，一方面研究学问。如同柏林大学包尔孙先生说'德国大学的教员就是科学家，科学家就是教员'。"不断研究，就必须不断关注相关领域最前沿的动态，这样教师大脑始终江河澎湃，不至于死水一潭。如此源源不断的活水，才可能滋润学生的精神世界。

我曾经说过，高素质教师首先应该是某一学科领域的"专家"。他当然必须要有出色而且深受学生欢迎的教学艺术，但还不能仅止于此，他还应有教学以外与自己专业相关的一技之长：教数学的，不妨在课余研究一点数学"猜想";教物理的,最好同时又是一个科技制作的能工巧匠;教政治的,能不时发表一些经济学小论文;教语文的,可能又是一位楚辞研究者……教学艺术和专业特长,对学生产生一种热爱科学、不断进取的潜移默化的感染教育作用,也使教师本人对学生保持着一种源于科学、源于知识的人格魅力。

"教学相长"的原意本非指师生之间互相帮助、彼此促进、共同成长,而是指教者本身"教"与"学"的"相长"。但后人在注释时作了引申,还包括教学过程中教师与学生双方的相长,也是陶行知一再强调的教育理念。陶行知这里以孔子"学而不厌,诲人不倦"的话为例,说明"教学相长"能让一个教师快乐:"孔子说:'学而不厌,诲人不倦。'真是过来人阅历之谈。因为必定要学而不厌,然后才能诲人不倦;否则年年照样画葫芦,我却觉得有十分的枯燥。所以要想得教育英才的快乐,似乎要把教学合而为一。"

读到这里,我们能不若有所思,进而想到自己吗?

2021年9月4日

听陶行知怎么说"新教育"

我曾经说过,"新教育"并非我们今天的"首创",其源头可以追溯到19世纪的欧美。

新教育流派是19世纪末20世纪初,随着欧洲国家工业化发展、垄断进一步形成,而出现在欧洲的一种反对传统教育理论和方法,广泛采用新的教育形式、内容和方法,革新已有教育的方方面面的教育运动。这一教育运动在实践上表现为"新学校"的兴起和发展,在理论上则表现为具有深厚自由主义色彩的理论的出现。

中国新教育运动是北洋政府时期和国民政府初期（1912—1930）由蔡元培、黄炎培、郭秉文、蒋梦麟、陶行知等留学欧美的新教育家群体为主导,由众多一线教师和国外教育专家积极参与,以民间教育力量为主体,以实用主义教育哲学为理论基础,以提倡和实践教育民主化、科学化、国际化和本土化为基本内容,包含众多专门化教育运动的资本主义性质的教育现代化改革运动。

中国新教育运动的兴起和发展，是中国近现代教育发展的内在需要，也深受20世纪初期国际教育思潮与运动，特别是美国"进步主义教育运动"和欧洲"新教育运动"的深刻影响，同时它积极反馈于国际教育新潮。从某种意义上说，也可将之视为20世纪前期国际教育改革运动的重要组成部分，它们彼此相互影响，相互推动，促进了20世纪前期世界教育的改革与发展。

1919年，陶行知在浙江第一师范学校毕业生讲习会上有过一次著名的讲演，全面阐述他的新教育主张。该演讲录收入《陶行知教育文集》时题目就叫《新教育》。

陶行知一开口便谈到"新教育的需要"。他说："我们现在处于二十世纪新世界之中，应该造成一个新国家，这新国家就是富而强的共和国。怎样能够造成这新国家呢？"先生说，固然要有好的领袖去引导老百姓，但老百姓怎么知道哪个领袖是好的呢？"所以现在所需要的，是一种新的国民教育，拿来引导他们，造就他们，使他们晓得怎样才能做成一个共和的国民，适合于现在的世界。"这里，明确了中国需要一种新教育，来造成一个新国家。

紧接着，先生专门对"新教育"三个字进行释义。先说"新"字是什么意思："新字的第一个意义要'自新'。今日新的事，到了明日未必新；明日新的事，到了后日又未必新。即如洗澡，一定要天天洗，才能天天干净。这就是日日新的道理。所以新字的第二个意义要'常新'。又我们所讲的新，不单是属于形式的方面，还要有精神上的新。这样才算是内外一致，不偏不倚。所以新字的第三个意义要'全新'。"

讲了"新教育"的"新"之后，先生又解释"新教育"之"教育"的含义："'教育'是什么东西？照杜威先生说，教育是继续经验的改造

（Continuous reconstruction of experience）。我们个人受了周围的影响，常常有变化，或是变好，或是变坏。教育的作用，是使人天天改造，天天进步，天天往好的路上走；就是要用新的学理，新的方法，来改造学生的经验。"

新教育的目的是什么呢？陶行知先生讲了两点：第一，让学生有利用自然界的能力造福于人类；第二，讲求共和主义，使人人都能自由地守着自己的本分去做各种事业。"一方面利用天然界，一方面谋共同幸福。可说一句，新教育的目的，就是要养成这种能力，再概括说起来，就是要养成'自主''自立'和'自动'的共和国民。"也就是说，新教育的目的是培养"三自"新公民。陶行知具体阐述说："自主的就是要做天然界之主，又要做群界之主。即如选举卖票一事，卖和不卖，到底由自己的主张。果能自主的人，富贵不淫，贫贱不移，威武不屈，人家有什么法子对付他呢？至于自立的人，在天然界群界之中，能够自衣自食，不求靠别人。但是单讲自立，不讲自动，还是没有进步，还是不配做共和国民的资格。要晓得专制国讲服从，共和国也讲服从，不过一是被动的，一是自动的，这就是他们的分别了。"

接下来，陶行知先生又讲了新教育的方法：第一，要"适合"，即"杀鸡用鸡刀，杀牛用牛刀，这就是适合的道理；教育也要对着目的设法"。也就是说，方法不可一概而论，须因人而异，因材施教。第二，要"依据经验怎样做的事，应当怎样教"，即更多的时候应该从生活中学习知识和技能。第三，共同生活，以培养共和精神，有互助的力量。第四，有正当的游戏运动。第五，注重启发。尤其要培养学生产生疑问、提出疑问并解决疑问的能力。第六，鼓励自治。"教学生对于学问方面或道德方面，都要使他能够自治自修。"第七，全面发展。"全部发育身体和精神要全体顾到，不可偏于一面。"第八，要注重学生的学习兴趣，师生之间要和睦，"所以'学'和'乐'是不可分离的"。这里，陶行知先生特别提出，学校里面先生都有笑容，学生也有笑容。第九，讲究效率。"要用最简便、最省力、最省钱、最省时的法子，去收最大的效果。"

陶行知的新教育还包括"新学校"的概念，其内涵就是学校与社会打通。陶行知先生的原话是："新学校是小的社会，社会是大的学校。所以要使学校成为一个小共和国，须把社会上一切的事，拣选他主要的，一件一件的举行起来。不要使学生在校内是一个人，在校外又是一个人。要使他造成共和国民的根基，须在此练习。"

新教育所培养的新学生，也有特定的含义。这里，学生之"学"，是要自己去学，不是坐而受教。"先生说什么，学生也说什么，那便如学戏，又如同留声机器一般了。"而"生"字的意义，是生活或是生存。"进一步说，不可学是学，生是生，要学就是生，生就是学。"先生还提出，所谓"学生"是随时随地的事，不只是孩子在学校的事："天天变动，就是天天受教育，差不多从出世到老，与人生为始终的样子。你哪一天生存不是学？你哪一天学不是生存呢？孔子到了七十岁，方才从心所欲不逾矩，他是一步一步上进的。凡改变我们的，都是先生。以前只有在学校里的是学生，一到家里就不是学生；现在都做社会的学生，是从根本上讲，来得着实，不至空虚。虽出校门，仍为学生，就是不出于教育的范围。所以每天的一举一动，都要引他到最高尚、最完备、最能永久、最有精神的地位，那方才是好学生。"

陶行知的新教育对"新教员"也提出了要求："新教员不重在教，重在引导学生怎么样去学。"这样的教员必须具备的素质："第一，要有信仰心。认定教育是大有可为的事，而且不是一时的，是永久有益于世的。……第二，要有责任心。不但是自己家中的小孩和课堂中的小孩，我应当负责任；无论这里那里的小孩，要是国中有一个人不受教育，他就不能算为共和国民。……第三,做新教员的要有共和精神。就是不可摆出做官的态度,事事要和学生同甘苦,要和学生表同情,参与到学生里面去,指导他们。第四,要有开辟精神。时候到了现在,不可专在有教育的地方办教育。要有膨胀的力量,跑到外边去,到乡下地方,或是到新疆这些边界的地方,要使中国无地无学生。……第五,要有试验的精神。"

有了新教员,还得有新课程。这课程从社会方面讲,要合乎世界潮流,合乎共和精神;从个性方面讲,要符合每一个人的需要。有了新课程自然就有新教材。陶行知认为这教材应该是活的,而不是死的,要符合鲜活的生活,而且随社会生活的变化而变化,不要用"死书"去教"活泼泼的人"。新教育的考试也应该和生活相联系,要考有用的知识和技能,不考无用的死知识。

在这次演讲中,陶行知系统地论述他主张的新教育,几乎就是他的"新教育大纲"。我理解,陶行知的新教育就是生活教育、民主教育、公民教育。任何一个时代的教育都面临着特定的时代主题。陶行知所要解决的问题是如何让千千万万老百姓接受教育,成为共和公民。这是以前的教育没有解决的。这就是他的新教育。

当今中国,以朱永新老师为发起人,由千千万万一线教师参与的"新教育实验"如火如荼,这与百多年前欧美的"新教育运动"和中国陶行知等新教育先驱的"新教育"有何联系?朱永新老师说:"发起于21世纪初的新教育实验,也可以视为世界语境中的新教育在当代中国的一声回响。因为,我们与历史上的新教育之间有一些共同的特性:都旨在对现实的教育进行反思、批判和重构,都主张尊重儿童的个性,都建立了一批实验学校,都试图对当下的教育和社会进行创新和改良,都是民间自发的行动,等等。在这个意义上,我们是历史上新教育的一段新的链接和延续。"

时间毕竟过去了一百年,中国今天的教育显然和陶行知时代有了很大的不同，比如已经基本上没有了文盲，九年义务教育已经普及了。也就是说，陶行知的新教育所期待的"让千千万万老百姓接受教育"已经成为现实，但是否成为素质完整、发展全面的共和公民，这个任务还不能说完成了，还需要今天的教育者继续努力。

1936年7月，陶行知在香港发表了题为《新中国与新教育》的演讲，他说："新教育和老教育不同之点，是老教育坐而听，不能起而行，新教育却是有行动的。"而我们今天新教育实验也主张，只要行动，就有收获。

无论陶行知时代的新教育，还是今天的新教育，共同之处都是对准一个个具体的"人"为国家培养公民。今天的新教育在汲取陶行知先生的新教育理论养料的基础上，提出并尝试通过"十大行动"，改变师生的精神状态，赋予师生及家长一种幸福完整的教育生活。这就是今天新教育的使命。

2021年9月4日

"今日的学生,就是将来的公民"

1987年暑假,我第一次读到了陶行知先生的《学生自治问题之研究》,一下就被吸引住了。

陶行知说:"学生自治是学生团结起来,大家学习自己管理自己的手续。"

我想到了我当年即将带高一新生时,就想:可不可以让"学生团结起来,大家学习自己管理自己"呢?当年9月新学年一开学,我决定在班上试试。

我先让学生们自己订立班规,人人都参与订立——而不是少数班干部制订,更不是我这个班主任提出几条规定让大家遵守。

我之所以让人人参与班规制订,是因为我按照陶行知先生的指导:"我们办学的人所定的规则,所办的事体,不免有与学生隔膜的。有的时候,我们为学生做的事体越多,越是害学生。因为为人,随便怎样精细周密总不如人之自为。……这就是说，有的时候学生自己共同所立的法，比学校所立的更加近情，更加易行，而这种法律的力量，也更加深入人心。大凡专制国家的人民，平日不晓得法律是什么，只到了犯法之后，才明白有所谓法律。那么，法律的力量，大都发现于犯法之后，这是很有限的。至于自己共同所立之法就不然，从始到终，心目中都有它在，平日一举一动，都为大家自立的法律所影响。所以自己所立之法，大于他人所立之法；大家共同所立之法的力量，大于一人独断的法。"

经过反复讨论修改充实，全班无记名投票通过了班规，于是这部"班级法律"便成了我班最高权威的象征——不，还不只是象征，而是对包括老师在内的行为规范。为什么"包括老师"呢？因为在制订班规的时候，我和学生统一了认识：老师也是班集体平等的一员，理应和同学们一样，接受班规的监督与制约。

实践证明，学生是能够自治的。后来我每带一个班都是这样引导学生通过班规实行自治管理的，效果都不错。

可我的这一做法，被一些专家指责，说我"忽略了学生还是成长中的不成熟的孩子""放弃了教师教育和管理的主导作用""用班规取代深入细致的思想工作，这是把德育简单化"云云。

我不是那种不接受批评的人，但我没看出这种指责有什么道理。于是，我依然坚持用班规进行学生自治，一直到退休前所带的最后一个班。

我行我素的底气，来自心中一直装着陶行知先生的《学生自治问题之研究》。

现在，已经退休的我重读这篇文章，对陶行知先生的学生自治思想有了比过去更深刻的理解。

表面上看，学生自治是一种管理方式，其实它同时也是一种教育行为，不过这里的教育指的是学生的自我教育。

陶行知说:"我们德育上的发展,全靠遇了困难问题的时候,有自己解决的机会。所以遇了一个问题,自己能够想法解决它,就长进了一层判断的经验。问题自决得越多,则经验越丰富。若是别人代我解决问题,纵然暂时结束,经验却也被旁人拿去了。所以在保育主义之下,只能产生缺乏经验的学生;若想经验丰富,必须自负解决问题的责任。"

德育,不是教师想当然地去给学生灌输"道德",而是让学生遇到问题后,"有自己解决的机会",也就是我曾经说过的,有效的德育往往是生活中真实的具体情境中的教育。这种教育,是学生的自我教育,而不是"别人代我解决问题"。这样的体验越多,学生的成长越快。

陶行知的这些论述,已经被我几十年的带班经验所证实。所谓"学生自治"远不只是让学生管住自己,还让学生在面对许多困难和困惑的时候,通过各种方式自己解决。当然,在这些过程中,有时也离不开老师的帮助,但更多的是学生自决。

这种自我教育,是比传统德育更符合教育本质因而更有效果的教育。所以苏霍姆林斯基说:"我深信,只有能够激发学生去进行自我教育的教育,才是真正的教育。"

更重要的是,让学生自己管理自己,是民主教育在班级管理上的有效体现。我甚至斗胆地说,通过学生自治,以"法治"取代"人治",是班级管理的一次"革命"!

是的,长期以来,中学的班级管理模式基本上是班主任"一元化领导"的"人治"。这种管理方式不仅落后低效,而且往往产生一些教育负效应——

班级"人治"管理,教师很累:上至贯彻落实各级领导的教育意图,下到布置督促检查每天的清洁扫除,班主任要做到巨细无遗,可谓"事必躬亲""呕心沥血"!

班级"人治"管理，学生很苦：一切听命于班主任，创造精神受到束缚，主人意识受到制约，自觉性越来越弱，而依赖性却越来越强。

班级"人治"管理，教育不可避免地表现出较大的随意性：对学生的批评、表扬往往因教师当时的情绪或对学生潜在的主观印象而表现出程度的差异或方式的不当，这也使教育的威信在学生心目中降低。

班级"人治"管理，班级成了班主任的影子：班风的好坏主要取决于班主任个人素质的高低，而教育者所期望的学生的参与精神、主体意识、民主观念等等渐渐淡化以至泯灭。

班级"人治"管理，师生关系成了"君臣关系"：教师和学生之间只是绝对的教育与被教育、管理与被管理，教育出现了失误也难以及时纠正，这样，我们多年来提倡的师生平等互助的新型关系则成为一句空话。

班级"法治"管理，使班主任从繁重的事务性劳动中解脱了出来。以前我从早到晚忙得不可开交，却见事不见人：抓班级事务越来越细，离学生心灵却越来越远，而班上纪律仍不如人意。"法治"管理，使我基本上把日常班级事务交给了学生——根据班规，各司其职，而我则腾出大量时间研究学生思想，深入学生心灵，使自己真正成为学生心灵的陪伴者而非"班级警察"或"学生保姆"。当班主任期间，我每天按学号轮流找一位学生谈心，并阅读、写作、发表文章，出版专著。若非"法治"管理，这一切是不可能的。

班级"法治"管理，使学生自我教育与自我管理的愿望真正成为现实。以前，学生的自我教育与自我管理一般只限于少数学生干部，而且他们的"管理"也是有限的——不过是班主任的助手而已。而实施班规，不但使班干部们全权担负起班级管理的重任，而且使班上所有学生成为教育者和管理者。"学生是集体的主人"不再只是一种观念，而成为一种班级制度。

班级"法治"管理，使民主精神真正深入学生心灵。班规使学生与班主任享有一样的权利，学生开始尝试着民主管理的实践，并在此过程中，切身体验着集体与个人、民主与法制、纪律与自由、权利与义务、自尊与尊他的对立统一关系，潜移默化地感受着同学之间、师生之间尊严与人格的平等。学生运用班规，学会依规约束自我，依规维护集体，依规防止班主任凭自己的主观愿望或感情好恶管理学生，依规避免教育者可能出现的教育失误。可以这样说，班级的"法治"管理，实际上是让学生在实践中受到民主精神、法治观念、平等意识、独立人格的启蒙教育——而这正是未来更加民主的社会主义现代化中国对我们教育提出的要求。

陶行知这些话仿佛就是对我的鼓励："今日的学生，就是将来的公民；将来所需要的公民，即今日所应当养成的学生。专制国所需要的公民，是要他们有被治的习惯，共和国所需的公民，是要他们有共同自治的能力。中国既号称共和国，当然要有能够共同自治的公民。想有能够共同自治的公民，必须有能够共同自治的学生。所以从我们的国体上来看，我们学校一定要养成学生共同自治的能力，否则不应该算为共和国的学校。"

这是1919年10月陶行知的声音。

我想到了并不让人乐观的现状：我们现在的学校，有多少学生真正能够自治的管理机制？有多少真正属于学生自己的社团？如果我们连对孩子自主举办一次演出、组织一次演讲都不放心，都急于"引导"甚至操纵，所有学生组织和社团都成了校长和老师意志的傀儡，连小朋友的少代会所有的程序包括排名顺序、发言稿都经过层层审查而成人化——谈何培养未来的公民？这样的学校恐怕就是陶行知所说的"不应该算为共和国的学校"。

重读《学生自治问题之研究》，我更加坚定了自己的信念——让班级（学校）建设更加科学更加民主，不仅仅意味着一种管理方式的改进，而且关键是一种教育观念的更新；也不仅仅是班主任（校长）个人工作艺术的偶然体现，更是让我们的教育适应社会发展、顺应时代潮流的必然趋势。

2021年9月5日

教育应给人以自由和快乐

1921年夏天，陶行知在金陵大学暑期学校发表了一个重要的演讲，这个演讲奏响了他后来所主张的生活教育的序曲。

这次演讲的主题是：活的教育。

陶行知先生一开始，就没有从抽象死板的定义入手，而是用具体鲜活的例子，来解释了什么是"活的教育"——

什么叫做活的教育？活的教育是什么？这个问题本来是很大的，我不容易下定义，我也不能定概观。不过我总觉得活的一字，比一切什么字都要好。活的教育，更是教育中最不可少的现象。比譬：鱼在岸上，你若把它陡然放下水去，它的尾和鳍，都能得其所哉，行动不已。鸟关在笼里，你若把它放到树林里去，它一定会尽其所能，前进不已。活的教育，正像鱼到水里鸟到树林里一样。再比譬：花草到了春天受了春光、太阳光的同化和雨露的滋养，于是生长日速。活的教育，好像在春光之下，受了滋养料似的，也就能一天进步似一天。换言之，就是一天新似一天。

在这里，我读出了陶行知所期待的教育，应该如鱼在水中一般灵动，如鸟在林中一般欢欣，如花草在春天一般生机勃勃。

我常常在想，教育究竟是拿来干什么用的？或者以一种比较学术化的表达发问：教育的功能是什么？对此，教科书会告诉我们，教育"是有目的、有计划地对人的影响"，教育"能促进人由纯粹的生物人向社会人转化"，教育给人以美德、知识、技能、智慧……这些都是对的。

但我总觉得，这些定义往往都是从人的目的性或工具性的角度来看待教育的。作为社会的人，当然有服务社会、效力国家、推动人类进步的使命；但就人本身而言，是不是还有自身的欲望、需求以及纯个性的精神满足？比如自由的思想、快乐的灵魂以及尊严和幸福。

教育究竟是为了什么？是为了社会发展，还是人的发展？

其实，在教育发展史上，教育的社会本位与个人本位一直存在着争论。前者以涂尔干、纳托尔普等人为代表，他们更强调教育目的就在于让受教育者服从并适合社会需要，使受教育者社会化，保证社会生活的稳定和延续；后者以卢梭、康德、施莱尔马赫、福禄贝尔等人为代表，他们主张教育的根本目的在于使人之为人的本性得到最充分最完善的发展，因而教育目的理应根据人的本性之需要来确定。

从理论上讲，理想的教育目的应该是个人发展与社会进步的和谐统一。但事实上，在某种特定的时代，为了国家的富强和民族的振兴，往往就比较强调教育的社会功能，而忽略甚至牺牲教育对人本身的价值。对此不能简单地否定，而应该承认其历史的合理性。

但是，即使在强调教育社会功能的时候也不应该忘记人的发展，而且就算是着眼于为国家培养人才，也不应该使教育过程简单化，把一个个活泼泼的学生当成装知识的容器而强行灌输，丝毫不考虑他们的精神世界，最后把学生也教成死气沉沉的呆子。用死的知识填鸭式地灌输给没有活力生气的"死"的学生，这样的教育，就叫"死教育"。

而陶行知提醒我们："死的教育，我们就索性把它埋下去，没有指望了！不死不活的教育，我们希望它渐渐地趋于活。活的教育，我们希望它更活！"

他以游动的鱼、飞翔的鸟、盛开的花为比喻，告诉我们，教育应该给人以自由和快乐！

又是一百年过去了，中国的基础教育给孩子以自由和快乐了吗？我无意否定所有学校所有老师的教育，相反我对几十年来许多学校的"愉快教育"表示赞赏。而且，的确有许多学校，通过课程和教学方式的改革，让孩子获得了成长的幸福。

但是，不可否认的是，的确有相当多的孩子并没有享受到成长的幸福。前不久，我在六一儿童节那天写了一篇《保卫儿童》的短文，我这样写道——

> 如果仅就"数字"而言，我们的教育的确取得了辉煌的成就：
>
> 改革开放以来，我们新建的学校从数量上说不知翻了多少倍；我们义务教育早已普及；高考录取率也由1977年的4.7%提升到了2020年的54.4%……
>
> 但是，和40年前比，儿童们的作业负担是更重了还是更轻了？儿童们的近视眼是更少了还是更多了？儿童们的体质是更强了还是更弱

了？儿童们的睡眠时间是充足还是减少？儿童们的自杀率是更低了还是更高了？儿童们的想象力是更丰富了还是更贫乏了？儿童们的创造力是更强大了还是更枯竭了？……

人是教育的最高价值。如果以"人"的价值而言，以牺牲孩子健康和幸福的"教育成果"，是我们需要的吗？

我们一代又一代的孩子没有了童年，没有了快乐，没有了健康……空有一个名校的录取通知书有何用？

即使单从教育的社会功能看，失去了强健体魄和强劲大脑的未来一代，靠什么去实现中华民族的伟大复兴？中华人民共和国又凭什么屹立于世界强盛国家之林？

所以，当中共中央办公厅、国务院办公厅印发了《关于进一步减轻义务教育阶段学生作业负担和校外培训负担的意见》（民间俗称"双减"政策），我就特别欣喜，从总体上说，我是全身心拥护中央"双减"政策的！

但愿我们的教育能够真正成为陶行知所说的"活的教育"，让我们的孩子能够在教育过程中，享受到自由和快乐——像鱼儿那般舒畅，像鸟儿那般活泼，像花儿那般绽放……

2021年9月6日

"总要把小孩子当作活的"

在《活的教育》的演讲中,陶行知特别提出:"我们办教育的人,总要把小孩子当作活的,莫要当作死的。"

这话耐人寻味。

有没有把小孩"当作死的"?在陶行知那个年代肯定是有的,不然他不会说这个话,只是对他这话的具体所指,一百年后的我没有看到。但今天把孩子"当作死的",我却有切肤感受。

所谓把孩子"当作死的",就是在有些教师眼中,面前的学生不是一个个有血有肉活生生的孩子,而是一台台机器——学习的机器,一件件容器——装知识的容器,一个个工具——学校和教育者谋利谋名的工具!

既然是"机器""容器""工具",自然不会考虑人的生命因素——兴趣情感、个性差异等,而只是"一刀切""机械化""满堂灌"……

如此违反人性的教育，不需要我举例了吧？

陶行知所主张的"活的教育"，前提是"总要把小孩子当作活的"。那么"把小孩子当作活的"意味着什么呢？

陶行知说："我们教育儿童，第一步就要承认儿童是活的，要按照儿童的心理进行。"他还举例，比如儿童合群，有好奇心，等等，教育都要符合儿童这些心理特点。

不但如此，教育还要依据儿童不同的能力，"设有许多儿童，同在一堂，当教授的人，就要按照各个儿童的能力去教授。要是规定了今天讲一课，明天讲一课，每课虽是都一字一句的分析解释，在那天资聪颖的小孩子咧，他固然能够领受到他的脑袋里去，并且还有闲空；若在那秉性鲁笨的小孩子，那就等于对牛弹琴了，一些儿也不懂得。这种教育，正像规定三人赛跑一般，还能算得是活的教育吗？我们现在既是想讲活的教育，就要知道儿童的能力是不相同的，我们要设法去辅助他，使他能力发展……"

陶行知这个观点新鲜吗？不新鲜。孔夫子早就说了：因材施教。所以这也不是陶行知的原创。根据不同孩子的个性而实施有针对性的教育，这已经是常识了。

但这个常识被很多教师遗弃了，取而代之的是整齐划一、车间流水化作业的教育，陶行知所说的"总要把小孩子当作活的"就成了空谷足音，甚至振聋发聩。

这个原则，或者说这个常识，古今中外都适用。

我想到那年在丹麦听了一堂数学课。那位数学老师几乎没有面对全体学生讲课，而只是在学生中来回巡视，不停地对单个学生耳语，作具体指导。

课后我和她聊："你们这样上课很轻松啊，不像我们中国教师，面对五六十个学生不停地讲，一堂课上下来很累！"

她却回答我说："不，我这样上课更累，因为我必须弄清楚教室里每一个学生的不同需求,并对每一个学生提出最适合他的学习建议。我已经教书32年,对我来说最重要的不是知识本身,而是找到每一个学生怎么学是最有效的,我必须去观察去了解。我必须根据我对学生的了解为他提供最适合于他学习的方式,这是对我最大的挑战。所以我必须用眼睛看每一个学生,然后给学生以最适合的指导。我给每一个学生的建议,都是不一样的。这就要求我必须有足够的知识量,同时我还得了解学生的心理,我得了解他们在课堂上的状态,他们的接受程度,我得去引导他们。我不是在教知识,我是在用最适合他的方式引导他。最重要的不是教给他们知识,而是教他们如何获取知识。知识不是最重要的,学生永远是最重要的。怎样才能让学生发展得最好,这是最重要的。"

她这一番话让我非常感动,尤其是她说"每一个"。

当时我还问她:"你们有考试吗?"因为我听说北欧教育对孩子们来说都很轻松。

她说:"当然有,不过,考试和学生没多大关系,主要是和老师有关。"

这话我没听懂,因为我们中国不少教师正是用考试去"治"学生呢!

她解释说:"我们之所以要考试,仅仅是通过学生的试卷来了解我们老师哪些地方把学生教懂了,而哪些地方学生还没懂。打个比方,同一次考试,一个学生得了100分,另一个学生只得了20分。通过试卷,我明白了,对这个得100分的学生来说,我的指导是成功的,因为他掌握了全部知识;而对另一个得20分的学生呢,我的教学完全失败,因为我对他的指导基本是无效的。这就提醒我,下一步要更加深入细致地了解他,研究他,对他进行更富针对性的有效指导。这就是考试对教师的意义。"

那一刻,我简直感到了震撼。因为我想到同样的情况,在中国教师这里是如何处理的呢?面对100分和20分的两份试卷,教师多半会把得20分的学生叫到办公室,说:"你看,同样的老师,同样的课堂,同样的时间,同样的教法，同样的作业，同样的试题……为什么人家能得100分，而你却只得了20分？你只能找找你自己的原因了！"

多年来，我们都信奉这样铁一般的逻辑，但是这貌似"严密"的逻辑是基于这样一个前提：每一个学生都是一样的。

然而每一个学生恰恰是不一样的，所以同样的老师，同样的课堂，同样的时间，同样的教法，同样的作业，同样的试题……一个得100分，一个得20分，这才是无比正常的！

关键是，教师如何对这两个学生施以不同的教学，让每一个学生都能在自己的基础上有更好的发展。

这个意思，陶行知在《活的教育》演讲中，以"草"比喻普通儿童，以"树木"比喻天资特别聪明的儿童，做了生动的阐述。他说，对于疯长的草坪，我们可以用机器推铲，用不了多少工夫就会使之平坦。"这是对于草是这样——对于普通的儿童是这样；若对于树木——对于天资特敏的小孩子，那就不行了。树木的生长力强些，它的性子也猛些，我们对于它，也要按其能力去支配它，使其生长适度。若任其自然生殖，则其枝干必日渐伸张，后来越长越高，甚至把屋棚都要捣破了！学校里起风潮，就像大树捣毁屋棚，是一样的，都是由于办教育的人，平日对于这教育的趋向没有注意，对于那天资高尚的儿童，没有按其能力去教育。这就是我们没有承认儿童有活的能力。"

是的，"总要把小孩子当作活的"，因为"每一个儿童就是一个完整的世界，没有重复，各有特色"。

其实，这个道理哪个师范生不明白？哪个教师不懂？关键是，做到了吗？

2021年9月6日

"这种教育中的败类，真不知害了多少青年！"

今天，如果哪个老师师德低下，比如经常旷课、辱骂体罚、收礼敛财……我们只能送给这样的"老师"两个字：败类。

但如果哪位老师不迟到不旷课，也不辱骂体罚学生，更不会收家长礼物和不接受请吃……仅仅是课余不读书，不注重自身业务的不断提高，我们会说他是败类吗？当然不会——最多是没有上进心而已，怎么会说他是败类呢？

但陶行知会。

在《活的教育》演讲中，陶行知在谈了"要用活的人去教活的人""拿活的东西去教活的学生"之后，特别提到教员要"拿活的书籍去教小孩子"。他说："现在还有许多教员先生们，他对书籍还不十分注意。当他初当教员的时候，也还肯买一两本书看看，到了后来，他不但不买，连从前所有的几本书，都借给人去了。这样教员，教育界中也不知道有多少。他既不能多买书看，对于一切新知识，他自然是不知道的。他既不能有新的知识，那一定没有新的教材能供给学生，只是年年爬起来卖旧货！这种教育中的败类，真不知害了多少青年。我们现要希望教育成活的，当教员的就要多看书——多看些活的书，好去供给学生的需要，养成新而且活的学生。"

仅仅是因为"不能多买书看，对于一切新知识，他自然是不知道的"，便被陶行知严厉批评："这种教育中的败类，真不知害了多少青年！"陶行知先生是不是言重了？

猛一看似乎是有些上纲上线，但仔细一想，教书人不读书，拿什么去教？胸无点墨却长期站在讲台上教书，这不是误人子弟吗？而误人子弟，这不是败类又是什么？

当然，一般来说，无论当年还是现在，能上讲台的人起码还是具备一定师范资格的——今天还得考教师资格证才能上岗呢！所以，陶行知的意思，不是说这样的"败类"没读过书，而是说他们没读"活的书"，即体现社会变化、时代发展的"一切新知识"的书。所以陶行知这段话的重点是："当教员的就要多看书——多看些活的书，好去供给学生的需要，养成新而且活的学生。"

教育家的思想总是相通的。我想到苏霍姆林斯基也有过类似的精辟论述。

在《和青年校长的谈话》一书中，苏霍姆林斯基这样写道："教育素养是由什么组成的呢？这首先就是教师精通自己所教的学科。我们认为务必使教师清楚地了解他在学校里讲授其基础知识的那门科学中最复杂的问题，了解这门科学的学术思想的尖端性问题。……也许有人反驳说：教师为什么要了解课堂上不教的而且和中学教材没有直接关系的那些东西呢？这是因为要让通晓学校教学大纲成为教师学识中最起码的东西，而只有当教师的学识比教学大纲的范围广泛得多时,他才能成为教育工作的真正巧匠、艺术家和诗人。"

在这里,苏霍姆林斯基强调"了解这门科学的学术思想的尖端性问题",即教师应该随时关注自己所教学科的前沿研究动态,把握最新的学术成果。

这不就是陶行知所说的"活的书"吗?

多年前我一位朋友准备做手术,结果在原定手术的头天晚上他接到手术医生给他电话,说手术时间暂时往后延几天,因为医生刚刚阅读了一个相关的最新医学成果,他打算调整手术方案。当时我就想到了教育。我们一些教师教了几轮毕业班,就觉得教材知识"不过就是小菜一碟",然后循环吃老本,再不关注所教学科的学术发展,用陶行知的话说,"只是年年爬起来卖旧货",所以他要骂这些老师是"败类"。

然而,现在不读书的老师似乎不是个别的。在外讲学,我多次进行过关于教师书房的调查,结果有自己书房的老师总是少数。当然,对于年轻老师特别是刚工作的老师,可能连房都没有,谈"书房"奢侈了一些,但相当一部分中年老师居然也没有自己的书房,这说不过去吧?就算你的住房条件不允许你有一间专门的书房,可客厅兼书房、卧室兼书房,总是可以的吧?

其实,核心的问题不在于你有没有书房,而在于作为知识分子,你有没有自己的藏书!

为了督促教师读书,一些学校推出了一些激励措施,比如规定一个月或一学期必须读多少书,必须交多少篇读书笔记,而且这些阅读与写作,都与绩效考核挂钩。我在肯定学校想方设法激励老师读书的同时,又不得不感到一丝悲哀——教师居然要靠"威逼利诱"来读书,可见教师不读书已经严重到怎样的程度!

可是，许多不读书的老师居然还觉得冤枉，甚至振振有词："不是我不愿读书，而是因为教师太辛苦太忙，根本就没有时间读书啊！"

这是什么"理由"？有没有时间，关键是看你是否把读书当作内在需要，并养成习惯。任何一件事，只要是你的内在需要，并养成了习惯，再忙都有时间去做，或者说永远会有时间。比如，对于热恋中的小伙子，再忙都有时间去约会，因为这是他内在的需要；再比如，对于喜欢运动的人来说，再忙都不会忘记运动，因为他已经养成运动的习惯。读书也是这样！

教师不读书已经丢人了，可如果你还找借口原谅自己，那我只能说，你毫无尊严感了；而你当初选择教书这个需要随时读书的职业，的确是走错了门！

北大教授陈平原说："如果你半夜醒来，突然感觉自己好长时间没读书了，而又没有半点负罪感，那么你已经堕落了。"

希望这样的教师，在夜深人静的时候能够扪心自问："我是否对得起自己的职业，是否对得起每天面对的学生？"并随时想想陶行知严厉的批评："这种教育中的败类，真不知害了多少青年！"

2021年9月6日

"平民教育就是平常人民的教育"

1924年初，卢绍刘就任安徽省教育厅厅长。当年2月8日，陶行知给他写了一封信。在这封信中，他一口气提了十条建议，所有的建议都是一个主题：平民教育。

我想，写这封信的时候，陶行知心里应该是憋着一口气的，因为他在安徽的平民教育受到了当时的安徽省督军马少甫（联甲）的污蔑和阻挠。

辛亥革命推翻了帝制，建立了中华民国，号称共和国。但陶行知深感人民在精神上依然停留在封建时代。他认为，共和国必须要有与之相称的公民，如果老百姓没有共和精神，中华民国就名不副实，只是一个招牌而已。因此，改造国民性，是陶行知那个时代许多知识分子的责任与使命，而陶行知当时选择的路径是教育。在他看来，当时中国四万万人中，就有三万万两千万人不识字，文盲占80%，怎么可能是精神健全的共和公民？只有通过教育，先让老百姓识字,然后再提升他们的精神。这就是陶行知、晏阳初、黄炎培、陈鹤琴、朱其慧等平民教育家的初衷。

陶行知在南京高等师范任教时,就开始组织学生到附近平民社会中推行平民识字活动。他还参与组织编写了一套四册的平民教育教材《平民千字课》,并带学生到老百姓中间去普及文化。1923年8月,陶行知和朱其慧、晏阳初等人,发起成立了中华平民教育促进会,他任董事会执行董事和安徽的董事之一。随后他在江苏、安徽等地推行平民教育,而家乡安徽,是陶行知推行平民教育的重点地区。

1923年10月18日——也许是巧合,那天刚好是陶行知32岁生日,他从南京到达当时安徽省会安庆,协助成立以教育厅长为会长的平民教育促进会,负责领导平民教育事宜。他深入机关、学校、教会、军警、商团、寺庙、监狱……热情宣讲平民教育,发动群众。在他的推动下,安徽的平民教育从城市到乡村很快发展起来,出现了很多全国第一:省公署第一个办了平民教育,随后皖南道关公署、海关公署、芜湖县公署都办起平民教育;省教育厅第一个开办了公役平民教育,厅内21个役夫都读《平民千字课》;省高检第一个办监狱平民教育,教犯人读《平民千字课》……当时安徽自觉提倡平民教育的县有黟县、休宁、歙县、绩溪、巢县、潜山、合肥、郎溪等。

然而,正在陶行知为安徽的平民教育热潮而欣喜时,督军马少甫却穷兵黩武,摧残教育,污蔑平民教育是"过激党"所为。在陶行知离开安徽不久,一度如火如荼的平民教育局面就萧条了下来。

正是在这种情况下,陶行知趁安徽省教育厅新任厅长卢绍刘上任之际,给他写了这封信。他先向卢厅长表达了一个愿望:"我希望,先生不但要做数万学生之教育厅长,简直要做一位三千万人民之教育厅长。换句话说,我希望先生做一位平民教育厅长。"

然后，陶行知就安徽的平民教育提出了十条建议。第一条建议，便是"消除马少甫之误解"。陶行知特别请卢厅长转告马少甫："平民教育是平常人民的教育。这种教育是要用最少时间、最少经费，教导年长人民读书识字、爱国做好人。去年，五十二国在旧金山开万国教育会议，各国报告国内读书人数都在百分之九十以上，中国读书人数百人中只有二三十人。相形之下，很伤国家体面。如果我国家家读书，人人明理，外国也要恭敬我们了。"

"平民教育是平常人民的教育。"这是陶行知对平民教育做的一个非常通俗而准确的解说。为了这朴素而美好的教育，陶行知还给卢厅长提了这些建议，如恢复安徽省公署的平民教育；恢复安徽省教育厅的平民教育；（从这两条建议看，安徽的平民教育曾经是多么有行政力度）请厅长视察监狱的平民教育；恢复平民教育促进会；训令省视学（视学，相当于现在的督学）赴各县提倡平民教育；训令各县知事提倡平民教育；训令全省学校兼办平民教育；通令私塾一律采用《平民千字课》，否则一律取缔；召集全省会议，商讨平民教育实施事宜。

写这封信的时候，陶行知已经离开安徽，但他在信中对卢厅长说："公如有我来皖必要，我就在一万里外也是可以赶回来的。"希望在安徽继续推行平民教育之心如此迫切，由此可见一斑。

信的结尾，陶行知写道："我很希望先生为做一件大事而来，做了一件大事而去。这件大事就是变形的茅亭讲学，就是平民教育，就是三千万人的家家读书，人人明理。到这件事做了的时候，我想顶少也得要两三年，我们一定要在无法报答当中，造个铜像做公万年不朽的纪念！"

为了安徽的平民教育，陶行知几乎是在"跪求"新厅长了。

陶行知对平民教育如此忧心忡忡，是因为他对国家的前途心急如焚。写这封信的三个月前，他曾在武昌师范大学做了一次演讲，主题是"学生与平民教育"。他第一句话就说:"现在中国是糟到极点了,无论教育、外交、实业、交通、司法、财政,都是不堪过问,但实业、交通、外交、司法、财政……都不是目下最重大的问题,是第二关、第三关、第四关了;最重要的第一关,就是教育问题。直言之,就是平民教育问题。中国四万万人,内中有三万万二千万不识字的。这三万万二千万人没有受过教育,他们的智力才能很低,易受别人利用,没有自治的能力。要中国弄好,非个个有自治的能力不行;要个个有自治的能力,非人人读书识字不行。……把这个问题解决了,其余实业、交通、财政、司法……都容易了。"

但普及教育缺乏老师怎么办?陶行知说,一个人学会识字,他就是老师,可以教周围的人识字,由此可以生出无穷的教师。他对听演讲的学生们说:"诸君是学生,是负有平民教育责任的,我希望各位努力的做去。做的方法,也很有几种:在学校里面,就先把本校的工人教好;在学校周围的境内,可以划分区域,分组去劝他们读书,替他们组织读书处,或自己去教,或找他们里面识字的去教;家里有不识字的,就在家里组织读书处;家里的四邻有不识字的,就替他们找教师,组织读书处;若是外省的同学,不能在家乡服务的,就可于假期时去做。……今晚几百位同学聚在一处,都是活罗汉,是能为平民造福的,望大发慈悲,救苦救难,超度众生,这就是我所希望于各位的。"

为了中国,为了平民,为了教育——为了中国的平民教育,陶行知就是这样"求"厅长,"求"学生的,不遗余力地四处奔走呼吁。

今天,重读陶行知,我不禁在心里发问:一百多年过去了,陶行知当年的平民教育目的实现了吗?

当年,陶行知的平民教育有两大任务:第一,让每一个老百姓都能识字读书;第二,让每一个老百姓具有民主国家的民主素质。对第一个任务，我们可以很自豪地说，完成得很圆满，中国不但早已扫除了文盲，而且实现了九年义务教育。对此，陶行知在天之灵应该感到欣慰。而对第二个任务，应该说还任重道远。

再从陶行知平民教育的育人目标看，他认为我们培养的学生应该是：第一，要有改造中国的抱负；第二，是"人中人"而不是"人上人"；第三，要有科学的精神；第四，要有创造力。对比之下，这四条依然是我们中国教育今天的目标。

回望20世纪上半叶陶行知那一代有良知有责任的知识分子所追求的平民教育，具有三点明确的价值和特征：第一，面向大多数人的教育；第二，面向弱势人群的教育；第三，平民教育的原理和方法，主要是强调教育与生活的联系、教育与职业的联系，围绕劳工大众的实际需要，开展便宜的、方便的、有用的教学。

这些放在今天看，一点都不过时，依然应该是我们的教育追求。

为什么叫平民教育？我理解，这是与培养贵族、精英、少爷、小姐的教育相对甚至相反的平民化教育。平民教育，是一种来自生活的朴实无华的教育，培养的是具有民主思想和创造精神，以一技之长自食其力和服务社会的合格公民。按陶行知的平民教育思想，这是从平民中来，到平民中去，培养"人中人"而非"人上人"的教育。

如果说陶行知时代的平民教育，是要让每一个人都能识字读书，那么今天我们依然应该倡导的平民教育，就是要让每一个孩子都能享受优质教育，尤其是那些弱势群体的孩子，比如进城务工人员的孩子，比如失地农民的孩子。

2006年8月，我来到位于成都市三环路以外城郊接合部的武侯实验中学任校长。该校是由一所乡镇中学和厂办子弟学校合并新建的。当时这所学校80%以上的孩子来自当地失地农民和进城务工人员的家庭。本来成都市教育局是安排我在市中心某名校任职的,但我希望到一所薄弱学校去,因为我心中装着陶行知。

记得我刚到学校时,曾在教工大会上对全体老师说了这么一番话——

> 我们学校所处的区域决定了我们的生源不可能如市区学校那样整齐优秀。尽管我们学校也有不少有天赋的孩子,但总体上说,我们所面对的孩子相当多的是学习基础较弱、行为习惯欠佳、家庭教育也不是太好的孩子。教这样的孩子,可能有的老师会感到自卑,觉得自己不如城里的老师那么有成就感。可我要说,正因为我们教这群孩子,所以我们是非常光荣的!这些孩子,城里名校大多不会收,但我们教。我们让这个社会乡村平民的孩子感到了快乐,我们使他们和他们的父母在从农民到市民的文明进程中获得了更多的教养!这就是平民教育,这就是民主教育!在面对绝大多数普通劳动者的孩子进行民主素养提升的意义上,平民教育和民主教育是相通的。小时候,我听广播里经常播放一首歌《我们走在大路上》,里面有这样两句:"我们献身这壮丽的事业,无限幸福无限荣光。"每当我看到我的学生脸上绽放天真无邪的笑容时,我就会想到这两句歌词。我感到40多年前的这两句歌词,就是为我现在的心情写的。

仅仅一年,学校发生了巨大的变化。有感于我们的教育越来越功利,越来越远离陶行知的教育主张和教育理想,为了呼吁更多的教育者从事平民教育,我想到了具有平民情怀且一直关心教育的温家宝总理。如果借助总理的力量呼唤更多的人关注平民子弟的教育,应该会有作用的。于是我给温家宝总理写了一封信,汇报我和我的同事从事平民教育的实践和成绩,并请他继续关注平民教育。

我确实没有想到，仅仅在我发信的八天之后，温家宝总理写了一段批示给当时的四川省委书记杜青林和省长蒋巨峰，对我和我的同事们所从事的平民教育予以高度评价："请转告李镇西同志，他走的乡村平民教育之路是正确的，他和同事们通过'提升教师、关爱孩子和影响家长'三件事，让孩子们享受优质教育，富有创意，符合实际，抓住了素质教育的关键问题。他们所从事的事业是高尚的，我向他们表示敬意。"

毫无疑问，温总理的批示不但让我校的发展获益良多，而且也为我所在地区的平民教育带来了新的发展机遇。记得当时省教育厅涂厅长对我说，当年省教厅便拨款几个亿用以改善乡村教师的待遇。我真心觉得做了一件非常有意义的事。

当然，此信也引起一些人私下的议论，认为我给总理写信有"媚上"的嫌疑。但我很坦然，我作为中华人民共和国的一个公民，给中华人民共和国另一个公民写信，有什么特别的荣耀可言呢？就像我曾给许多素不相识的老师写信一样自然。我们觉得惊天动地因而媒体争相报道的批示，在总理看来不过是他很自然的一次工作行为，他不是看中了"李镇西"（他知道我是谁呀），而是信中"平民教育"四个字拨动了他那颗柔软的平民心。

那段时间媒体纷纷聚焦于我，我就趁势宣传平民教育的主张。媒体问我："当代平民教育的含义是什么？"

我回答："第一层含义是面向每一个人的教育。在全国泛滥成灾的应试教育，本质上也是面向少数人的，它面向的是一小部分学习优胜的学生，而使大多数人成为教育的失败者。第二层含义是特指面向弱势群体的教育。在任何社会和不同的发展阶段，都有处于底层和边缘、需要特别关注的阶层和群体。这在今天的中国，也存在着一些处于边缘地位、需要特别关怀和照顾的弱势群体的教育，比如农村贫困地区的教育、农民工及其子女的教育，幼儿教育、残障儿童的教育等，也是突出的'短板'，需要予以特殊的关注。第三层含义是'平民化'的教育。平民教育是以培养合格公民为宗旨的公共教育，在本质上就应该来自生活、联系实际，因而是清澈明净、朴实无华的。平民教育是一种平和朴素的教育，实事求是的教育，是陶行知所倡导的'真教育'。"

当时记者追问："您的意思是不是平民教育只是培养平民，而不注重杰出人才的培养呢？"

我说："不对，必须要消除一个误解——平民教育并非排斥对杰出人才的培养，但无论我们的学生将来从事什么职业，或处于怎样的社会地位，他都具有深厚宽广的平民情怀。不是"人上人"，而是"人中人"。不是看不起工人农民，而是深深地爱着每一个普通而善良的劳动者，并始终有一颗乐于为平民百姓服务的心。总之，平民教育，应该是面对每一个孩子，全面实施素质教育，培养具有平民情怀的公民的教育，让每一个孩子都能够得到他能达到的最好的发展！"

我在说这些时，心里一直想着陶行知那句朴素的话："平民教育就是平常人民的教育。"

2021年9月7日

"小朋友的信啊,你是我精神的泉源!"

读陶行知,有时候感觉是在读苏霍姆林斯基,二者的文字都很深刻,往往让我读着读着就被他俩的思想打动,进而浮想联翩。同时他俩的文字都非常朴素——相比同时代的一些教育论著,陶行知的文字通俗易懂,但又绝不肤浅。另外,和苏霍姆林斯基的著作一样,陶行知的文章总是从字里行间散发出一种温馨的感情,他当然不是刻意煽情,而是自然而然地带着感情在写教育、谈教育。

深刻、朴素而充满感情,这是我对陶行知文字特点的感受。尤其是写给孩子的文字,这样的特点就更鲜明了。

比如,我今天读到了陶行知先生写给一个叫"吴立邦"的小朋友的三封回信。

吴立邦小朋友虽然年仅13岁,却已经是平民教育的小老师了。他在参与平民教育时碰到一些困难,比如去动员一些老太婆学识字,却碰了钉子。于是吴立邦小朋友写信给陶行知，诉说苦恼，并向陶行知请教。

陶行知的回信，并没有开门见山地回答小朋友的问题，而是先抒了一段情——

> 世上有十八岁的老翁，八十岁的青年。要想一世到老都有青年的精神，就须时常与青年人往来，所以我很愿意和青年人通信，尤其欢喜和小孩子通信。平时得小孩子一封信，如得奇宝；看过了即刻就写回信；回了信就把它好好地收藏起来。每逢疲倦的时候，又把它打开一读，精神就立刻加增十倍。小朋友的信啊，你是我精神的泉源！

"小朋友的信啊，你是我精神的泉源！"读到这里，我的心好像被融化了！得有一颗怎样爱孩子的心，才会把小孩的信看作自己"精神的泉源"啊！

后来陶行知在给几位小朋友的信里也说："在我的世界里，小孩和青年是最大，比什么伟人还大。"

接下来，陶行知在给吴立邦小朋友的信中，把小朋友参与平民教育提到爱国的高度——

> 国家是大家的。爱国是个个人的本分。顾亭林先生说得好："天下兴亡，匹夫有责。"我觉得凡是脚站中国土地，嘴吃中国五谷，身穿中国衣服的，无论男女老少，都应当爱中国。不过各人所处地位不同，爱国的方法也不能尽同。小孩们用心读书，用力体操，学做好人，就是爱国。今天多做一分学问，多养一分元气，将来就能为国家多做一分事业，多尽一分责任。你说等到年纪长大点也要服务社会，这是很好的志尚。社会的范围很不一定，大而言之就是天下；小一点

就是国家；再小就是一省，一县，一村；再小就是我们自己的家庭。大凡服务社会，要"远处着眼，近处着手"。学生在学习服务社会的时候，就可以从自己的家里学起，做起。一面学，一面做；一面做，一面学。我们在家里服务的事也很多，把不识字的家庭化为识字的家庭，就是这许多事当中的一种。

看，给孩子说话，得用他能够懂的语言，得结合他的生活体验。比如，"小孩们用心读书，用力体操，学做好人，就是爱国"。一下把"爱国"这个看似有些空洞抽象的道理，说得非常具体，让小朋友知道爱国不是道理，而是日常的行动甚至细小的行为。

对吴立邦小朋友说的困难，陶行知先生的解惑同样生动而形象——

你信上说到贵处的老太婆们如何顽固，如何不易开通，这也是自然的现象。我们在社会上做事就要预备碰钉子。我在这几个月当中，也碰了四五个钉子。碰钉子的时候有两个法子解决：第一是硬起头皮来碰，假使钉是铁做的，我们的头皮就要硬到钢一样，叫铁钉一碰到钢做的头皮上就弯了起来；第二是要把我们的热心架起火来，把钉子烧化掉。我们只怕心不热，不怕钉子厉害，你看如何？

太有趣了！钢头碰铁钉，多么形象的比喻！尤其是"要把我们的热心架起火来，把钉子烧化掉。我们只怕心不热，不怕钉子厉害"，不但形象，而且富有智慧。

第二封回信回答的是吴立邦小朋友想拜陶行知先生为师的问题。陶行知写道：

> 你信上说要拜我做老师，本来是不敢当。不过古人有相学相师的道理，如果你愿意做我的老师，我一定愿意做你的老师。我现在最小的学生是四岁，最老的学生是六十六岁。他们都是我的学生，也都是我的老师。他们教我，我教他们，别有兴味。

在这里，陶行知提出一个重要的观点：相学相师。虽然这是古人的理念，但陶行知将其化为具体的行动："如果你愿意做我的老师，我一定愿意做你的老师。"而且他已经有许多互为师生的朋友，从中体会到了乐趣："他们教我，我教他们，别有兴味。"

这点尤其值得我们今天的老师学习。本来，已经进入21世纪的我们应该更有民主情怀，更容易和学生建立互助互学的平等关系，但很遗憾，"师道尊严"依然在一些教育者头脑中根深蒂固。在某些学校，师生关系成了"我管你从"的关系；在某些课堂上，不但没有师生平等交流、共同研讨的民主气氛，反而存在着唯师是从的专制色彩。因此，当年陶行知所倡导的"相学相师"在今天就格外有意义。

我们应该认识到，虽然就学科知识、专业能力、认识水平来说，教师在学生之上，但就人格而言，师生之间是天然平等的。民主的教育态度，首先应表现为教师对学生人格的尊重，并且把自己视为与学生一起在求知道路上探索前进的朋友和同志。

陶行知还在这封信里回应了小朋友要他教写诗的请求。这么一个比较宏大的话题，陶行知先说自己好久写不出诗了，不能勉强写，否则写不好。这里，他强调了写诗的真情实感："等到你觉得肚子里有块东西，不得不吐到笔里，笔里有点东西，不得不写在纸上的时候，那时你的诗就自然而然的来了。"他还说："世界上诗做得多，好的少，就是因为做诗的人，不能把生命放在诗里，不能把诗放在生命里，不能把诗和生命合而为一，换句话说：'没有诗的生命，决做不出生命的诗。'"

我们知道，陶行知写了许多非常有独特味道的诗，这个"独特味道"其实就是陶行知独特的精神、情感和生命。他的每一首诗都是这几句话的注释。

在第三封信里，他继续和小朋友谈诗："你说随地随时都可以做诗，这句话是很对的。我只想补充两句：随时随地都是诗；随时随地都可以做诗；随时随地都不可以勉强做诗。诗贵自然，充天地间都是诗的材料，诗人随意拈来都成好诗。"

"诗贵自然"，强调的依然是真情实感。陶行知还把自己头天在旅馆里写的一首小诗抄给吴立邦小朋友——

> 自勉并勉同志
> 人生天地间，各自有禀赋。
> 为一大事来，做一大事去。
> 多少白发翁，蹉跎悔歧路。
> 寄语少年人，莫将少年误。

一个33岁的成年人和一个13岁的小朋友，完全像平等的朋友，或者说诗友，相互交流，互相切磋。

信的最后一句也让我感动："你如有诗，也请送我几首读读。这封信是火车上写的，所以很不整齐，请你原谅。"

平等，谦卑，诚恳。如果孤立地看这几句结尾的话，我们完全看不出是一个教育家写给一个小孩子的。

陶行知这三封信，教我们如何尊重孩子。

2021年9月7日

陶行知喜欢的"活学校"长什么样儿?

1924年7月的一天,陶行知和他一位在东南大学当教授的好朋友赵叔愚参观了南京郊外的一所乡村小学。这所学校就是燕子矶国民学校——当然,这是一般老百姓的俗称,其官名叫"北固乡区立第一国民学校"。校长丁超刚到该校半年,就让学校发生了翻天覆地的变化。陶行知和赵叔愚二人喜不自禁,回去的路上遇到大雨,淋了一身的雨,可陶行知觉得快乐极了,赵叔愚也连说:"值得!值得!""我们走进这个学校,四面一望,觉得似曾相识。因为我们在这里所看见的都是我们心目中所存在的理想,天天求他实现而不可得,不料在这个偏僻的地方遇到,真是喜出望外。"

回去后不久,陶行知专门写了一篇题为《半周岁的燕子矶国民学校——一个用钱少的活学校》,把他在该校的所见所闻写了出来,让大家知道,他喜欢的"活学校"长什么样儿。

"校长是一个学校的灵魂，要想评论一个学校，先要评论他的校长。"陶行知先介绍校长，"丁校长是陆军小学出身，并经过甲种师范讲习科的训练。未任本校职务之前，曾在尧化门国民学校充任校长八年，著有成绩。我们看他的人，听他的话，察他的设施，觉得他是个天才的校长。他能就事实生理想，凭理想正事实。他有事实化的理想，理想化的事实。他事事以身作则。他是教员的领袖，学生的领袖，渐渐地要做成社会的领袖"。

这里，陶行知强调了校长之于学校的极端重要性："是一个学校的灵魂。"一个人没有了灵魂就死亡了，一所学校没有了校长也就没有了生命。而理想的校长应该是怎样的呢？"就事实生理想，凭理想正事实"。意思是，面对现实，通过现实而生出理想；坚守理想，根据理想改造现实。也就是我经常说的，优秀的教育者应该是理想主义的行动者。

学校当然是读书的地方，但这燕子矶国民学校区别于其他学校的一点，就是不只是读书："这个学校不但教学生读书，并且教学生做事。做什么？改造学校！改造环境！"我又想到陶行知说过的话："今日的学生，就是将来的公民；将来所需要的公民，即今日所应当养成的学生。"既然是公民，当然要有文化，要学习知识，但公民更要做事，要有改变社会的责任感。所以，好的学校"不但要教学生读书，并且教学生做事"。这就是"活的学校"。

但是，教学生做事会遇到困难。陶行知写道："学生是来读书的，教他做事，自己不情愿，父母不情愿。这是第一个难关。教员是来教书的，要他教学生做事，固不情愿，实在也是不会。这是第二个难关。教学生读书易，教学生做事难。如何打破这两道难关？一要身教，二要毅力。丁校长教学生做事的成功也是在这两点。"

丁校长的成功秘诀无非就是"以身作则"四个字，当然，陶行知还加了"毅力"二字，但关键还是以身作则。对此，陶行知把丁校长的"身教"和"毅力"写得非常生动："他起初的时候整天拿在手里的是钉锤和扫帚。所以那时有人讲他是位钉锤校长、扫帚校长。但久而久之，教员跟他拿钉锤扫帚了，学生也跟他拿钉锤扫帚了。教员变作钉锤扫帚的教员，学生也变作钉锤扫帚的学生了。丁校长于是开始偕同教员学生合力改造学校，改造环境。"

我当然不能和丁校长比，但我也在这方面努力过。我当校长时，曾经多次给老师们说："教育，不是说给学生听，而是做给学生看。"当时，有些老师不愿当班主任，我率先当班主任，而且要求所有中层以上的干部都兼任一个班的班主任，目的就是用干部的行动给老师们做示范。后来要求当班主任的老师越来越多，远远超过所需要的班主任职位数。当班主任时，我每天写班级管理日记，并公开发在博客上。我给我的班主任管理日记取了一个专栏总题目："向我看齐。"

今天，读到陶行知笔下的丁校长，我自然联想到自己。我想以我肤浅的实践，为陶行知提倡的以身作则精神，提供一个小小的例子。

陶行知谈到丁校长"教学生做事的成功"体现于四个影响——

> 教学生做事的第一个影响就是全校无事不举：屋角上，桌缝里都可以看见精神的贯注。第二个影响就是用不着用人做事：打扫，泡茶，及一切常务都是大家分任，所以这个学校没有门房，没有听差，没有斋夫。第三个影响就是学生得了些合乎生活需要的学问：学生在学校既肯做事，会做事，在家里也肯做事，会做事了；父母因此也很信仰学校了。第四个影响就是省钱：这个学校连校长有四位职员，五级学生共有一百二十四个人，但每年只花费公家六百二十四元钱。平

均每个学生只费五元钱。学费是一文不收的。这是何等的省钱啊！省钱不为稀奇；省钱而有这样的成效，却是难能可贵的。

全校所有事都有人做，而且都是师生在做，"所以这个学校没有门房，没有听差，没有斋夫"。想想现在我们的学校，除了教室还让学生自己打扫外，学校的环境清洁卫生都包给物业公司的保洁人员了。这样可以让学生专心学习，考上大学。不让学生做事而一心沉浸于题海的学校，也许升学率很高，考上名牌大学的学生也不少，但这些孩子具备了一个现代公民应有的责任感和做事的能力吗？

陶行知这篇文章的副标题是"一所用钱少的活学校"。用钱少的原因刚才已经说了，省去了许多勤杂工，事情由学生做，当然省钱。但是用钱少是不是就意味着学校应有的设施设备都很简陋甚至缺乏呢？

陶行知继续介绍道："然而照我们所观察，比同等的学校好得多。就图书而论，这个学校里有教员参考书二十余种，学生读物四十余种，可谓选得妥当。我见学生读物摆得有条有理，就问他买书的钱怎样来的。校长说每逢年节、午节、秋节，学生例送节敬，我们却之不情，就拿来买些书给大家读读。再，学生有一种储蓄买书的办法，每天储蓄一两个铜板，我们就把这笔钱拿来代学生买书。这是一种大家买书大家看的办法。每人出几角钱，就可得几十块钱的书读。出校的时候，学生还可把自己的书带回去，这是穷学校阅书最好的办法。"

这不就是今天我们说的"营造书香校园"吗？校长和老师以身作则，学生个个都有事做，整个校园书香扑面……这样的学校当然就是"活的学校"。

陶行知还谈到这所学校与学生家庭的联系，还有学校与社会的联系，学校深得学生家庭和社会各界的信任与帮助："平常办学，学校自学校，社会自社会，不要说联络，连了解也说不到。丁校长接事只有半年，对于燕子矶社会情形，了如指掌。他并能得到地方公正绅士信仰和帮助。学校因此无形中消除了好多障碍。"

用今天的话来说，这叫家校社合作，形成教育合力。这当然也是"活的学校"的一个标志。

丁校长和夫人都在这个学校，陶行知说："丁先生所以能专心办学，一部分也是因为他的夫人能够和他共同努力。他的夫人也是本校教员，特别担负女生的责任。她在这里服务是带一半义务性质。他们所组织的俭朴家庭同时是乡村家庭的模范。我想未来的乡村学校最好是夫妻合办。如果男师范生和女师范生结婚之后，共同担负一个小乡村的改造，也是人生一大快事，并是报国的要图。"

这个建议放在今天显然不现实了，但丁校长夫妇二人"共同担负一个小乡村的改造，也是人生一大快事"，这份快乐至今还感染着我，这种精神至今也还感动着我们。

丁校长到该校仅仅半年，就让已经开办了很多年的学校获得了新生，所以陶行知标题中说燕子矶国民学校只有半周岁。陶行知说："我们再看看这个学校普通的进步：去年校中只有学生七十八人，今年已经加到一百二十四人；去年女学生寥寥无几，今年因丁夫人之教导，已经有三十余人了；去年本地有私塾四所，现在只有一所了。由此可见这半年进步敏捷之一斑。"

文章的最后，陶行知批评当年一些学校"办学时髦方法"："一是要求经费充足。有钱办学不算稀奇，我们要把没有钱的学堂办得有精彩，才算真本领。二是聘请留学生做教授。有西洋留学生更好，西洋留学生中有硕士博士头衔的更为欢迎。这个偶像是要打破的。像燕子矶这样一个学校，西洋博士能否办得起来还是一个问题；容或办得起来，我却没有看见过。

这个学校是有普遍性的。他可以给一般学校做参考。他也有缺点，但只是时间上的问题。我们很希望大家起来试试这种用钱少成绩好的活教育。"

这两种"办学时髦方法"现在不依然也很时髦吗？看看现在某些学校——包括所谓"名校"，室内游泳池、音乐喷泉、天文馆……一个比一个豪华，一个比一个气派，都是用钱堆起来的；招聘教师动辄名校硕士、博士，当然也是高薪引进，也是用钱堆起来的。然而这样的学校就是"活的学校"吗？

陶行知之所以特别欣赏丁校长，是因为他的学校正好符合陶行知所主张的"生活教育"。关于生活教育，陶行知是这样解说的："从定义上说，生活教育是给生活以教育，用生活来教育，为生活向前向上的需要而教育。从生活与教育的关系上说，是生活决定教育。从效力上说，教育要通过生活才能发出力量而成为真正的教育。"

我特别希望某些校长能够认真读读陶行知所褒扬的丁超校长，再问问自己：我和丁超校长有哪些差距？希望还能对比一下当年的燕子矶国民学校，再想想：我的学校除了有钱，还有什么？我的学校那么豪华美丽，但它是"活的学校"吗？

2021年9月7日

"学校里师生应当相依为命"

很多年前,我在网上论坛写了一篇短文,提出师生应该是朋友关系。有一位朋友不同意,他说:"师生就是师生,为什么一定要成为朋友呢?"

据我所知,这种观点在许多老师那里颇有市场。相当多的老师认为,教师可以尽可能对学生亲切一些,尽可能关心学生,学生犯了错误尽可能对他耐心细致一些,但教师是教师,学生是学生,二者是教育与被教育的关系,这种关系是一种客观存在。

应该说师生最本质的关系的确是教育与被教育的关系,但除了本质关系还有其他关系。也就是说,师生之间除了教育与被教育的关系,也客观存在着其他关系——比如师徒关系(教育过程中对学生技能的传授和训练就是一种师徒关系);在某些情境中,还可以成为队友关系(师生组队参加体育比赛)、战友关系(特定情况下并肩作战),

也包括我们今天说的朋友关系，等等。

对此，陶行知先生是怎么说的？

1924年12月，陶行知在《教育与人生》杂志上发表了一篇题为《南京安徽公学办学旨趣》的文章。先生写道："我们最注重师生接近，最注重以人教人。教职员和学生愿意共生活，共甘苦。要学生做的事，教职员躬亲共做；要学生学的知识，教职员躬亲共学；要学生守的规则，教职员躬亲共守。我们深信这种共学、共事、共修养的方法，是真正的教育。师生有了共甘苦的生活，就能渐渐的发生相亲相爱的关系。教师对学生，学生对教师，教师对教师，学生对学生，精神都要融洽，都要知无不言，言无不尽。一校之中，人与人的隔阂完全打通，才算是真正的精神交通，才算是真正的人格教育。"

看看，听听！"共生活""共甘苦""共学""共事""共修养""相亲相爱""精神融洽""隔阂完全打通""精神交通"……如此关系，难道仅仅是师生关系？难道不同时又是一种朋友关系？

这种关系不完全是师生也不完全是朋友，而是亦师亦友，其实质是共学和互学。所谓"共学"，即师生共同生活；所谓"互学"，即彼此为师。

在1926年12月发表的《我之学校观》中，陶行知再次强调师生这种亦师亦友的关系："学校是师生共同生活的处所。他们必须共甘苦。甘苦共尝才能得到精神的沟通，感情的融洽。国家大事，世界大势，亦必须师生共同关心。学校里师生应当相依为命，不能生隔阂，更不能分阶级。"

因为"共同生活"，因为"共甘苦"，所以师生之间精神沟通，感情融洽。一句"学校里师生应当相依为命"，实在是打动了我的心——该有怎样的大爱，陶行知对学生才会有这样的情感？

在陶行知那里，和学生建立朋友般的情感绝不是一种教育权宜，或者说为了转化学生而采用的"教育策略"，而是平等、民主、互学、共进的新型师生关系:"人只晓得先生感化学生锻炼学生,而不知学生彼此感化锻炼和感化锻炼先生力量之大。先生与青年相处,不知不觉的,精神要年轻几岁,这是先生受学生的感化。学生质疑问难,先生学业片刻不能懈怠,是先生受学生的锻炼。"

学生向先生学习似乎天经地义,但陶行知居然提出先生也可以向学生学习!还说:"这是不可避免的,也是好现象。总之,师生共同生活到什么程度,学校生气也发扬到什么地步,这是丝毫不可以假借的。"这里的"学校生气",指的就是"师生应当相依为命"并且"彼此感化锻炼"。

在1936年发表的《怎样做大众的教师》一文中,陶行知把"跟学生学"作为大众教师的六条标准之一:"跟学生学。你要教你的学生教你怎样去教他。如果你不肯向你的学生虚心请教,你便不知道他的环境,不知道他的能力,不知道他的需要;那么,你就有天大的本事也不能教导他。他要吃白米饭,你倒老是弄些面条给他吃,事情是会两不讨好。不但为着学生而且为着你自己,你也得跟你的学生学。你只须承认小孩有教你的能力,你不久就会发现小孩能教你的事情多着咧。只须你甘心情愿跟你的学生做学生,他们便能把你的'思想的青春'留住;他们能为你保险,使你永远不落伍。"

其实,在中国传统教育中,也有过一些关于向学生学习的论述,比如《论语》中的"不耻下问",还有韩愈在《师说》中的"弟子不必不如师,师不必贤于弟子",等等,但这些似乎都只是学业上的。而在精神方面——思想、道德乃至人格上呢?恐怕更多的是"师道尊严",所谓"天地君亲师",所谓"一日为师,终身为父",教师在学生心目中不但是绝对的思想权威,而且是绝对的道德完人。如此文化背景下,焉能有真正意义上的"向学生学习"之说?

因此,陶行知所倡导的向学生学习的师生关系,在教育上具有革命性的意义。

我认为，向学生学习，就是还教师以真实，给教育以诚实。当我们在学生面前不再是神而还原为质朴、真诚但不乏缺点的人时，学生更会把我们当作可以信任可以亲近的朋友，而朋友般平等的感情，无疑是教育成功的前提。所谓"还教育以诚实"，就是面对现实中弥漫的教育虚假，教育者以自身的诚实一方面消解着虚假教育的负面影响，另一方面又以诚实培养着诚实。言行一致，表里如一，自己不相信的绝不教给学生，自己做不到的绝不要求学生做，即陶行知所说"要学生做的事，教职员躬亲共做；要学生学的知识，教职员躬亲共学；要学生守的规则，教职员躬亲共守"，同时勇于向学生承认自己的过失，这应当成为教育工作者起码的职业道德。

向学生学习，即使从教育的角度看也是对学生最有效的教育。学生从教师身上，看到什么叫"人无完人"，什么叫"知错就改"，什么叫"见贤思齐焉"……教育者对自己错误的真诚追悔和对高尚人格的不懈追求，将感染着激励着学生在人生路上不断战胜自我，一步步走向卓越。

陶行知先生所倡导的师生关系，再次闪烁出民主教育之光。

2021年9月8日

学校生活处处皆教育

在《我之学校观》一文中，陶行知写道："学校以生活为中心。一天之内，从早到晚莫非生活，即莫非教育之所在。一人之身，从心到手莫非生活，即莫非教育之所在。一校之内，从厨房到厕所莫非生活，即莫非教育之所在。"

他首先将学校理解为生活的中心，而不仅仅是学习知识的场所。生活当然也包括学习，但远远不只是学习。既然是生活，而教育正是在生活中发生，因此"从厨房到厕所莫非生活，即莫非教育之所在"。

还有一点陶行知没明说，但意思已经包含在这段话的逻辑之中了：既然从早到晚莫非教育，从心到手莫非教育，一校之内莫非教育，那么学校从教师到学生，从校长到工人，每一个人都是教育者。

这对我们今天的学校教育极具现实意义。我们现在相当一部分学校的教育事实上非常单一，就是直截了当地指向分数。注意，我这里说"相当一部分学校"，意味着我并没有把所有学校一竿子打翻，的确也有全面育人的学校；同时，我说"事实上"就意味着那些只抓分数的学校在对外宣传中也说自己是"素质教育"呢，但事实上并非如此！

这样的学校还少吗？无论教师还是学生，24小时都围绕考试分数转。学生更是如同被设置了自动程序的机器人一般，早晨一睁开眼睛，从洗漱到跑操，甚至打饭排队，不但口中都念念有词地背诵相关知识，而且所有行动都规定了精确到分的时间。一到中考或高考前，诸如"百日誓师"之类的活动，更是把青春期的孩子煽动得热血燃烧，杀气腾腾："提高一分，干掉千人！""东风吹，战鼓擂，今年高考谁怕谁！""今日疯狂，明日辉煌！""不像角马一样落后，要像野狗一样战斗！""累死你一个，幸福你一家！"……

如此"教育"剥夺了多少童年的幸福？扭曲了多少健全的灵魂？甚至逼死了多少年轻的生命？

这样的教育还叫"教育"吗？这样的学校能说是"以生活为中心"吗？完整的教育，当然必须包括文化学习以及应有的考试，但如果一切都围绕考试，那教育已经死了，学校也已经死了。

当然，当今中国也不是所有学校都如此极端，也有许多学校除了狠抓考试分数之外，也没有放弃德育等其他教育。但有些学校即使重视"德智体美劳全面发展"，却将这几育割裂开来，彼此孤立。陶行知先生"生活即教育"的思想，即把学校生活视为完整的教育，所谓"一校之内，从厨房到厕所莫非生活，即莫非教育之所在"，就是说，生活所在即教育所在，从校长、教师，到厨子、杂役，都是教育者。

可我们现在许多学校的教育恰恰是太"专门化"了，以德育为例——

教学校长是不管德育的，因为有德育校长；教务主任是不管德育的，因为有德育主任；科任老师是不管德育的，因为有班主任（所以学生在课堂上犯了错误，下课后科任老师往往会把犯错学生拉到班主任那里去，让班主任处理）；学科教学是不管德育的，因为有专门的班会课、团队活动等德育课……

虽然喊了很多年的"人人都做德育工作者"，可因为"分工专业""责任明确"，全部德育任务便压在了班主任和学校德育干部身上，而他们的德育又是专门化、学科化、知识化、表演式、突击式、运动式的"德育"，在如此"重视德育"的过程中，德育自然就消失了。

同样的道理，如果教育用教育的一个内容取代教育的全部内容，比如用考试作为唯一的"教育"，或者不同的"教育"只能由某些专门化的人员来实施，那么真正的教育也就消失了，只是徒有其名而已。

我曾写过一篇关于德育的文章，题为《没有"专门的德育"，只有完整的教育》。在文中，我批评了将德育与其他教育内容分离的弊端。我引用了苏霍姆林斯基的一个观点，他认为学科知识是人格的一部分，学科教学是人格塑造的一个途径，我们给孩子们传授知识，就是在造就他们完整的人格；当然，不只是学科教学有这个功能，学校的一切工作都有育人的功能，因此苏霍姆林斯基才说："学校里所做的一切都应当包含深刻的道德意义。"

在这篇文章中，我还批评了所谓"专门的德育"——

> 风是存在的，但我们从来就看不见专门的风；我们看见的是长发的飞扬，是裙摆的飘逸，是树梢的摇晃，是湖水的颤动，是海面的起伏，是船帆的鼓胀……
>
> 盐是人不可缺失的元素，但我们从来就不会专门去吃盐，我们吃的是回锅肉，是宫保鸡丁，是水煮肉片，是北京烤鸭，是成都火锅，

是面条，是馄饨，当然还包括喝各种美味的汤……

德育是存在的，但却不应该有"专门的德育"，应该有运动会、歌咏赛、读书活动、社会调查、徒步郊游甚至没有任何"教育目的"的玩儿！当然，别忘了，还有每一门学科的课堂，所有的学科教学，都是非常重要的人格教育；还有学校的每一位教职员工，包括门卫小伙、保洁阿姨和食堂师傅，都是德育者。

我这里说的是德育，但今天重读陶行知，我觉得把文中的"德育"换成"教育"，道理是一样的。

陶行知说："既以生活为学校的中心，那末各种事务都要含有教育的意义。"什么叫"各种事务都要含有教育的意义"？就是人人施教、个个受教、时时在教、事事含教、处处有教……前提是"学校以生活为中心"。

2021年9月8日

"我们要向农民'烧心香'"

陶行知先生的《我们的信条》不长，且容我全文展示——

《我们的信条》虽是我用笔写的，但不是我创的。我参观诸位先生在学校里实际的工作，心里不由人起了好多印象，积起来共有十八项，我就依着次序编成这套信条。所以这是诸位先生自己原来的信条，早已接受实行，今日只是大家共同温习一遍，并下定决心，终身奉行，始终如一。

我们从事乡村教育的同志，要把我们整个的心献给我们三万万四千万的农民。我们要向着农民"烧心香"，我们心里要充满那农民的甘苦。我们要常常念着农民的痛苦，常常念着他们所想得的幸福，我们必须有一个"农民甘苦化的心"，才配为农民服务，才配担负改造乡村生活的新使命。倘使个个乡村教师的心都经过了"农民甘苦化",我深信他们必定能够叫中国个个乡村变做天堂,变做乐园,变做中华民国的健全的自治单位。这是我们绝大的机会,也就是我们绝大的责任。

我们深信教育是国家万年根本大计。

我们深信生活是教育的中心。

我们深信健康是生活的出发点,也就是教育的出发点。

我们深信教育应当培植生活力,使学生向上长。

我们深信教育应当把环境的阻力化为助力。

我们深信教法学法做法合一。

我们深信师生共生活,共甘苦,为最好的教育。

我们深信教师应当以身作则。

我们深信教师必须学而不厌,才能诲人不倦。

我们深信教师应当运用困难,以发展思想及奋斗精神。

我们深信教师应当做人民的朋友。

我们深信乡村学校应当做改造乡村生活的中心。

我们深信乡村教师应当做改造乡村生活的灵魂。

我们深信乡村教师必须有农夫的身手,科学的头脑,改造社会的精神。

我们深信乡村教师应当用科学的方法去征服自然,美术的观念去改造社会。

我们深信乡村教师要用最少的经费办理最好的教育。

我们深信最高尚的精神是人生无价之宝,非金钱所能买得来,就不必靠金钱而后振作,尤不可因钱少而推诿。

我们深信如果全国教师对儿童教育都有"鞠躬尽瘁,死而后已"

的决心，必能为我们民族创造一个伟大的新生命。

每一条的每一个字，都叩打着我的心扉，甚至可以说是震撼着我的心灵。

先生对教育的爱，源于他对中国的爱，对中国人民的爱，而对于绝大多数都是农民的中国来说，离开了对农民的爱，"爱人民"就成了一句空话。所以，当年陶行知搞教育主要是搞为农民服务的乡村教育，"把我们整个的心献给我们三万万四千万的农民。"

《我们的信条》的"我们"，是包括陶行知在内的一群立志献身乡村教育的先生。所以陶行知说："这是诸位先生自己原来的信条，早已接受实行，今日只是大家共同温习一遍，并下定决心，终身奉行，始终如一。"

这是怎样一群先生啊？我相信，陶行知所言也是他们共同的心声："我们要向着农民'烧心香'，我们心里要充满那农民的甘苦。我们要常常念着农民的痛苦，常常念着他们所想得的幸福，我们必须有一个'农民甘苦化的心'，才配为农民服务，才配担负改造乡村生活的新使命。"

先把自己真正农民化，然后再通过教育去化农民。这就是一百多年前，以陶行知为杰出代表的乡村教育家的情怀。

仔细读陶行知所写的这18条"我们深信"，会发现有些信条，其实今天也有，只是表述方式有所不同而已，比如第一条"教育是国家万年根本大计"不就是今天的"教育大计，百年为本"吗？其他诸如"生活是教育的中心""健康是生活的出发点，也就是教育的出发点""培植生活力，使学生向上长"等等，在我们今天素质教育的有关表述中都可找到相通之处。当然，也有今天所欠缺的或者说虽然有却做得不够的，比如"把环境的阻力化为助力"（我们现在更多的是抱怨学校是如何敌不过大环境和小环境）、"教法学法做法合一"（现在我们在理念上是认同的，但实际上更多的还是教得多而忽略了学和做）、"师生共生活，共甘苦"（现在这点做得很不好）、"教师应当做人民的朋友"（这一条我们现在也不想更不提了）、"乡村教师必须有农夫的身手，科学的头脑，改造社会的精神"（现在的老师有吗）……

我想，即便在当时，像陶行知那样拥有这18则信条的教育者也不会占全国教师人数的大多数，但和今天比，肯定还是有一大批，不然不可能有一场乡村教育改造运动。

时间过去近百年了，当年陶行知们面临的教育问题，许多早已不存在，比如中国现在几乎没有文盲了，整个国民的文化程度就学历看绝对是大幅度提高了，然而乡村教育的困境依然存在。所以，今天我们依然需要大批立志献身乡村教育的人，怀着"向农民'烧心香'"的真诚愿望，扎根乡村教育。

坦率地说，当今研究陶行知思想的人不少，但践行陶行知思想的人不多。注意，我说的是"不多"而不是"没有"。

写到这里，我想到了南京的杨瑞清。

有一次我去南京看著名杂文家吴非（本名王栋生）先生——其实他的本职工作是教中学语文，他还是著名特级教师呢！说到南京的教育，他对一些不学无术却热衷于追名逐利的"流氓校长"很是不屑。他接着说："同样是在南京，杨瑞清却不被很多人知道。杨瑞清真是个好人，长期在一所农村小学从事行知教育思想的实践，真了不起！可在我们南京却不太宣传他，知名度还不如那些'流氓校长'！真是怪事！可悲呀！"

但杨瑞清在我心中却十分伟岸。我1999年第一次见他，他的谦逊、低调、内敛和彬彬有礼，给我印象十分深刻。通过二十多年的交往和了解，我可以说，如果一定要在当代教育者中找出一位"陶行知"，我首先推荐杨瑞清。

1981年，18岁的杨瑞清从南京晓庄师范毕业时，他面临一个选择：留城，还是返乡。他在毕业志愿书上写道："作为一个农民的儿子，我无法心安理得地进城教书。"

他心里装着陶行知为最广大的农民孩子办学的理想，毅然来到当时办学条件苦、教学质量差的江苏省江浦县五里村小学任教。两年后，他被调到县团委担任副书记。然而他坐在机关，眼前却老是孩子们可爱的笑脸，他觉得做共青团工作不缺他一个，而扎根乡村教育的老师却不多，自己不能做逃兵，于是仅仅4个月后，他回到了五里村小学。

"我们深信乡村教师应当做改造乡村生活的灵魂。"当年陶行知的教育信条在杨瑞清身上开始重新燃烧。他在校园里种下一片小树林，心里发誓，要像爱护每一棵小树一样爱护每一个孩子。

可当时村里没有多少人相信，这个一脸稚气的大孩子能改变什么。但杨瑞清凭着自己微薄的力量，从一家一家动员辍学的孩子上学开始改变。有一次，他在河边看到一个正在拔草放鹅的孩子，他陪他聊天，一点点地劝他，用超乎想象的耐心，还说服了孩子的家长，孩子终于回到教室。杨瑞清常对村民说："你们的孩子就是最好的种子，没有长不好的庄稼，只有不会种的农民。"

从在校园种下一棵棵小树的那一刻，杨瑞清就没有打算离开这所简陋的村小，他决心像树一样扎根于这片土地。后来他对记者说："我从一开始就打算在这儿待一辈子，面对这些农家子弟，我有足够的时间陪伴他们成长。"他要让这个乡村学校像陶行知先生描绘的那样，静默如地下的种子，自由如空中的鸽子，猛勇如斗虎的狮子。

陶行知的教育思想最大的特点就是注重把教育跟生活，跟社会紧密结系起来。可是，当时五里村学校在小山坡上，校舍非常简陋，学校里没有图书室，没有仪器室，怎么给学生进行教育呢？

杨瑞清发现，农村的学校有优势，那就是绚丽多姿的大自然。他想，我们为什么不能到生活当中、到大自然当中去寻找教育的资源？于是，他把孩子的校内学习和校外生活打通，让孩子的学习就是生活，生活就是学习。孩子回家不再是学习半个小时，他走在路上，观察大自然，放学上学的路上都是在学习。回家跟家里人交流、做家务，这也是在学习。孩子们读课外书、画画、搞收藏。农村的孩子收藏什么？收藏种子标本、羽毛，收藏各种各样的树叶的标本、蝴蝶的标本，这不都是最美的学习吗？

当年陶行知的眼睛盯着的不是少数天才，而是所有乡村孩子。杨瑞清也认为，不能把眼光仅仅放在有几个孩子考上大学上，大部分的孩子会回到乡村去，他们的生命状态是怎么样的？他说："我们一定要培养学生这样一种能力，就是对美好事物的感受能力，对幸福的感受能力。让他们相信可以通过自己的诚实劳动，让自己的这一辈子幸福起来。一定要在这方面下功夫，我们才是真正地办成了有意义的乡村教学。"

40年过去了，在杨瑞清的苦心经营之下，那所最偏僻、最艰苦的五里村小学，已经发展成中国知名并具有国际影响的行知教育集团。隶属于此集团的行知小学与新加坡、马来西亚、美国、澳大利亚等国的100多所友好华文学校交流合作，自2005年开始，连续举办了16届行知教育论坛，促成美国行知中文学校、新加坡行知文教中心、马来西亚爱心教育协会相继成立。可以说，杨瑞清的行知小学，现在成了中国面向世界传播陶行知教育思想的中心。

但行知小学至今依然完整保留自然、健康、美丽中国乡村学校特色。如今的学校，既有现代化教学楼群，也完整地保留着40年前的村小原貌，保留着浓浓的乡土文化气息。这里的教育崇尚自然，挖红薯，采茶叶，登山野炊，亲近田野，亲近村庄，尊重孩子生命成长的自然节律，不揠苗助长，不过分强调竞争、强调排名，不掐尖，无歧视，尊重差异，有教无类，倡导合作学习、自主发展。这里秉承当年陶行知"我们深信健康是生活的出发点,也就是教育的出发点"的信条,坚持"健康第一"的原则,系统建构奥林匹克课程,精心组织大课间活动,让每个学生掌握两项以上体育技能,足球比赛踢出了"市长杯"冠军,橄榄球比赛多年蝉联全市第一。

行知小学有一个生态校园,可以说是全中国最美丽最自然的校园之一。除常规的花圃、池塘、大草坪、小树林外,校园还有8亩地茶园、10亩地菜园、15亩地果园、200亩地荷园。荷园里种植了很多荷花,开花的时候美丽极了。当然,校园里最美丽的还是当年杨瑞清种下的那片小树林,如今它里面的树已经长得郁郁葱葱、挺拔参天。

从杨瑞清身上,我看到陶行知当年的信条:"我们深信如果全国教师对儿童教育都有'鞠躬尽瘁,死而后已'的决心,必能为我们民族创造一个伟大的新生命。"

在我眼里,杨瑞清就是向农民"烧心香"的当代陶行知。

2021年9月14日

德育工作者应该是怎样的人？

如果在学生中搞一个调查：你最不喜欢学校哪个部门？估计大多数孩子都会填："德育处"（政教处）。

德育干部会因此而感到莫大的委屈和冤枉——成天累死累活却不讨好，反而被人嫌！

有一次，一个毕业多年的学生回学校看我，聊天时还对我说："今天一进校门，远远看见某主任，我还本能地害怕。"他说的那个主任是当年的德育主任，现在已经是分管德育的副校长了。这孩子当年很调皮，经常被德育主任抓住，带去训话或罚站。所以，虽然多年过去，但孩子还有见了德育主任就紧张的"后遗症"。

二十多年前，我班一个孩子因为某些原因转学走了，没几天又要求转回来。经过我的争取，学校同意他转回来。我开了个班会欢迎他回到咱们温暖的集体。在班会上，他谈到他转回来的原因："我去××中学报名的那天下午,下了车刚进校门,就被政教处的老师抓住。一顿臭骂之后,还叫我站在操场中央晒太阳。后来还是一位老大爷把我放走了。"

我相信,这孩子肯定是违反了什么规定,不然人家政教处的老师怎么会惩罚他呢?但他毕竟是刚到新学校的转学生,还不懂规矩,我们搞政教的老师能不能把工作做细一些,而不要这么简单粗暴?

可是,多年来在我们学生的印象中,这就是"德育"。

我知道我这篇文章会让学校的德育老师"很受伤",毕竟他们都发自内心爱学生,兢兢业业地做好每一项德育工作,只是德育工作的特点决定了他们很多时候不得不以"恶人"形象出现在学生面前。

但是,所谓"德育工作的特点"就是严惩犯错学生吗?

如果不是,那么德育者究竟应该是怎样的呢?请看陶行知怎么说的。

德育在过去不叫"德育"而叫"训育"。在《南京中等学校训育研究会》一文中,陶行知说——

> 历来办学的人谈到学生品行问题,就联想到宽严的观念。其实从前学校一味盲目的压制,近年学校一味盲目的放任,都是不应该走的错路。训育问题不是笼统的宽严问题。究竟什么事应当严?什么事应当宽?应当严的如何严法?应当宽的如何宽法?什么叫做严?什么叫做宽?我怕专在笼统的宽严问题上做工夫总寻不出什么条理来,所以希望担任训育的人,第一要打破宽严的观念,要在宽严以外去谋解决。真正的训育是品格修养之指导。我们要在"事"上去指导学生修养他们的品格。事应当怎样做,学生就应当怎样修养,先生就应当怎样指导。各种事有各种做法,指导修养之法也跟了它不同。同是一事,处不同之地,当不同之时,遇不同之人,那做的方法及指导修养的方法也就不能尽同了。怎样可以拿一个笼统的宽严观念来制裁他们呢?

在这里，陶行知明确批评简单地用"宽严"来管理学生。他认为"训育问题不是笼统的宽严问题"，而是"品格修养之指导"。也就是说，德育工作者要做的当然包括在行为上按文明规范和相关规则要求学生，但更重要的是给他们以品格上的指导。"怎么可以拿一个笼统的宽严观念来制裁他们呢？"一句话，德育的根本任务不是惩罚错误行为的发生，而是指导品格修养的形成。

陶行知继续写道——

> 训育上的第二个不幸的事体就是担任训育人员的消极作用。他们惯用种种方法去找学生的错处。学生是犯过的，他们是记过的。他们和学生是两个阶级，在两个世界里活着，他们对于学生的困难问题漠不关心。我们希望今后办训育的人要打破侦探的技术，丢开判官的面具。

这段话相当尖锐，而且切中当今德育的弊端。德育不是专门盯着学生找错的，也不是专门给犯错学生记过的。如果这样，那德育老师真的就和学生成了"两个阶级，在两个世界里活着"。那个毕业后的学生回母校还躲着当年的德育主任，那个转学生之所以要转回来，就是这样的原因。这是德育的悲哀，也是德育老师的不幸。

陶行知特别强调"希望今后办训育的人要打破侦探的技术，丢开判官的面具"。我理解，所谓"打破侦探的技术"，就是不要以学生为敌，随时把他们当作"侦破"对象；所谓"丢开判官的面具"，就是不要以真理的垄断者自居，居高临下地评判学生的言行。遗憾的是，这种运用"侦探的技术"戴着"判官的面具"的德育工作者至今还大有人在。

那么，德育工作者应该是怎样的人呢？

陶行知明确指出:"他们应当与学生共生活、共甘苦,做他们的朋友,帮助学生在积极活动上行走。他们也不应当忘记同学互相感化的影响,最好还要运用同学去感化同学,运用朋友去感化朋友。"

也就是说,德育老师首先应该是学生平等的朋友,"共生活、共甘苦,做他们的朋友"。在共同生活中,指导学生的品行养成。

说到底,好的教育首先是良好师生关系的建立。因为德育过程中情感的因素是不可忽视的,而这情感主要来自师生关系。固然,师生之间管理与被管理、教育与被教育的关系是一种客观存在,但这绝不应该是师生之间唯一的关系。如果在学生心目中,老师是威严的皇上,而在教师眼里,学生不过是顺从的臣民,那么德育情感很难产生,德育效果很难达成。

然而至今不少德育工作者仍信奉"一日为师,终身为父"的古训——学生永远尊敬老师,这点无可厚非,但教育者怎能老是以"父"自居?"我说你服""我打你痛""我管你从"等旧观念已在不少老师头脑中根深蒂固,这使学生对老师敬而畏之,畏而远之,德育完全失去了动人心魄的力量。

更加严重的是,在"德育皇上"的管教下,学生逐渐丧失了自我教育能力,也缺乏起码的独立思考能力:"老师说的总是对的,不用我操心!"一方面畏惧老师;另一方面为了服从又不得不迎合老师,以致形成"双重人格"。

我认为,"吾爱吾师,吾更爱真理""真理面前,人人平等""教学相长""当仁不让于师"等至理名言同样应体现在德育之中。教师与学生除了教与被教、管与被管的关系,还应有互相学习、互相帮助的朋友关系、同志关系,即陶行知所说的:"与学生共生活、共甘苦,做他们的朋友,帮助学生在积极活动上行走。"教师应发自内心地把自己看作是与学生一起探求真理的志同道合者。唯有这样,德育才会产生应有的情感力量!

先生还说:"品行养成之要素是在一举一动前所下的判断。我们问题中最大问题,是如何引导学生于一举一动前能下最明白的判断。"也就是说,学生要能够明确自己行为的对错,由此决定是否做出下一步行为。这的确很关键,让学生成为自己行为的判官,而不是犯了错误之后由老师来裁决并惩罚。这才是德育老师最根本的育人任务。

所以,陶行知强调:"任训育者不是查房间、管请假、记大过、发奖品就算了事。他的最大责任是引导学生参与现代人生切要的生活,于一举一动前能下最明白的判断。"

现在,不少德育老师正是把自己仅仅当成"查房间、管请假、记大过、发奖品"的人,而忘记了自己的"最大责任是引导学生参与现代人生切要的生活,于一举一动前能下最明白的判断。"

而且这个最大的责任不独德育老师才有,陶行知说:"全体教职员都有这个责任,即全体教职员都负有一部分训育上之任务,不过任训育者总其成罢了。"

这不就是"人人都是德育工作者"的意思吗?

2021年9月14日

"中国乡村教育走错了路!"

1926年12月12日,陶行知在上海一个关于乡村教育的讨论会上发表了演讲。第一句就振聋发聩:"中国乡村教育走错了路!"

为什么?

先生继续大声说:"他教人离开乡下向城里跑,他教人吃饭不种稻,穿衣不种棉,做房子不造林;他教人羡慕奢华,看不起务农;他教人分利不生利;他教农夫子弟变成书呆子;他教富的变穷,穷的变得格外穷;他教强的变弱,弱的变得格外弱。前面是万丈悬崖,同志们务须把马勒住,另找生路!"

先生这几句话堪称石破天惊。就是今天听来,也让我们感到震撼。只是重读这段话,当代一切有良知的教育者面对现在的教育现实,会略微做一点修正,改为——

中国教育有时走错了路!

记得我们小时候，老师对我们讲得最多的话，就是"热爱劳动人民"。可是，"热爱劳动人民"这句话现在在学校已经很少听到了。相反，孩子们听到的教育往往是："你如果不好好学习，就只有去蹬三轮、扫马路！"充满浓厚封建陈腐气息的所谓"吃得苦中苦，方为人上人"，在中国进入共和国七十多年的今天，居然还堂而皇之地成了许多家长和老师用来教育学生的励志名言！相当多的孩子在这种"教育"下，十二年寒窗苦孜孜以求的最终目的，都是出人头地，做"人上人"。

如果陶行知活到现在，他该怎样想，怎样说？

在《学生自治问题之研究》中，他特别强调，要警惕"把学生自治误作治人看"，学生领袖成了"统治"别人的"人上人"。他说："因为有了团体，一不谨慎，就有驾驭别人的趋势。刘伯明说：'人当为人中人，不可仅为人上人。'这句话，是我们共和公民的指南针。"

在《南京安徽公学办学旨趣》中，陶行知明确指出："我们不但是物质环境当中的人，并且是人中人。做人中人的道理很多，最要紧的是要有'富贵不能淫，贫贱不能移，威武不能屈'的精神。这种精神，必须有独立的意志，独立的思想，独立的生计和耐劳的筋骨，耐饿的体肤，耐困乏的身，去做那摇不动的基础。"

最近我刚刚带着一批老师去了四川省马边彝族自治县支教。马边曾经是国家级贫困县，但在中央和全国人民的支援下，通过马边人民自强不息的奋斗，现在已经取得了脱贫攻坚的辉煌成果。说到马边的教育，可以毫不夸张地说，马边最美丽的地方是校园，最漂亮的建筑是学校。马边教育局副局长对我们说："这是党委和政府对教育阻断贫穷代际传递的深刻认识，是教育优先发展的生动实践。"但他也说："我们马边的教育，硬件不软，软件不硬。"他指的是这里师资不足，当然各类人才也匮乏。因为从马边考上大学的孩子，终于走出大山，但很少人愿意回来。

原因当然是多方面的，但我们的教育"教人离开乡下向城里跑""教人羡慕奢华，看不起务农""教农夫子弟变成书呆子"……难道不是重要的原因之一吗？

这当然不只是马边的困境，也是全国的现实。

这几天，我在听湖南怀化杨满爱老师成长自述的音频，这是一位专业素养很高而且有良知的老师。她谈到当年她教的高三学生，多年苦读，能够考上大学的也只有五分之一，那么，另外五分之四的孩子怎么办？

这也是非常普遍的问题，存在于全中国每一所县中和乡村中学。考上的是少数，而且很少再回来成为家乡建设者，而没考上留在家乡的却没有职业技能，自己谋生都有困难，谈何建设家乡？

令人欣慰的是，已经有许多有远见的教育者意识到这个问题，开始着眼于乡村实际而进行了卓有成效的教育改革。比如四川省广元市的范家小学。

范家小学位于大山深处，距离县城还有一个小时的车程。因为孩子们大多跟随打工的父母离开了家乡，因此学校仅剩四五十个学生。校长张平原深知，这些孩子以后不一定都能考上大学，但他们同样需要全面的教育，因为他们今后将是家乡建设的主力军。

于是，张平原挣脱了"应试教育"的种种羁绊，不和城里名校比分数，而是结合乡村实际和孩子们成长的需要开发了丰富而有趣的课程，包括植物考察、社会调查、人物访谈、植物种植等等。范家小学周围都是大山，正好让孩子们到大自然中去观察自然、体验自然。他带着孩子们到深林去观察蘑菇是怎样生长的，从老奶奶老爷爷那里去了解村里的童谣是怎样消失的，到村里的小电站去看水电站是怎么发电的。孩子们根据小甑酒的酿制原理做醪糟，让全校每个同学都吃了，还带一大瓶回家给亲人分享；也请村里的"老草药"先生教孩子们认识草药，了解常见草药的性状……

因为每个班的学生都很少，从几个到十来个不等，他正好搞芬兰式的课堂模式，让孩子围坐在一起，和老师研讨。张平原把孩子的身体健康看得比学习更重要，他让孩子们每天都能上一节体育课。

结果几年下来，即使从全市的成绩排名看，范家小学也不差，几十所学校中，范家小学排名往往在第十名左右。

这么活泼自由、散发着生命气息的教育，吸引了全国各地的许多家长，他们把自己的孩子从大都市送到这偏僻的村小就读，创造了生源逆流的奇迹。

我问张平原校长："对此，你是不是觉得范家小学很牛啊？"

他说："不，范家小学还有更让我自豪的。"

我问："是什么？"

他说："在范家小学，没有一个近视眼！"

如果陶行知知道了范家小学，我想他也许会说："这就是我希望的乡村学校！"

面对乡村孩子，为了乡村未来——这才是中国乡村教育的正道。

2021年9月14日

师范院校怎能以姓"师"为耻？

《师范教育之彻底改革》是陶行知给石佣民等人的回信。"石佣民等"是谁？虽然陶行知在信的开头都一一写到了他们的名字，并称为"诸先生"，但这几个人我没查到。从陶行知这封回信看，他们应该都关心师范教育，并且对陶行知某些言论"不能苟同"。陶行知在回信中，谈了谈自己对师范教育改革的想法。

"改革"在我们看来是一个比较新潮的词儿，至少中华人民共和国成立后，最大规模的教育改革是与1978年整个国家的改革开放同步的——在那之前，比如20世纪50年代到70年代期间，教育上的变革不叫"教育改革"，而叫"教育革命"。但实际上，只要教育不断朝前发展，那么任何时代都有一个改革的任务，教育永远没有静止的理想状态。

那么，陶行知这封写于1927年的信，谈的是什么改革呢？或者说，当时他是针对什么而提出"师范教育之彻底改革"的呢？就是陶行知所说的："好些师范学校只是在那儿教洋八股，制造书呆子。这些大书呆子分布到小学里去，又以几何的加速率制造小书呆子。倘使再括（刮）一阵义务教育的大风，可以把书呆子的种子布满全国，叫全国的国民都变成书呆子！中华民国简直可以变成中华书呆国。老实说：二十世纪的舞台上，没有书呆子的地位，称它为国，是不忍不如此称呼啊！想到这里，真要令人毛骨悚然。"

师范教育培养出的学生根本不能学以致用，缺乏实际操作能力，从书本到书本，不与生活相联系……这样的师范教育令人担忧，"令人毛骨悚然"。

所以，陶行知提出："为今之计，我们要从四方面进行：一、愿师范学校从今以后再不制造书呆子；二、愿师范生从今以后再不受书呆子的训练；三、愿社会从今以后再不把活泼的儿女受书呆子的同化；四、愿凡是已经成了书呆子的，从今以后要把自己放在生活的炉里重新锻炼出一个新生命来。"

在陶行知心目中，师范教育的分量实在是太重了，它关系着中国每一个儿童，关系着中国的未来。他说："我们爱师范教育，我们更应爱全国的儿童和民族的前途。惟独为全国儿童和民族前途打算的师范教育才能受我们的爱戴。"

那相反，如果不是为全国儿童和民族前途打算的师范教育就没必要爱戴。如果再说得直白些，既然是师范生，就一定要能够胜任师范生应该承担的职业与使命，否则，要这师范教育干什么？

今天读这篇文章，我甚至进一步联想，如果一所师范学院不是以培养教师为主，这样的师范院校也没有存在的必要。

然而，今天的确有许多师范大学（学院），却极力想淡化甚至抹去师范教育色彩。

1977年考大学时，我报考的是四川师范学院（后来更名为四川师范大学）。从进大学第一天起，我就知道这一生我是当老师的。那个时代的教师地位谈不上有多高，国家也没有刻意强调教育和教师的重要性。你可以把"没有刻意强调"理解为国家认为没有必要强调。至少我从没有为自己是师范生而自卑过，相反，一想到自己将来是教师，我就有一种跃跃欲试的憧憬。

中华人民共和国设立教师节是在1985年，从那时候开始，我渐渐听到了国家强调教育和教师的重要性，所谓"百年大计，教育为本；教育大计，教师为本"的说法也出现了。但有意思的是，恰恰是在国家强调教育重要性的同时，全国各师范院校不甘于自己的"师范"身份，纷纷向综合性大学靠拢——

添加了许多非师范专业，比如房地产经营与估价、投资学保险、电子商务、石油工程等等；增设了不少非师范院系，比如旅游学院、影视学院；扩大了许多非师范生源；更有甚者，把校名中的"师范"二字去掉。不少师范名校消失了，成了普通大学。

我曾参加过一个北方某师范大学的校庆，走进校园，看到的"母校杰出校友"的照片，大多数是企业家、官员和明星。该校拍了一部校庆的宣传片，该片在罗列"办学成果""培养人才"时，说母校培养了将军，培养了院士，培养了歌星、演员、舞蹈家，还有主持人，就是不说培养了千千万万人民教师，连一句都不提！

我非常惊讶，而且气愤：一个师范大学如此弱化、淡化师范色彩，不以师范为荣，你怎么教育你的学生热爱教育？

那一两位将军、院士不过是个别有天赋的师范生，后来因为种种原因进入军界和科学界，而成长为将军和院士。他们当然也是学校的骄傲，但毕竟不是主流。而寥寥可数的几位歌星、演员、舞蹈家，是该校影视学院毕业的学生。这几位精英、名人的成名主要是他们的天资与机遇，与学校的培养不能说一点关系没有，但关系实在不大。如果你非要说是你学校培养的，那你为什么不多培养一些将军、院士、明星？

关键的是，你一个师范大学校庆的时候，把非师范的名人、明星作为你的培养成果而忽略广大的一线教师，合适吗？

提高教育的地位，提升教师的尊严，还有很多事要做，但我认为至少应该从师范院校看得起自己开始。师范院校办师范才是师范院校的优势——无论你如何增加学校的非师范专业，你也办不过那些综合性大学。因此，我强烈呼吁，师范院校守住师范的本色，别老想着向综合性大学靠拢，把师范院校办好，就是师范院校的价值和尊严所在。

师范院校只有以学校培养的千千万万一线教师为光荣，毕业的学生才会以自己是教师而感到自豪。如果连师范院校都不以师范为荣，总想去师范化以脱掉师范的皮，你让社会又怎么尊重你？

师范院校培养的学生居然不是师范专业，无法从事教书育人的工作——如果陶行知知道了，该作何感想？岂不更加令他"毛骨悚然"？

2021年9月15日

"课外作业是生活与课程离婚的宣言"

今天,无论对教师还是学生来说,"课外作业"这个词,都是非常熟悉的。教师在课堂上布置课外作业,学生回家后做课外作业,天经地义。要改革的最多是减轻过重的课外作业负担,而不是取消课外作业。

但陶行知居然说:"课外作业是生活与课程离婚的宣言,也就是教学做离婚的宣言。"

这话似乎不太好理解。课内学习知识,课外通过作业巩固知识,有什么不对呢?

陶行知是从"教学做合一"的高度来看待所谓"课外作业"的。"教学做合一"是当年晓庄学校的校训。在给晓庄师生做"教学做合一"的演讲中,他谈到许多同志对"教学做合一"并没有透彻的理解,把"教学做"看成是三件事:"我觉得同志中实在还有不明了校训的意义的。一是看见一位指导员的教学做草案里面把活动分成三方面,叫做教的方面，学的方面，做的方面。这是教学做分家，不是教学做合一。二是看见一位同学在《乡教丛讯》上发表一篇关于晓庄小学的文章。在这篇文章里，他说：'晓庄小学的课外作业就是农事教学做。'在教学做合一的学校的辞典里并没有'课外作业'。课外作业是生活与课程离婚的宣言，也就是教学做离婚的宣言。"

陶行知一贯主张："教育以生活为中心。"既然以生活为中心，那么教育的一切都涵盖于生活，或者也可以反过来说，丰富的生活即是丰富的教育。

从这个意义上说，有课外作业吗？当然没有。因为在陶行知看来，"全部的课程包括了全部的生活：一切课程都是生活，一切生活都是课程。我们不知道什么是课内活动和课外活动。"

既然如此，对于学习来说，自然就没有课内、课外之分。

陶行知反复强调，教学做是一体的，不可分割："事怎样做就怎样学，怎样学就怎样教；教的法子要根据学的法子，学的法子要根据做的法子。……教学做是一件事，不是三件事。我们要在做上教，在做上学。在做上教的是先生；在做上学的是学生。从先生对学生的关系说：做便是教；从学生对先生的关系说：做便是学。先生拿做来教，乃是真教；学生拿做来学，方是实学。不在做上用功夫，教固不成为教，学也不成为学。从广义的教育观点看，先生与学生并没有严格的分别。实际上，如果破除成见，六十岁的老翁可以跟六岁的儿童学好些事情。会的教人，不会的跟人学，是我们不知不觉中天天有的现象。因此教学做是合一的。"

陶行知这个观点让我们很容易想到当代中国的素质教育、新课程改革、核心素养培养等概念和实践。是的，伴随着改革开放的中国教育课程改革，总的趋势就是将教育与生活的壁垒打通，将教授与学习的隔离打通，将教师与学生的界限打通。

正在修订中的义务教育新课程标准有一个突出的变化，就是在核心素养目标的导向下，把关注的重点从学科转向到生活，即引导学生不仅仅注重学科学习，更注重生活实践。在此之前的基础教育则更多的是强调学科中心和知识本位，其根本原因在于课程标准和教材呈现的方式、体系都遵循的是学科逻辑，而现在则不仅要打通学科之间的联系，更要打通学科知识与生活实践的联系，从学生成长出发，从现实生活需求出发，重组各类知识。

此次义务教育课程标准的修订，在兼顾学科逻辑的情况下更多地关注生活逻辑。所谓"生活逻辑"，就是学生的成长面临什么样的真实的环境以及他们真实的需要。课程设计要根据并服务于学生成长这一主线而不是仅仅基于学科本身的知识结构。当然，这并非意味着轻视知识教学，而是要处理好理论和实践、书本和生活的关系——在教给学生更多的间接经验和知识概念的同时，更要贴近学生的现实生活。对于分科课程和综合课程，既要按照分科的思路组织课程内容，也要强调不同课程之间的综合与融合，按照生活逻辑将知识组织起来。

其实，在课程改革的大潮中，许多学校已经在这方面做了卓有成效的探索实践。比如，程红兵校长曾经在深圳明德学校开设了一门"湿地研究"课程，这门课程将学校附近的红树林自然保护区作为复合学科教育的载体，孩子们在老师们的指导下对具体情境下的具体问题进行具体研究。把湿地剖开后，放些东西进去，过3个月，再拿出来去化学实验室分析，什么物质在什么季节降解得快，再加上湿地有各种植物、鸟类，整个课程就会在一个个专题研究中不断延伸，广泛涉及学生们需要了解的地理、生物、化学、物理知识，语文、英语等知识也能被涵盖进去。

在这里，不正是陶行知当年所倡导的"教学做合一"的完整体现吗？

基于生活的教育，让学习在真实的生活中发生，这也是国际教育改革的潮流。比如芬兰的现象式学习，就是基于学生真实的疑问和观察以及由此产生的问题而展开的学习，是充满探究性和学生视角的一个创新型学习过程。

所谓"现象式学习"，其特点是强调学习的整体性，主张为了培养学生解决问题的能力，将校内学习的知识与现实生活中的问题联系在一起。学习应当是相互关联且具有实用性的，而不仅限于理论。所以，现象式学习不是从知识出发，而是从生活出发，从生活中的现象出发，从生活现象中的问题出发，从解决这些问题出发。它将学科的学习置于广阔的社会背景之下，综合学生不同学科的知识，在与人协作中形成分析问题和解决问题的能力。

在这样的学习（生活）中，哪还有什么"课外作业"之说呢？由此回看陶行知"教学做合一"的理念与实践，重温他"课外作业是生活与课程离婚的宣言"的名言，不得不佩服，陶行知的教育思想有着怎样的时空穿透力！

2021年9月15日

做有思想的行动者

"教学做合一",做是中心。陶行知的原话是:"做是学之中心,也就是教的中心。"

但什么是"真正的做"呢? 1927年11月,陶行知做了"在劳力上劳心"的演讲。陶行知说:"只有手到心到才是真正的做。"可见,心又是做的关键,或者说灵魂。

陶行知分析了劳力与劳心的关系:"世界上有四种人:一种是劳心的人;一种是劳力的人;一种是劳心兼劳力的人;一种是在劳力上劳心的人。二元论的哲学把劳力的和劳心的人分成两个阶级:劳心的专门在心上做功夫,劳力的专门在苦力上讨生活。劳力的人只管闷起头来干,劳心的人只管闭起眼睛来想。劳力的人便成了无所用心,受人制裁;劳心的人便成了高等游民,愚弄无知,以致弄成'劳心者治人,劳力者治于人'的现象。不但如此,劳力而不劳心,则一切动作都是囿于故常,不能开创新的途径;

劳心而不劳力，则一切思想难免玄之又玄，不能印证于经验。劳力与劳心分家，则一切进步发明都是不可能了。所以单单劳力，单单劳心，都不能算是真正之做。真正之做须是在劳力上劳心。"

在这里，陶行知强调的是劳力与劳心的统一，但劳力与劳心又不是并列对等的关系，而是用劳心统率劳力，这是一种伟大的做，其意义能够改变世界："真正之做只是在劳力上劳心，用心以制力。这样做的人要用心思去指挥力量，使能轻重得宜，以明对象变化的道理。这种人能以人力胜天工，世界上一切发明都是从他那里来的。他能改造世界，叫世界变色。"

"在劳力上劳心"，就是在行动的时候要伴随着思考，或者说，以思想驾驭行动。用今天的话来说，就是要做有思想的行动者。

人之所以是万物之灵长，就在于思想。行动并非人与动物的根本区别，因为动物也会"动"，但动物的"动"只是本能，唯有人类的"动"受思想支配。所以人被称作"会思考的芦苇"，即生命虽然脆弱，却因思考而拥有长久的精神世界。

陶行知的伟大正在于他"在劳力上劳心"。无论是晓庄学校，还是山海工学团，或是育才学校，他的全部教育"劳力"，都是"劳心"的体现，即在"民主教育""生活教育""创造教育"等教育思想指导下的实践。

今天有些老师，在思想与行动的关系上，恰恰存在着陶行知当年批评的两种倾向："劳力的人只管闷起头来干，劳心的人只管闭起眼睛来想。"或者是无思想的行动者，或者是无行动的思想者。

先说"无思想的行动者"。中国的中小学教师十分辛苦，也十分敬业，早出晚归，披星戴月。他们每天上课，备课，批改作业，找学生谈心，接待来访家长，组织班级活动，处理突发事件……许多老师虽然敬业，却很少思考。这不是苛求，对一线老师来说，所谓"思考"更多的是指伴随实践的反思：我为什么要这样做？我成功的经验是什么？我失败的教训有哪些？每天匆匆忙忙，我要把学生带往何方？没有这样的思考，就不可能有理想而智慧的教育。没有思想的老师，也不可能培养出有思想的学生。

再说"无行动的思想者"。从某种意义上说，中国教育并不差先进的思想理念。现在哪怕是最偏远最闭塞的山村小学，墙上可能也写着"以人为本"的口号，至于"尊重个性""民主教育""平等对话""研究性学习""批判性思维培养""人工智能与教育"……更是频繁出现在许多校长和老师的文章和大会发言中。然而，相当多学校的课堂，依然变化不大，课堂程式化、教学一言堂依然是主流。理念是理念，行动是行动。无行动的思想者，其思想毫无价值。

当然，在一个价值多元的时代，我们尊重每一个人对自己的生活方式和对职业态度的选择。作为个体，无论是认认真真干活而把思考留给别人，还是对教育只做理论上的思考而把行动交给别人，都无可厚非。但是，中国教育也的确需要一批乃至一代有思想的行动者，或行动中的思想者。他们应该有直面现实的勇气，有披荆斩棘的双手，有遥望未来的眼睛；在上好每一堂课、带好每一个班、爱着每一个孩子的同时，他们的心中应该永远燃烧着教育理想主义之熊熊火炬！

重读陶行知，不得不再次对他肃然起敬。固然，我们今天面临的一些困难是陶行知时代所没有的，但陶行知当年所面临的种种压力也是相当沉重的，他有时甚至可能付出生命的代价。其实，陶行知本来已经拥有了相当尊贵的社会地位和相当优裕的生活待遇，他完全可以很体面地在那个社会生活得如鱼得水，以东南大学教务长的身份，坐在象牙塔里思考，并写下若干教育论著，同样可以影响中国的教育。但是陶行知硬是放弃了他所拥有的一切，唯独留下了他对中国教育所寄予的理想主义，然后脱下西装，奔赴乡村，挥锄办学，用自己的教育探索，向那个风雨如磐的时代发出了呐喊，进行着抗争。20世纪上半叶的中国教育因此而有了一些亮色，中国因此拥有了一位饮誉世界的大教育家。

作为一位伟大的理想主义实践者，一位杰出的行动主义思想家，陶行知堪称"在劳力上劳心"的典范。

2021年9月15日

"教"是最好的"学"

"以教人者教己"是陶行知当年为晓庄学校确定的根本方法之一。

什么意思呢？陶行知在一次演讲中，举例对晓庄学校的学生解释说："昨天邵先生教纳税计算法，就是'以教人者教己'的例证。邵先生因为要教大家计算纳税，所以就去搜集种种材料，并把这些材料融会贯通起来，然后和盘托出，教大家计算。他因为要教大家，所以先教自己。他是用教大家的材料教自己。他年年纳税，但是总没有明白其中的内幕，今年为什么就弄得这样彻底明白呢？因为要教你们，所以他自己便不得不格外明白了。"

在这次演讲中，陶行知不只举了邵先生教纳税计算法的例子，还举了其他的例子，最后他总结说："从这些例证上，我们可以归纳出一条最重要的学理，这学理就是'为学而学'不如'为教而学'之亲切。'为教而学'必须设身处地，努力使人明白；既要努力使人明白，自己便自然而然的格外明白了。"

真理总是朴素的，更何况陶行知的教育表达从来都是通俗易懂，让人一听就明白。

陶行知提出的这个观点，让我想到了当代中国基础教育的课堂改革。许多创新的教学模式，正是把课堂教学"教"的权利还给了学生，让学生上讲台，或者小组合作彼此当老师……我不得不再一次感慨，我们今天的许多"新理念"，陶行知早就说过了，并且做过了。

我想到了20世纪80年代自己年轻时的语文教学改革，有一个大胆创新就是以各种方式让学生们互教互学。在具体做法上，我有这样几点尝试。

第一，学教式教学。在全班学生自学的基础上，让学生自愿报名上台当小老师，为全班同学讲授课文知识；小老师讲课结束后，又让全班同学对其评议，既肯定其优点，又指出其知识理解方面的不当之处。我的学生先后讲过的课文有：《岳阳楼记》《少年中国说》《一碗阳春面》《我的空中楼阁》等等。

第二，表演式教学。在学生自学或师生共同研讨课文的基础上，让学生把课文编成小剧本，在班上演出。编剧本和排演的过程实际上就是不断加深理解课文的过程。这样的教学形式很受学生欢迎。《变色龙》《木兰诗》《石壕吏》《群英会蒋干中计》等课文，都曾被我的学生改编成小话剧搬上讲台。

第三，竞赛式教学。先布置学生充分预习，然后教师根据教学大纲和学生实际，有选择地把一些教学内容编制成竞赛题，让学生在课堂上竞答，有效调动了学生的学习热情，极大地激发了学生的钻研兴趣，使学生在紧张激烈而又充满情趣的竞赛中成为学习的主人。

第四，沙龙式教学。对一些自读课文，如《好的语言和坏的语言》

《明湖居听书》《怀疑与学问》《挖荠菜》等课文，我让学生自由上台谈自己的学习体会或独到理解。这样的教学，主要不是教师给学生做"精彩分析"，而是更多地让学生与学生之间进行互相交流；而且这种交流没有定于一个的"标准答案"，只有各抒己见的心灵自由。

第五，辩论式教学。教师将学生在学习中提出的带有共同性的疑问设计成辩论题，让学生在课堂上展开辩论。如"鲁国败齐首功归谁？"（《曹刿论战》）、"陈胜起义出于偶然还是必然？"（《陈涉世家》）、"周朴园对侍萍有没有真情？"（《雷雨》）……通过类似的辩论，学生在观点交锋、思想碰撞中互相启发、互相交流，最后得到能力的共同提高。

这些教学方式，都是把教学的任务下放给学生去完成，无论是学教式教学、表演式教学、竞赛式教学，还是沙龙式教学、辩论式教学，学生都必须先自己学习，自己钻研，然后在班上展示、交流。后来，我每次出差，都不请同事代课，而是让学生自愿争取帮我上课。我回来后进行小测验，效果还真不错。

说到测验，我又想到了年轻时自己最得意的创新，就是让学生出考题。早在1985年，我便开始了让学生出考题的探索。当时的想法很简单，学生要考住别人，必须自己先深入细致地复习教材内容。我让学生出的试题分两类：一是单元测验和半期考试题，二是考试复习阶段的模拟考试题。

我为什么只让学生出单元测验题和半期考试题呢？因为期末考试多半是全市或全区统考，而单元测验和半期考试则只是本班考或本校考，而且考试的内容也不多。因此，我往往在全班征集考题，发动全班同学出题。每个同学根据教材内容和知识重点，至少出一道题，也可以出几道。然后，我根据学生交来的题，进行选择后再拼装成一套题。当然，这样的考题会出现这种情况，即某道题是某学生出的，那他考试自然就"占了便宜"。我认为，这是完全可以的，我宁可把这种情况看作是对认真出题的同学的一种奖励，以此提倡学生们都出高质量的题。1985年《读写园地》杂志还登出了我班学生出的半期考试题。

我让学生出的第二种题，就是复习阶段的模拟考试题。就我的想法，语文本来是不应该有什么总复习的，因为语文学习全靠平时积累。但现在的考试方法，逼迫我和学生还得复习，才能应付上级的各种考试。而设计复习训练题，可能是许多老师都感到麻烦的事。现在，我把这个"麻烦"交给了学生：让学生出模拟考试题。我是这样想的：不但平时的语文学习应该以学生为主体，而且期末的语文复习也应该让学生成为主人。学生要出好一套题，不仅必须对有关语文知识进行全面而细致的复习，而且还要善于把握重点。这样，让学生出复习题，不过是个手段，其目的还是在于让学生能够自己进行系统的复习。

当然，让学生出模拟考试题，教师必须做必要的指导。我的指导主要是给学生拟定《模拟试题设计规范》，并将这个规范印发给每一个学生。学生在按这个规范出题时，实际上也就在按这个规范进行复习。所以，从这个意义上讲，我给学生拟定的《模拟试题设计规范》实际上也就是一份语文复习提纲。

当时我根本还不知道陶行知"以教人者教己""为教而学"的思想。现在想来，我当年是歪打正着地实践了陶行知的教育思想。

我还想到山东杜郎口中学崔其升校长的课堂改革。简言之，杜郎口中学的课堂模式就是把学习的主动权还给孩子，老师少讲或不讲，让孩子们多讲——或上讲台讲，或在小组内彼此讲。结果教学效果远比以前老师讲、学生听的模式要显著。

后来，专家们将杜郎口中学的课堂模式提炼概括为所谓"三三六"之类，还一套又一套地说出了许多"理论"。但其实杜郎口中学的老师们最初的想法没那么"深刻""复杂"，他们无非就是遵循常识而已。让学生学会学习，并不停地讲，教学质量自然就有提升。最好的学习，就是给别人讲，这是个常识。这个常识很深刻，也很朴素。多年来我们把这个常识给忘记了，不停地给学生讲，却不让学生讲。于是，知识在我们教师头脑里记得越来越深刻，学生却什么都没记住。杜郎口中学的老师们相信了这个常识，并利用了这个常识，让学生在课堂上不停地给别人讲，学生成绩当然就提高了。就这么简单。

杜郎口中学是从改变教学方式开始的，但是他们最后改变的绝不仅仅是教学方式，由此带来的是教育（不只是"教学"）观念的变化、师生关系的变化以及师生素质的变化。在学生为主体的教育观念下，在师生互动的教学模式中，学生综合素质全面提高，教师专业水平全面提升，师生共同成长在杜郎口中学成为现实。人们只看到杜郎口中学令人惊叹的教学质量，而我更欣赏的是，在这样的课堂上，孩子们所收获的是"最素质"的东西：自信、出色的口头表达能力、自学能力、团队合作精神、对人的彬彬有礼、简朴的生活、高远的志向………而这在过去，是不可思议的。

也许崔其升校长也没有想到陶行知"以教人者教己"的说法，但杜郎口中学的教学改革实践——当然，远不只是杜郎口中学，还有全国许多以学生为本的课堂改革，无疑为陶行知的教育思想提供了优秀的当代范例。

从某种意义上说，无论是我当年的语文教学创新，还是杜郎口中学的课堂教学改革，其实都不是创新和改革，不过是践行了常识而已。这个常识就是陶行知说的"为教而学"。

只是，为什么这样的常识，到现在还没有在全国所有的中小学课堂普及呢？

2021年9月16日

办有中国气派的教育

"现在有一点我们应当注意的,就是以前的教育,都是像拉东洋车一样。自各国回来的留学生,都把他们在外国学来的教育制度拉到中国来,不问适合国情与否,只以为这是文明国里的时髦物品,都装在东洋车里拉过来,再硬灌在天真烂漫的儿童的心坎里,这样儿童们都给他弄得不死不活了,中国也就给他做得奄奄一息了!"

这是陶行知1927年8月14日在晓庄学校一次演讲中的话。我从这段话中,读到了陶行知的教育追求:办有中国气派的教育。

1923年11月13日,陶行知(当时他还叫"陶知行")给妹妹文渼写了一封信。他先告诉妹妹:"知行近日买了一件棉袄,一双布棉套裤,一顶西瓜皮帽,穿在身上,戴在头顶,觉得完全是个中国人了,并且觉得很与一般人民相近得多。"得意之情,跃然纸上。

然后他又动情地写道："我本来是一个中国的平民。无奈十几年的学校生活，渐渐的把我向外国的贵族的方向转移。学校生活对于我的修养固有不可磨灭的益处，但是这种外国的贵族的风尚，却是很大的缺点。好在我的中国性、平民性是很丰富的，我的同事都说我是一个'最中国的'留学生。经过一番觉悟，我就像黄河决了堤，向那中国的平民的路上奔流回来了。"

按说，陶行知应该是最洋气的知识分子，或者说最有"资格"摆出一副"兄弟我在英国的时候……"（典出小说《围城》）的派头。陶行知1914年以总分第一名的成绩毕业于金陵大学，随即赴美留学。他先是在伊利诺大学学市政，1915年获伊利诺大学政治硕士学位后，于同年秋入哥伦比亚大学研究教育。无论是伊利诺大学，还是哥伦比亚大学，都是世界级名校；这样的"海龟"，在20世纪初的中国，简直就是凤毛麟角，那还不是各大学抢夺的拔尖人才？

果然，1917年秋回国后，陶行知先后任南京高等师范学校教授、国立东南大学教授、教务主任等职。他完全有机会、有资格一直待在宁静的大学象牙塔里做他的学问，当他的教授，过一种养尊处优的雅致生活。

然而，自认为"我的中国性、平民性是很丰富的"他，被同事称为"最中国的"留学生，心里一直装着中国，一直希望办有中国气派的教育。正如他在给妹妹文渼的那封信中所说："我们生在此时，有一定的使命。这使命就是运用我们全副精神，来挽回国家厄运，并创造一个可以安居乐业的社会交与后代，这是我们对千万年来祖宗先烈的责任，也是我们对于亿万年后子子孙孙的责任。"于是，他毅然脱下西装，穿上草鞋，告别了大学校园，来到南京郊外的老山（后被陶行知改名"劳山"）脚下，在小庄（后被陶行知改名"晓庄"）挥锄开荒建校舍，建起了晓庄师范学校。

应该说，陶行知所批评的当时"自各国回来的留学生，都把他们在外国学来的教育制度拉到中国来"的现象，有一定的历史必然性甚至合理性。1905年（清朝光绪三十一年）9月2日，袁世凯、张之洞等一批实权大臣联合上奏，要求废除科举制，大力兴办学堂，得到了慈禧太后和光绪皇帝的批准，下诏从1906年停止所有科举考试，科举制遂寿终正寝。中国封建时代的旧教育制度在形式上完全结束，新的教育制度得以建立，西式学堂随之在中国兴起。无论是学校形式，还是课程设置，以及教学模式，都来自西方教育的影响。应该说，相对于封建教育，这是一种历史的进步，对于科技知识以及现代文明在中国的传播与普及有极大的价值。可以这样说，没有一百多年前的废科举、办新学，就没有后来中国的现代教育，更没有今天中国在文化、经济、科技、军事等各领域的发展与强大。

但矫枉过正便难免走向另一个极端，我们在引进西方先进教育制度、内容和理念的同时，无意忽略甚至有意抛弃了传统教育中有价值的东西，忘记了中国教育无论怎样向西方先进文化学习，但"为我所用"还得结合中国的传统和实际，教育的根还是应该扎在自己的大地上。

陶行知后来在《贫穷与教育》中指出："要建立富的社会人人须具有创造精神，现在的教育能养成这种精神么？我们先问问教育者，他们专事抄袭别国的教育制度、课程、方法等施行，把自己所处的社会背景、经济组织忘去了；再看看学校内容、教学材料，大家捧着教科书在死读，或者在研究别人所得的结果。这种教育不是智识的传递，决不能养成学生的创造的能力。"

陶行知不但是最早意识到了中国教育的这个问题，而且也是最早在实践中克服这个问题的中国教育家之一。他的导师杜威是美国实用主义的传播者，是进步主义教育运动的代表人物之一，被称为20世纪西方最伟大的教育家。陶行知当然师承了杜威的教育理论，但并没有全盘照搬到中国，而是结合中国的国情在批判中继承，将杜威的"教育即生活，学校即社会"改造成"生活即教育，社会即学校"，将杜威的"做中学"改造成"教学做合一"，提出了适合中国国情的具有独创性和实践性的生活教育思想，并通过晓庄师范学校、育才学校等进行了卓有成效的实践。

今天，在所谓"教育国际化"的潮流中，不少土生土长的中国学校越来越"洋气"了，就像当年陶行知所批评的那样，不分青红皂白将外国的东西"像拉东洋车一样"运到中国来，搬进校园。有的学校连校名都充满了洋味儿，明明是中国学校，校名却叫"伊利诺亚公学""凡尔斯诺学校"之类。如果陶行知见到这样的学校招牌，不知作何感想。

毫无疑问，中国教育依然需要"面向现代化，面向世界，面向未来"，但在与国际教育交流并借鉴先进教育理念的同时，如何保持中国教育的民族特质，陶行知的教育思想和实践依然有着鲜活的现实意义。

2021年9月16日

"不要再把伪知识传与后辈"

读陶行知的论著,感觉他的大多数文章都很平实而平和。"平实"是指语言的通俗易懂,"平和"是指他态度的亲切友善。他总是以朴素的文字将一些深刻的教育理念娓娓道来。

但爱憎分明的陶行知也有鲁迅式的犀利文字,比如《"伪知识"阶级》。这是一篇尖锐批判中国封建时代那些服务于统治者的满腹伪知识的"知识分子"的文章。

"知识阶级"这个概念今天听来可能怪怪的,但在陶行知那个时代,中国80%以上的人是文盲,知识(这里主要是指书本知识)只是少数人拥有,有人认为这是有别于人民的阶级,于是要打倒,但也有人说要拥护。

但是,陶行知认为,没有知识不等于没有智慧。他说:"智慧是生成的,知识是学来的。"而智慧是人人都有的,"智慧既无阶级,自然谈不上打倒、拥护的问题。"

智慧无阶级，那么知识呢？陶行知认为："我们要考察知识的本身。知识有真有伪。思想与行为结合而产生的知识是真知识，真知识的根是安在经验里的。从经验里发芽抽条开花结果的是真知灼见，真知灼见是跟着智慧走的。同处一个环境，同等的智慧可得同等的真知灼见。智慧是渐渐的相差，所以真知灼见也是渐渐相差。智慧既无阶级，真知识也就没有阶级。俗语说：'三百六十行，行行出状元。'真知识只有直行的类别，没有横截的阶级。"

结论是，真知识也是没有阶级之分的。智慧所在，知识所在也。

既然有真知识，那自然也就有"伪知识"了，而且"伪知识"是有阶级的，因为"伪知识"只存在于少数人之中。陶行知这样解释道："什么是伪知识？不是从经验里发生出来的知识便是伪知识。比如知道冰是冷的，火是热的是知识。小孩儿用手摸着冰便觉得冷，从摸着冰而得到'冰是冷的'的知识是真知识。小孩儿单用耳听妈妈说冰是冷的而得到'冰是冷的'的知识是伪知识。小孩儿用身靠近火便觉得热，从靠近火而得到'火是热的'的知识是真知识。小孩子单用耳听妈妈说火是热的而得到'火是热的'的知识是伪知识。"

陶行知特别强调，他没有否定间接知识的意思："我们的问题是要如何运用别人经验里所发生的知识使它成为我们的真知识，而不要成为我们的伪知识。比如接树：一种树枝可以接到别一种树枝上去使它格外发荣滋长，开更美丽之花，结更好吃之果。如果把别人从经验发生之知识接到我们从自己经验发生之知识之上去，那么，我们的知识必可格外扩充，生活必可格外丰富。"

最关键的是："我们要有自己的经验做根，以这经验所发生的知识做枝，然后别人的知识方才可以接得上去，别人的知识方才成为我们知识的一个有机体部分。这样一来，别人的知识在我们的经验里活着，我们的经验也就生长到别人知识里去开花结果。至此，别人的知识便成了我们的真知识；其实，他已经不是别人的知识而是自己的知识了。倘若对于某种知识，自己的经验上无根可找，那么无论如何勉强，也是接不活的。"

陶行知举例说："比如在厨房里烧过火的人，或是在火炉边烤过火的人，或是把手给火烫过的人，便可以懂得热带是热的；在冰房里去过的人，或是在冰窖里走过的人，或是做过雪罗汉的人，便可以懂得北冰洋是冷的。对于这些人，'热带是热的，北冰洋是冷的'，虽从书本上看来，或别人演讲时听来，也是真知识。倘若自己对于冷热的经验丝毫没有，那么，这些知识虽是学而时习之，背得熟透了，也是于他无关的伪知识。"

以今天的观点看，陶行知这话似乎有些"过时"了，但我认为"过时"的只是他举的具体例子，而他要表达的意思是没有过时的，即学习是一个在自己已有经验和知识的基础上寻求新的获得。

这里，是不是有点现在我们说的"建构主义"的意思？建构主义不就是认为学习是学习者基于原有的知识经验生成意义、建构理解的过程吗？这就是陶行知所说的"别人的知识在我们的经验里活着，我们的经验也就生长到别人知识里去开花结果。"

说到这里，什么叫"伪知识"便很清楚了。不是基于经验的胡编乱造，与生活无关，这样的知识便是"伪知识"。用陶行知的话来说："吾国文人写出了汗牛充栋的文字，青年学子把他们的脑袋子里都装满了，拿出来，换不得一肚饱。这些文字和德国纸马克是一样的不值钱，因为他们是在经验以外滥发的文字，是不值钱的伪知识。"

陶行知总结道："只有从经验里发生出来的文字才是真的文字知识。凡不是从经验里发生出来的文字都是伪的文字知识。伪的文字知识比没有准备金的钞票还要害人，还要不值钱。"

陶行知大声疾呼："这个阶级既靠伪知识骗饭吃，不靠真本领赚饭吃，便没有存在的理由。……伪知识阶级的末路已经是很明显了,还用得着打倒吗?又值得拥护吗?"

然而,"伪知识阶级"还有一个最后的护身符:"难道书也不应当读了吗?"这似乎是一个非常雄辩的理由。

然而谬误的"雄辩"怎经得起真理的力量——其实是常识的力量。陶行知抓住书的本质和读书的目的,说:"我们应当明白,书只是一种工具,和锯子、锄头是一样的性质,都是给人用的。我们与其说'读书'不如说'用书'。书里有真知识和伪知识,读它一辈子,不能辨别它的真伪;可是用它一下,书的本来面目便显了出来,真的便用得出去,伪的便用不出去,也如同真的锯子才能锯木头,真的锄头才能锄泥土,假的锯子、锄头一用到木头泥土上去就知道它不行了。所以提到书便应说'用书',不应说'读书',那'伪知识'阶级便没得地方躲了。"

问题又回到了"真知识"与"伪知识"的辨析上。读书没错,关键是:读什么书?是读真知识的书呢,还是读伪知识的书?因为读书不是目的,学以致用才是目的。读书只是手段,书只是工具,而目的是"用书"。

至此,陶行知不但让"伪知识阶级"无处遁逃,没有了存在的理由,而且还亮出了他的读书观:读真知识的书,并在生活实践中去检验和运用书中的知识。这恰和他的生活教育理论相吻合,也体现了他"教学做合一"的一贯主张。

重读此文,我不胜感慨——

第一,按陶行知的观点,真知识是用来服务人民大众的。那么面对权势,面对功利,如何保持自己独立的思考、傲然的风骨和对真知识的拥有权,这也检验着每一个知识分子的真伪成色。

第二,认真地对待自己写的每一篇文章,让每一个字都闪着"真"的光芒——真情实感、真知灼见,而不是胡编乱造,制造文字垃圾,危害国家与人民，这是每一个读书人的良知所在，是我们的道德底线。

第三，面对学生，这一正在成长的特定群体，如何珍视我们对他们说出的每一句话，如何尽量保证我们传授给他们的是真知识，如何不对他们说假话、套话和大话，如何引导他们把读书与实践相结合，是我们每一个教师的神圣职责。

然而，对今天而言，什么是伪知识？一切自己虽然相信却不打算践行然而却要学生去做的知识都是伪知识，一切远离孩子生活也超出他们年龄特点和理解能力的知识都是伪知识，一切与生活相背离、与实践相脱节的知识都是伪知识……

令人遗憾且惭愧的是，当代哪一个中国教师敢说自己绝对没有给学生传授过伪知识？因此，今天重读陶行知这篇《"伪知识"阶级》，实在是让我们汗颜！

文章最后部分，陶行知说："我们应当痛下四个决心：一、从今以后，我们应当放弃一切固有的伪知识；二、从今以后，我们应当拒绝承受一切新来的伪知识；三、从今以后，我们应当制止自己不要再把伪知识传与后辈；四、从今以后，我们应当陪着后起的青年共同努力去探真知识的泉源。"

振聋发聩，近百年后，我仿佛还听到了这声音的回响。但愿所有陶行知先生的追随者，也像当年先生一样痛下决心——

无论如何，再也不要把伪知识传与后辈了！

2021年9月17日

道德教育不可简单化和绝对化

新文化运动以后，关于道德有了许多说法；围绕道德的是与非、新与旧，也有许多争议。对此，陶行知有自己的见解："道德两字，只有是与不是的问题，不能有新与旧的问题。道德是人在社会上最适当的行为，所以适当的是道德，不适当的不是道德。"

那怎样的道德是适当的呢？陶行知从人的本质说起："人的本质，原有为人为己两种趋向。但是为己的行为，未必全是不道德行为；反之，为人的行为，也未必全是道德行为。因为社会、个人，是相辅相成，不是各自生存的。所以为己之极，反是为人；为人之极，亦可为己。"

按我肤浅的理解，商人赚钱是为了自己，但在赚钱的同时促进了消费，推动了经济，这也为社会为他人作出了贡献；同样，当一个人无私地将自己的爱心与才华奉献给他人，最终也成就了自己的人生价值。所以，陶行知说："至于如何可称道德,即在权衡这为人为己两方面,定夺最适宜之一点的所在。"

当然,就道德而言,个人与社会二者必须协调。为此,陶行知提出一个原则:"大概道德的原则,是在个人有充分的发展,但不致损坏在社会全体之安全;社会有支配的势力,而又不致侵害个人生存的目的。"无论因个人损害社会,还是以社会损害个人,都是不道德的。

这个原则,在今天依然有着现实的意义。我们当然要防止无视大多数人利益的极端个人主义行为,但我们更应避免的是,以集体、社会、国家的名义,侵犯个人权利,不少"道德绑架"就是以"人民的名义"发生的。在学校教育中,以学校荣誉的名义而侵犯学生权利的事时有发生,这尤其应该引起我们教育者的警惕。

人类社会在不断变化,道德自然也在发展。不同的社会和时代对道德有不同的要求和看法。正如陶行知说:"从古到今,社会不断的变化,道德也不断的迁移,没有一时,没有一地,道德性质不在那里更变。今日称为最适宜的行为,明日也未必适宜;昨日称为最适宜的,今日又未必适宜。换句话说,可以维持此一时代之社会,未必能维持彼一时代之社会。道德固是造成社会的要素,但时刻显露其裂痕,补救方法,就在时时有适宜的道德,来代替不适宜的地位。如此,社会可以常有进化,个人方面不受压迫。"

社会是由一个个人构成的,国家因人而存在,而不是相反。所以,有利于社会进步与国家发展,说到底,还是为了人的幸福。从根本上说,人是目的,其他都是手段。道德也是如此。

这对教育提出了新的课题:如何根据时代的发展而不断更新我们的道德教育?这对教师更提出了新的挑战:如何根据道德的发展来判定学生是否"道德"?如果道德已经发展,而教育者依然停留于已经不适宜于新时代的"道德",这样的教育是"反教育"。

比如"二十四孝",在古代中国,那二十四种孝行都是符合当时的道德的,有的至今依然有着积极的意义,可其中的"埋儿奉母""恣蚊饱血""卧冰求鲤"……却已经不适宜于当今社会与时代,更不用说在封建时代,"孝"已经不仅仅指孝顺父母,更具有浓烈的政治色彩,统治者通过倡导臣子对父母的孝,从而强化对君主的忠。可是这种违反人性与科学,宣扬愚孝的"二十四孝图"居然堂而皇之地出现在今天许多校园的墙上。试问,如此教育道德吗?

又比如师生关系。按"一日为师,终身为父"的古训,师生关系绝对是父子关系,因此以过去的道德标准,作为学生对老师自然是毕恭毕敬,绝对服从——尽管韩愈也有"弟子不必不如师,师不必贤于弟子"的说法,但不占主流。而今天,我们更提倡互相尊重、平等民主的师生关系。可如果教师依然抱着"师道尊严"的道德观出现在学生面前,当学生在课堂上公开发表和老师不同的观点,在有的老师看来,自然就是"不道德"的了。但是,相比"一日为师,终身为父",在互相尊重人格前提下的"吾爱吾师,吾更爱真理"则更符合道德。如果教师没有更新自己的道德观,如何去教育学生?或者说,他将培养出怎样的学生?

当然,道德不但因时代而生变,也缘国情而有异。陶行知说:"欧美有欧美的道德,代表欧美社会最适宜的行为。宋、元、明、清有宋、元、明、清的道德,代表宋、元、明、清社会最适宜的行为。"

这个不难理解,比如一夫多妻制,在宋、元、明、清等封建时代是道德的,而在今天是不道德的;在现在世界上一些国家是道德的,但在中国是不道德的。所以教育,尤其是对学生关于道德的教育,不可简单化和绝对化。

2021年9月18日

"小事大做,则小事变成大事"

陶行知有一句名言:"人生为一大事来,做一件大事去。"这是他写给大学生信中的一句话。其实,类似的话他多次说过,比如他曾在给小学生的一封回信中,抄赠了自己写的一首诗,开头四句便是:"人生天地间,各自所禀赋。为一大事来,做一大事去。"

古往今来,要做大事的人不少,但做成大事的却不多。为什么?或许是理想不切实际,或许是知识不足、能力欠佳,等等,还有一个很重要的原因,就是不愿从小事做起。

在这封写给大学生的信中,陶行知特别说:"本来事业并无大小:大事小做,大事变成小事;小事大做,则小事变成大事。"这话颇有辩证思维。所谓"大事小做",就是把大事当小事来做,不重视不认真,结果"大事变成小事",最终一事无成;所谓"小事大做",就是充分认识到小事蕴含的重大意义,把小事当成大事来做,精心而富有智慧地对待每一个细节，最终大功告成。

我想到大家都很熟悉的一个网络故事——

> 有三个砌墙工人在砌墙，有人看到了，过来问其中一个工人，说："你在做什么？"这个工人没好气地说："没看见吗？我正在砌一堵墙！"
>
> 于是他转身问第二个人："你在做什么呢？"第二个人抬起头说："我在建一幢漂亮的大楼！"
>
> 这个人又问第三个人："你在做什么呢？"第三个人一边干活一边哼着小调，脸上带着笑容热情地说："我在建一座美丽的城市。"
>
> 若干年后，第一个人还在工地上砌墙；第二个人坐在办公室中画图纸，他成为工程师；第三个人呢，是前两个人的老板。

对于这个故事，不同的读者有不同的理解。有的读到了乐观，有的读到了理想，有的读到了眼界……接受美学认为"一千个人就有一千个哈姆雷特"，这些解读都是正确的。而我则读到了陶行知所说的"小事大做"，而"老板"则是事业成功的标志。

砌墙的确是一件小事，而且单调枯燥，第一个人把小事当小事做，自然手中的活儿永远都是小事。第二个人有想法，看到了砌墙蕴含的大楼意义，那砌墙就不一定是小事。第三个人，一开始就从通过砌墙想到了一个伟大的事业：建一座美丽的城市。他手中砌墙这件小事，在他眼中就是一件大事，而且是大事业。以大事的眼光和态度来从事小事，每一天的小事砌墙最终便成了大事建城。

我想到了年轻老师的成长。当年，华应龙中师毕业后在一所乡村小学教书，一教就是十一年。每天备课、上课、批改作业……在许多人看来十分单调而枯燥的工作，华应龙却不抱怨不埋怨，把每件小事都当成大事来做，通过每一堂课、每一篇作业、每一个孩子……来潜心教学，醉心教育，研究他后来产生巨大影响的"化错教育"，结果成果卓著，在乡下就被评为当时全市最年轻的高级教师，29 岁便被评为特级教师。后来他的"化错教育"理论和实践在全国影响巨大。如今，他已经是赫赫有名的特级教师、教育专家。

华应龙老师的成长史，就是陶行知"小事大做，则小事变成大事"这句话的典型范例。

当然，反面的例子也不少。我就亲眼见过身边的一些年轻人，总觉得自己被大材小用，而自己是要"干大事"的。不愿研究每一堂课，不愿研究每一个孩子，课不好好上，班不好好带，却老想着怎样才能早日进入管理层。这样的人当然很难被学校重视，于是他们开始抱怨，牢骚满腹，觉得自己怀才不遇，受到领导压制。这种人，连上述故事中第一位砌墙者的境界都没有——人家虽然看得不远，但毕竟敬业——于是，光阴虚度，一事无成。

陶行知这封信的主题是"介绍一件大事"。他要给大学生们介绍一件什么大事呢？就是办乡村小学。这似乎是小事，却意义重大。陶行知写道："请看，三家村，五家店，当中办了一个小学校，在这个小学校里当一个教员，初看起来是何等一件小事。有许多人简直当他为一件不得已而为之的职业。但是一个小学校，少则有一二十位学生，多则一二百。老百姓送他们进学校，便是不知不觉地把整个的家运交付给小学教员。小学教员教得好，则这一二十、一二百家的小孩子可以成家立业。否则，变成败家子，永远没有希望了。所以小而言之，一个小学生之好坏关系全村之兴衰。国家设立小学是要造就国民以谋全民幸福。"

在一般人眼里，小学的确很普通，小学教师的确很平凡。但陶行知却将小学和小学教师与国家命运联系起来:"全民族的民运都操在小学教员手里。德国战胜法兰西,归功于小学教师,这是人所知道的。中国之所以受不平等条约的束缚和帝国主义之宰割,追到根源,也要算教书先生为罪魁。这也是我们所不能否认的。所以小学教师之好坏,简直可以影响到国家的存亡和世运之治乱。"

说实话,读到这几句,我愣了一下,感觉陶行知有些偏颇,他说"中国之所以受不平等条约的束缚和帝国主义之宰割,追到根源,也要算教书先生为罪魁",有些走极端,因为一个国家的强盛,首先是文明的制度、先进的科技、发达的经济、强盛的军事等等,当然,这些都有赖于教育,但如果一个国家制度落后、政治腐败,空谈教育是没有用的。因此在旧中国,把"中国之所以受不平等条约的束缚和帝国主义之宰割"归咎于"教书先生",甚至说他们是"罪魁",显然是不妥的。不过,我理解陶行知的心情,他也许是想以这种偏激的方式,唤起人们对小学教育的重视。

九十多年过去了,中国发生了翻天覆地的变化,陶行知的这个观点放在今天的中国,却非常恰当,一点都不过分。比起当年贫穷的中国,今天我国已经成为世界第二大经济体,国家再不重视教育,尤其是乡村教育,无论如何是说不过去的。

当然,国家的重视主要体现在制度设计、经费保障和教师培养。"要想小学办得好,先要造就好教师;要想造就好教师,先要造就好师范学校,造就教师的教师"。而最终教育的落实,还得靠我们千千万万一线老师自我造就,在每一天平凡的岗位上小事大做,把自己汇入一个伟大的事业,让小事变成大事,最终造福国家,也成就自己。

2021年9月18日

"教育就是社会改造"

《地方教育与乡村改造》是陶行知1929年发表的一篇文章。在这篇文章中,陶行知简要而深刻地阐述了地方教育与乡村改造的关系,重申他一贯的理想,就是通过教育改造社会。

陶行知开篇便说:"教育就是生活的改造。我们一提及教育便含了改造的意义。教育好比是火,火到的地方,必使这地方感受他的热,热到极点,便要起火。'一星之火,可以燎原',教育有这样的力量。"教育的意义便是改造,对生活的改造。教育的力量也是无限伟大的,"一星之火,可以燎原"。

这里的生活,既包括社会生活,也包括个人生活。改造生活也就包括了改造人,即教人化人。陶行知的原话是:"教育是教人化人。化人者也为人所化,教育总是互相感化的。互相感化,便是互相改造。"陶行知在此提出了教育者与被教育者之间的关系，应该是"互相感化""互相改造"，也就是彼此学习，共同进步。

为了改造人所以办学，这是毫无疑问的，但改造社会又靠什么呢？或者说，现在办学就是改造人，那么什么时候改造社会呢？是不是当务之急先办学，等学生长大后再去改造社会呢？陶行知回答道："社会是个人结合所成的。改造了个人便改造了社会，改造了社会便也改造了个人。寻常人以为办学是一事，改造社会又是一事，他们说：'办学已经够忙了，还有余力去改造社会吗？'他们不知道学校办的得法便是改造社会。没有功夫改造社会便是没有功夫办学，办学和改造社会是一件事，不是两件事。"

陶行知的论断十分精辟。从来就没有抽象的社会，所谓"社会"就是由一个个的人所组成；从来就没有脱离社会的人，人的成长和人的素质，从某种意义上说，都是社会的产物。所以陶行知才说"改造了个人便改造了社会，改造了社会便也改造了个人"，所以"办学和改造社会是一件事，不是两件事"。

在陶行知的思想中，办学的目的是改造人心，这和鲁迅的"改造国民性"完全一致。用今天的话来说，就是提高全民族的素质。陶行知深刻地揭示了改造社会和办学之间相辅相成的关系："改造社会而不从办学入手，便不能改造人的内心；不能改造人的内心，便不是彻骨的改造社会。反过来说，办学而不包含社会改造的使命，便是没有目的，没有意义，没有生气。"

读到这里我想到的是，中国当代所倡导的素质教育正是通过提高未来公民的综合素质而推动中国进步，这在理论上就是把改造人心和改造社会统一了起来。但尽管素质教育已经喊了许多年，可应试教育依然在不少地方是主流，在这样的背景下，所谓的"教育"只沦为两个字：刷题！学生成了学习的机器、知识的容器、名利的工具，唯独不是完整的人，这样的

"教育"，既没有改造人心，也没有改造社会。

培养共和公民，这是陶行知至少在金陵大学读本科时便树立的理想。面对民国以来的种种社会问题，他深感中国已经进入共和国，可人的素质依然停留在过去。如果没有一代又一代具有共和精神的国民，那么"中华民国"便名不副实。而培养共和公民，只能从教育入手，这样的教育自然同时也是社会改造的行动。

正是在这个意义上，陶行知大声疾呼："所以教育就是社会改造，教师就是社会改造的领导者。在教师的手里操着幼年人的命运，便操着民族和人类的命运。"

"教师就是社会改造的领导者"，在教师的手里"操着幼年人的命运，便操着民族和人类的命运"——我们，中国当代的教育者，有这样的生命敬畏心和职业使命感吗？

有了改造中国的理想，又如何做呢？或者动员众人去做，或者代替众人去做。陶行知说，这两种方式都不对。劝别人去做而自己不做，这是"口头革命派"，显然于事无补。而代替别人去做，让人惭愧或依赖，且易"人存政举，人亡政息"，也不好。那最好的办法是什么呢？陶行知说："依我看来只有团结同志，共同去干，方能发生宏大久远的效力。"

而"共同去干"就需要人才。乡村改造的核心是培养人才，而培养人才的关键又是教师。所以，陶行知大声呼吁："我以为在这义务教育萌芽时期，这笔钱应当多用于培养教师，少用在开办新校。教师得人，则学校活；学校活，则社会活。倘使有活的教师，各办一所活的小学，作为改造各个乡村的中心，再以师范学校总其成，继续不断的领导各校各村前进，不出十年，必着成效。依我的愚见看来，这是地方教育根本之谋，也是改造乡村根本之谋。"

纵观陶行知的一生，大部分时间都致力于乡村教育（改造），因为在他看来，中国的乡村占据着中国的绝大部分地区，而且生活着中国绝大多数的人口。只有乡村改造成功了，中国改造才能算完整的成功。

那么今天呢？毫无疑问，中华人民共和国成立以来，尤其是改革开放以来，中国教育取得了举世瞩目的成就，这些成就对中国的推进，便是让中国在各领域取得了辉煌的成果，并成为世界第二大经济体。但我们也不得不看到，正如经济发展不平衡一样，教育发展也不平衡，尤其是城乡差距越来越大。

当初陶行知、晏阳初那一代人面临乡村教育与改造的主题，今天这个主题依然存在，虽然具体的问题不尽一样。简单说，当年陶行知他们要解决的难题是让孩子"能上学"，随着义务教育的实现，这个问题已经解决；我们现在要解决的难题是让孩子"上好学"。

这里的所谓"上好学"，就是享受优质教育。但问题又来了，对农村孩子来说，所谓"优质教育"是和城里孩子受一样的教育呢，还是适合于他们将来投身乡村改造（发展）所需要的教育？绝大多数农家子弟拼命考进县中，然后又拼命考大学，最后"中举者"只是少数，这些少数应试竞争的优胜者大学毕业后一般都不会回到家乡，而是留在了大都市。那么，没考上大学的大多数农村孩子呢？他们可是一辈子都生活在家乡的啊，换句话说，他们才是建设家乡的主力军。当代中国的乡村教育，如果仅仅是为了少数个别考上名牌大学的孩子而存在，却置大多数落榜生于不顾，那这是自陶行知、晏阳初他们搞乡村教育运动以来的倒退，也是中国教育的失职，甚至是耻辱！

所以，今天我重读陶行知这段话，实在是感慨万千："地方教育及乡村改造的成败，是靠着人才为转移。所以培养乡村师资是地方教育之先决问题，也就是改造乡村的先决问题。不在培养人才上做工夫，一切都是空谈。"

关键是，今日乡村所需要的人才是什么？是几个拥有名牌大学文凭的"高才生"吗，还是一大批具有职业技术和创新能力的建设者？这值得我们每一个教育者深思。

陶行知当年的乡村教育理想远没有实现，当代中国教育者任重道远。

2021年9月25日

"真教育是心心相印的活动"

晓庄学校建立第二年的时候，陶行知写了一篇文章总结上一年的收获。在文章的结尾，先生这样深情地说："要想完成乡村教育的使命，属于什么计划方法都是次要的，那超过一切的条件是同志们肯不肯把整个的心献给乡村人民和儿童。真教育是心心相印的活动。唯独从心里发出来的，才能打到心的深处。"

这段特别打动我的话，让我想到了苏霍姆林斯基的一段类似的说法："随着岁月的流逝，我愈加坚定了一个信念——对孩子的依恋之情，这是教育修养中起决定作用的一种品质。"

现在，我们说到教育中最重要的因素，或者办教育最重要的条件，往往会想到许多富有"时代特征"和"国际视野"的"前卫理念""先进模式"，或者"特色""创新""品牌"……而陶行知说，超过一切的条件是一颗献给儿童的心；苏霍姆林斯基说，起决定作用的品质是对孩子的依恋之情。

两位不同国度的教育家，彼此并不相识，但在这一点上却不约而同地高度一致——离开了情感，一切教育都无从谈起；爱，是教育的前提。

我知道，不少人对"教育不能没有爱"这个常识很不以为然，他们说："教育，难道仅仅有爱就行了吗？"这里，他们貌似雄辩地犯了一个逻辑错误。从逻辑上说，"爱"只是教育的必要条件，而绝非充分条件。打个比方，我们可以说："没有米，就做不成饭。"但不能说："只要有了米，就能做成饭。"因为要做成饭还得有其他条件：水、火、锅以及"巧妇"等。教育同样如此，除了爱，还要有思想、智慧、技巧等。我们强调教育不能没有爱，并不意味着教育只需要爱。但在这教育爱心越来越被忽略甚至被冷落的时代，强调爱心是必要的。爱是教育的前提条件，所以"没有爱，就没有教育"这话绝对是站得住脚的。

还有人认为，对于一线教师来说，强调具体的教学规范和职业纪律，比提倡抽象的教育爱心更实在。因为教学规范和职业纪律是呈现于外的行为，而教育爱心是一种蕴含于内的情感。

但是，没有情感作为内驱力，所谓"教学规范""职业纪律"便失去了道德自觉，而成了一种表面上的应付。比如，一个老师按时上下班，不辱骂学生不体罚学生，不违规收礼也不有偿补课——外在行为符合规范了，可他内心并不热爱教育，也不喜欢教书，对学生没有感情，备课时教案倒是按要求写了但并没深入钻研教材，作业也批改了但只是画个勾或叉而不会写一两句温馨的鼓励，回家后从不看书，更不反思自己的工作……这些都没违反相关的规范和纪律，但这样的老师能够说是称职的吗？这样的教育显然是没有温度的。

应该说，我们的教育已经渐渐失去了爱的温度，以至于现在"教育是否需要爱"居然成了一个争论激烈的"问题"。

年轻时读陶行知的书，深受其感染与影响，并在自己的教育实践中努力倾注爱并培养孩子的爱心。后来，我写下我的教育故事，出版了《爱心与教育》，没想到反响强烈。当时央视对我进行访谈，记者李潘问我："你认为，这本书产生强烈反响的原因是什么？"我说："我这本书毫无新意。教育需要爱，这本是理所应当且自然而然的事，但现在的教育恰恰缺失了爱。人们从我这本书读到了久违的教育之爱，因此感动。"

当时，我在《爱心与教育》的后记中这样写道："的确，在今天这个日益物质化、功利化的时代，爱心这个词已经老掉牙了，'爱的教育'这个观点更是一点不新潮，毫无战略高度和前瞻性可言。但我仍然要用自己的笔，代表所有爱心尚存、童心犹在的普普通通的中小学教师，记录下我们浩瀚的感情海洋和明澈的心灵天空，并向这个社会表达我们的信念：爱，当然不等于教育；但教育，永远不可能离开爱！"

还有老师把爱心当成所谓"感情投资"，这就把教育当生意了，而教育不是做生意，爱心更不是"感情投资"。投资的目的在于回报，但教师没想过什么爱的回报，因为一切教育行为都是自己的选择。"捧着一颗心来，不带半根草去。"陶行知这句话充分说明教育的爱是不计报酬的，连"半根草"都不要。

是否有爱，是判断教育真假的标准。所以陶行知才说："真教育是心心相印的活动。"注意"心心相印"这四个字，一颗"心"属于教师，一颗"心"属于孩子。这两颗"心"只有相印了，教育才是真实的。那么什么叫师生心心相印呢？我的理解就是，教师要走进儿童的心灵，甚至用陶行知的话来说，"我们要变成小孩"，用儿童的眼睛去观察，用儿童的耳朵去倾听，用儿童的大脑去思考，用儿童的情感去热爱，用儿童的兴趣去探寻。

近一百年过去了，重读陶行知这段话，感觉依然鲜活。我愿意略改几个字，和今天所有教育者共勉——

要想完成素质教育的使命，属于什么计划方法都是次要的，那超过一切的条件是同志们肯不肯把整个的心献给中国人民和儿童。真教育是心心相印的活动。唯独从心里发出来的，才能打到心的深处。

2021年9月25日

看陶行知怎样"翻了半个筋斗"

晓庄学校于1930年1月16日至2月7日举行了一个全国乡村教育讨论会——用今天时髦的用语,应该叫"中国首届乡村教育高峰论坛"吧!陶行知在会上发表了题为"生活即教育"的演讲。在这个演讲中,作为杜威的弟子,陶行知坦承自己将杜威的理论"翻了半个筋斗"。

按我的理解,所谓"翻筋斗",就是将杜威"教育即生活,学校即社会"打了个颠倒,定义为"生活即教育,社会即学校",但同时又肯定了杜威关于教育与生活、学校与社会互相联系的观点,所以只是"翻了半个筋斗"。

"吾爱吾师,吾更爱真理。"自1917年回国,陶行知离开他的导师杜威已经13年了。这13年中,他对中国教育尤其是乡村教育有了深入的思考与丰富的实践,对生活与教育、社会与学校的关系有了更深刻的理解。于是,他将杜威"教育即生活,学校即社会"的理论进行大胆的创新,提出"生活即教育,社会即学校"的理论,并在概念上把杜威的理论与自己的主张进行了明确的区分与解释。

陶行知认为,生活就是教育本身,哪里有生活哪里就有教育,有什么样的生活就有什么样的教育:"是生活就是教育;是好生活就是好教育,是坏生活就是坏教育;是认真的生活就是认真的教育,是马虎的生活就是马虎的教育;是合理的生活,就是合理的教育,是不合理的生活,就是不合理的教育;不是生活就不是教育;所谓之生活未必是生活,就未必是教育。"

他还提出生活的目标就是教育的目标。那陶行知主张什么样的生活(教育)呢?他主张:我们应该追求健康的生活、劳动的生活、科学的生活、艺术的生活、改造社会的生活和有计划的生活,这同时也是健康的教育、劳动的教育、科学的教育、艺术的教育、改造社会的教育和有计划的教育。

陶行知特别指出:"我们此地的教育,是生活教育,是供给人生需要的教育,不是作假的教育。人生需要什么,我们就教什么。人生需要面包,我们就得过面包生活,受面包的教育;人生需要恋爱,我们就得过恋爱生活,也受恋爱的教育。照此类推,照加上去,是那样的生活就是那样的教育。"

在这里,陶行知强调了"不作假的教育"。这对中国当代的教育依然有着重要的意义。什么叫"不作假的教育"?按陶行知这里的解释,就是"供给人生需要的教育"。也就是说,要着眼于孩子将来的人生需要提供教育,如果孩子今天所学与他的人生没有关系,这样的教育就是假的教育。如果不顾每个孩子的情况,而一刀切地把他们往一座独木桥上赶,最后能够通过那座独木桥的就是成功者,而没通过甚至掉进河里的便是失败者。这样的教育就是假的教育。

陶行知还补充说："我们主张生活即教育，要是儿童的生活才是儿童的教育，要从成人的残酷里把儿童解放出来。"所谓"成人的残酷"，陶行知举的例子是："把小孩子看成小大人，以为大人能做的事小孩也能做，所以五六岁的小孩，就要他读《大学》《中庸》。"

陶行知显然不是说《大学》《中庸》不该读，而是说不适合于五六岁的小孩读，因为这违背了他们的认知发展规律。他们根本无法理解的内容，却要他们去死记硬背，这就是"成人的残酷"。

读到这里，我一下想到了现在的教育。我们让小小年纪的孩子读了背了考了多少只有成人才理解而孩子们根本不懂的内容？前不久，一位母亲对我说："昨晚我那读一年级的女儿哭了，我问她哭什么，她一边抹眼泪一边说，我背不下来……"这位母亲说："她说的是迎接创建文明城市检查要求孩子背的那几条'文明公约''市民须知'之类，她其实也能说一些，但她说不全。"听了这位母亲的话，我实在是心疼那小女孩，心疼千千万万的小学生！我们所倡导的"文明公约""市民须知"完全正确，也应该做到，但六岁的孩子根本就不懂，却非要让他们去背，这就是陶行知所说的"成人的残酷"！

教育应当"从娃娃抓起"，引导孩子扣好人生第一粒扣子，正是与陶行知的主张一致，人格教育要从幼年开始培养。但是教育要符合孩子的年龄特征和接受能力，重在行为习惯的养成教育，把这些融入孩子的日常生活，在落细落小落实上下功夫，才是行之有效的教育。

与杜威"教育即生活"相联的就是"学校即社会"，陶行知同样也将其"翻了半个筋斗"。他说："整个社会的活动，就是我们的教育的范围，不消谈什么联络而它的血脉是自然流通的。'社会即学校'，我们的社会就是学校，还要什么社会化呢？现在我有一个比方，学校即社会，就好像把一只活泼泼的小鸟从天空里捉来关在笼里一样。它要以一个小的学校去把社会所有的一切东西全部吸收进来，所以容易弄假。社会即学校则不然，它是要把笼中的小鸟放到天空中使它能任意翱翔，是要把学校的一切伸张到大自然里去。要先能做到'社会即学校'，然后才能讲'学校即社会'；要先能做到'生活即教育'，然后才能讲到'教育即生活'。要这样的学校才是学校，要这样的教育才是教育。"

读着"是要把笼中的小鸟放到天空中使它能任意翱翔，是要把学校的一切伸张到大自然里去"这一句，我简直有想流泪的感觉！今天重读陶行知的意义，就是要让我们的"小鸟"们自由舒展地翱翔于天地之间，让校园处处散发出大自然的芬芳。

陶行知说："我们的社会就是学校，还要什么社会化呢？"他的意思就是，所谓"化"，就是用A去"化"B，让B和A发生联系，最后让A变成B，而"化"就是一个"转化"的过程。陶行知认为，这是错误的，因为A和B本来就是一体的，或者说就是一回事儿，"不消谈什么联络而它的血脉是自然流通的"。社会本身就是学校，不需要"化"。一说"化"便在观念上认为社会与学校是两回事。

读到这里，我有点脸红。因为我想到了20世纪90年代我曾经很得意地提出了"语文生活化，生活语文化"的主张——当然，这主张也不能说是我的原创，但我用我的实践丰富了这一主张。所谓"语文生活化，生活语文化"，就是让学生的语文学习尽量与生活相联系，让学生在生活中尽量地学语文、用语文。现在看来，这个说法是不妥的。因为就一个人的语文学习而言，语文与生活本身就是一体的，语文学习就是一种生活习惯，不存在谁"化"谁。我后来还曾提出"教育生活化，生活教育化"，这句话主要是对教师如何处理职业与生活关系的表述。但现在看来，这个说法也有问题：对于一个有事业心因而把教育职业当作自己生命的人来说，教育与生活融为一体，也不存在谁"化"谁的问题。

陶行知的"生活即教育",针对的是旧教育的弊端:"从前的书本教育,就是以书本为教育。学生只是读书,教师只是教书。在生活即教育的原则之下,书是有地位的。过什么生活就用什么书,书不过是一种工具罢了。书是不可以死读的,但是不能不活用。从前有许多像这样的东西,非推翻不可的,否则不能实现生活即教育。"的确,中国几千年的封建教育,就是引导甚至逼迫孩子读死书,死读书,最后读书死——读书和生活完全隔绝,学习和社会完全分离。而陶行知主张"生活即教育,社会即学校",就是要把教育与生活、学校与社会彻底打通。

然而最近几十年,应试教育让中国教育的路似乎越走越窄,学校又和社会生活隔绝起来,学生们又开始"读死书",所有学习就是刷题,所有的刷题都是为了考试。因此,陶行知"生活即教育,社会即学校"的主张,完全可以成为今天教育改革的指导思想。

令人欣慰的是,素质教育在走过三十多年之后,已经越来越深入人心,而且在课程开发、课堂变革、评价创新等方面取得了许多成果。尤其是前不久"双减"政策的出台,这让我看到了中国孩子获得"六大解放"的曙光。

2021年9月29日

"教师是儿童队里的一员"

无论是课堂教学还是班级建设，关键是处理好或者说摆正师生关系。所以，我去听课，更关注课堂上师生是怎样的关系；我评价一个班的好坏，依然是关心这个班的师生是一种怎样的关系。

师生关系决定着教育的品质。这个观点不是我的原创，而是公认的教育原则，古今中外许多教育家都谈过这个理念。陶行知先生更是对此有精辟的论述。在《生活教育论发凡》一文中，他在谈"生活教育"的几条原则（"身心的同时成长""培养活能力""由具体的经验到融会贯通的智识""扩大活动环境""教学做合一"）时，把"教师的地位"作为最重要的原则提了出来——

教师究竟站在什么地位呢？我们该得说一说。在"生活教育"的实验者，决不是一个教书匠，也不是一个旁观者。教师是儿童队里的一员,是儿童生活中的一个游侣,他因为年龄较长,经验较多,所以是这许多儿童中的一个辅导者。教师既不能板起脸来教,那么就得堆上笑来玩,使自己的生活回复到儿童时期去。最好的教师,便是近于儿童的成人,也就是最好的辅导者。当儿童有不能解决的困难,教师就给予暗示,暗示不足,则给予辅助和指导,务使儿童能自己用过一番心力去研究,教师不该心急的代为设法。

既不是喋喋不休的教书匠,也不是默默无语的旁观者,而是"儿童队里的一员"。也就是说,在生活教育的道路上,师生应该是相伴的"游侣"。但教师这个"游侣"又不是毫无责任的玩伴,而是担负起辅导者责任,随时准备给遇到困难的儿童以辅助和指导。

我想到了新课改背景下的课堂。

我曾经把课堂教学内容比作食物,描述了课堂师生关系的三种模式——

第一种是"填鸭式"。教师觉得食物对学生来说非常有营养,于是,便不择手段地满堂灌,唯恐学生吃不饱,而全然不顾学生是否有食欲,也不管学生是否消化不良。

第二种是"诱导式"。教师不是直接将食物灌输给学生,而是把食物摆在学生面前,然后以各种美妙的言语让学生明白眼前的食物是多么富有营养同时又是多么可口,以打动学生的心,激发其食欲,使他们垂涎三尺,最后争先恐后地自己动手来取食物,再狼吞虎咽地吃下去。

第三种是"共享式"。面对美味食物,师生共同进餐,一道品尝;而且一边吃一边聊各自的感受,共同分享大快朵颐的乐趣。在共享的过程中,教师当然会以自己的行为感染带动学生,但更多的是和学生平等地享用同时又平等地交流:他不强迫学生和自己保持同一口味,允许学生对各种佳肴做出自己的评价。在愉快的共享中，师生都得到满足，都获得营养。

任何比喻都是蹩脚的，何况课堂教学毕竟不是餐厅吃饭。但以上三种进餐方式，分别形象地代表了课堂教学中三种师生关系模式：教师绝对权威而学生绝对服从；教师在行动上似乎并不专制但思想上却分明是学生的主宰；师生平等和谐，教师在保持其教育责任的同时又尊重学生，和学生一起进步。

应该说，第三种师生关系，是我们今天应该倡导的，也是当年陶行知所主张的——"教师是儿童队里的一员"，同时又是"儿童中的一个辅导者"。

所谓"一员"，意味着师生平等；所谓"辅导者"，意味着教师是"平等中的首席"。

是的，"儿童队里的一员"绝不意味着教师放弃了自己教育的责任，在教育过程中，教师当然是"教学共同体"中与学生平等的一员，然而他是"平等中的首席"。他不是知识的灌输者，不是行为的约束者，不是思想的主宰者，但他在对话与共享中发挥着其他参与者（学生）所无与伦比的精神指导和人格引领作用。

"平等中的首席"这个位置，是教育本身赋予教师的。教育的方向和目的，教师对学生成长所承担的道义上的责任，都决定了在教学过程中，教师不可能是一个放任自流的旁观者或毫无价值倾向的中立者，而理应成为教学对话过程中的价值引导者。在课堂教学中，教师的价值引导主要体现在：他创设和谐情景，增进学生合作学习，鼓励学生积极参与并主动创新。让学生在尊重中学会尊重，在批判中学会批判，在民主中学会民主……这本身就是教育者应该追求的教育目的。

所以，"最好的教师，便是近于儿童的成人，也就是最好的辅导者"。陶行知这里说了教师的双重特点：一是近于儿童，即善于走进孩子的心灵，理解他们的精神世界，能够从孩子的角度思考问题；二是辅导者，即给毕竟还不成熟的成长中的孩子以各方面的帮助。

陶行知在这里是把师生关系放在整个生活教育框架中来审视的，绝不只是指课堂上教师的作用。只是我读到这里想到了课堂教学。以前的课堂关系，更多的是满堂灌，那我们就要强调师生在精神上的平等和求知路上的志同道合；但现在有的老师似乎走向了另一个极端，以"尊重学生"为名而放任自流。因此重读陶行知这段论述，可以让教师在与学生相处时把握好"游侣"和辅导者的分寸，尽到一个真正教师的责任。

2021年10月12日

"师范生的唐僧是小朋友"

儿童在陶行知心中有着至高无上的地位，简直就是他心中的神。有一次他收到一位小朋友的来信，便在回信中说："小朋友的信啊，你是我精神的泉源！"

在《师范生的第一变》中，他希望师范生能变成孙悟空，因为："教育是什么？教人变！教人变好的是好教育，教人变坏的是坏教育；活教育教人变活。死教育教人变死。不教人变、教人不变的不是教育。"既然如此，那么——"师范生不是别的，是一个学变先生的学生。"

正是在这个意义上，陶行知提出，师范生要学习孙悟空，因为孙悟空不但会变而且善学。陶行知概括了孙悟空的三个特点："第一件，他有目的、有远虑、有理想。……第二件，他抱着目的去访师。……第三件，他抱着目的求学。"

但是，"师范生变了孙悟空，那唐僧推谁去做呢？"陶行知问道，然后自己又回答这个问题："师范生的唐僧是小朋友。师范生应该拜小朋友做师傅，也如同孙行者的本领比唐僧大倒要做唐僧的徒弟。小朋友是我们的总指导。不愿受小朋友指导的人不配指导小朋友。"

在这里，陶行知明确提出，先生应该向学生学习。这是一个非常深刻的命题，因为这个命题颠覆了传统文化中的师生关系。尽管古代先贤也有过类似于"弟子不必不如师，师不必贤于弟子"的论述，也包含有师生互相学习的意思，但这并不占主流。而主流的师生关系，更多的是"一日为师终身为父"。而"父"则意味着"说一不二""绝对服从"。

就阅历、知识、智慧、能力而言，一般来说，成人显然在孩子之上，但陶行知却说"如同孙行者的本领比唐僧大倒要做唐僧的徒弟"一样，"师范生应该拜小朋友做师傅"。他进而明确提出："小朋友是我们的总指导。不愿受小朋友指导的人不配指导小朋友。"

我刚才说了，就阅历、知识、智慧、能力而言，一般来说，成人显然在孩子之上，但这不意味着孩子在所有方面都不如我们。且不说对世界的敏感、对环境的敏锐并因此而产生的好奇心、想象和创造力，孩子其实远远比成人更强，单说清澈的眼睛和无邪的童心，我们成人就自愧不如。从教几十年，我不止一次面对孩子的纯真而感到了自己的世故。

刚参加工作时，领导总是告诉我们年轻教师："要无愧于'人类灵魂工程师'的称号与使命！"可随着和孩子们的深入交往，我实在是怀疑我的灵魂是否比学生更加纯洁！相比之下，需要我"塑造灵魂"的学生在许多方面倒比我高尚。我打了他们，他们真诚地原谅了我，照样尊敬我；面对老师的批评，学生从来都是诚恳认错，即使暂时想不通，也绝不会像我一样强词夺理；我叫他们捐书，有的家境贫寒的学生不吃早点，而省下钱买来新书捐给学校，可我自己却很不情愿地只捐了很少很少的书……我常常感到：比起学生那一颗颗晶莹的童心，自己的一颗所谓"成熟"的心其实早已锈迹斑斑!

但有一点我可以无愧地自我表扬,那就是我有意识地向学生学习,并且让学生帮助我、监督我改正缺点。现在想起来,我的许多缺点都是学生帮我改正的。

举一个小例子。刚工作时,我常常拖堂,也就是下课铃响了,我还在讲,结果往往几分钟后才下课。后来学生给我提意见,我向学生们表示,一定改正。为了表示我的诚意与决心,我主动提出,如果我拖堂一次就接受一次惩罚,惩罚方式由学生们商定。后来他们决定,凡是李老师拖堂一次,就罚李老师中午给他们读一次小说——他们那时候特别喜欢听我朗读小说。这对我来说,的确是"惩罚",因为我当时住在学校,有睡午觉的习惯。因为拖堂,就罚我不能午休,还得去教室为学生读小说。可是就因为这样,渐渐地我不再拖堂了。不只是上课,还让我在做其他方面的事情也很有时间观念了。后来当了校长,每次开大会我讲话前也先给老师们说好我要讲多久,时间一到就停止,绝不啰里啰唆拖延时间。这个好习惯都是学生帮我养成的。

当年我读我的朋友王开岭《向儿童学习》一文,特别有共鸣——

> 应该说,在对善恶、正邪、美丑的区分,在对两极事物的判断、投票和立场抉择上,儿童比成人要清晰、利落和果决得多。儿童生活比成人要天然、简明、纯净,他还不懂得妥协、隐瞒、撒谎、虚与委蛇——这些"厚黑"术。在对弱者的态度上,他的爱意之浓度、援手之慷慨、割舍之坦荡,尤其令人感动和着迷,堪与最纯洁的宗教行为相媲美。

"天真"——这是我心目中对生命的最高审美了。

那时候,我们以为天上的星星一定能数得清,于是便真的去数了……

那时候，我们以为所有的梦想明天都会成真，于是便真的去梦了……

可以说，童年所赐予我们的幸福、勇气、快乐、鼓舞和信心，童年所教会我们的高尚、善良、温情、正直与诚实，比人生任何一个时期都要多，都要丰盛。

今天再次读到陶行知"小朋友是我们的总指导"的主张，我再次想到了王开岭这篇文章，并愿意和所有教育者重温陶行知的忠告："不愿受小朋友指导的人不配指导小朋友。"

2021年10月12日

"您不可轻视小孩子的情感!"

在《师范生的第二变——变个小孩子》一文中,陶行知对师范生大声疾呼:"未来的先生们!忘了你们的年纪,变个十足的小孩子,加入在小孩子的队伍里去吧!您若变成小孩子,便有惊人的奇迹出现:师生立刻成为朋友,学校立刻成为乐园;您立刻觉得是和小孩子一般儿大,一块儿玩,一处儿做工,谁也不觉得您是先生,您便成了真正的先生。"

在我的视野里,主张理解儿童、尊重儿童的教育家不少,但如此突出小孩子在教师心中的重要位置,甚至希望教师"变成小孩子"的教育家,恐怕是罕见的,而陶行知便是其中之一。

陶行知甚至把"是否能够变成小孩子"作为教师的资格,他说:"我们必得会变小孩子,才配做小孩子的先生。师范学校的同学们!小孩子变得成功便算毕业;变不成功，休想拿文凭！"

什么叫"变成小孩子"？当然不是从生理的角度说的，成人无论如何是不可重新长回到小孩子的模样。陶行知的意思是，作为成人的先生，一定要让自己有小孩的精神世界；但这也不是说要让成人降低自己的认知水平而迁就孩子，而是说，要钻进孩子的心里去理解他、感受他。

对此，先生还有一段十分感人的话——

> 您不可轻视小孩子的情感！
>
> 他给您一块糖吃，是有汽车大王捐助一万万元的慷慨。他做了一个纸鸢飞不上去，是有齐柏林飞船造不成功一样的踌躇。他失手打破了一个泥娃娃，是有一个寡妇死了独生子那么悲哀。他没有打着他所讨厌的人，便好像是罗斯福讨不着机会带兵去打德国一般的怄气。他受了您盛怒之下的鞭挞，连在梦里也觉得有法国革命模样的恐怖。他写字想得双圈没得着，仿佛是候选总统落了选一样的失意。他想您抱他一忽儿而您偏去抱了别的孩子，好比是一个爱人被夺去一般的伤心。

一个伟大的教育家，对儿童的心灵世界竟有如此细腻的感受和深刻的理解！人们常常说陶行知有伟大的爱心，读到这段话我对陶行知的爱心有了新的理解——先生有一颗真诚博大的爱心，同时又有一颗纯洁无瑕的童心！

我很自豪，我也有这样的童心。陶行知所举"他给您一块糖吃，是有汽车大王捐助一万万元的慷慨"的例子，勾起了我一段甜蜜的回忆。

那是1998年的春天，我当时在成都石室中学教书。有一次奥地利的一个代表团来我校参观，并和孩子们联欢。因为我有点急事需要马上处理，所以我中途离开了学生们回到办公室。

不一会儿联欢会便结束了,一个叫胡夏融的小男生走进办公室,脸上呈现出天真的笑容:"李老师,我请你吃糖!"他把一颗糖递到我眼前。

我说:"哪来的糖呢?"

他说:"是联欢的时候,奥地利的一个伯伯给我的。"

只有一颗糖,他却想着我。我很感动。但我说:"只有一颗糖,我吃了,你呢?"

他拿出一把铅笔刀,把糖切成两半,一半给我,一半塞进嘴里。

我也把那半颗糖放进嘴里,说:"胡夏融啊,李老师今天吃的这半颗糖,是我吃过的最甜的糖!"

而只有拥有童心的老师,才能感受到这颗糖无与伦比的甜蜜。

但我并不是随时都有这样的童心,而当我没有童心时,便不可能细腻地去感受和理解儿童的心。有时候老师并不需要辱骂或体罚孩子,仅仅是老师自己都没有意识到的言行甚至只是一丝不经意的表情,也可能伤害孩子的尊严和心灵。

在我教书近40年的生涯中,很多时候我正是如此,只是我当时不知道罢了。

有一年我和30多年前教过的初八七届学生聚会。赵刚同学对我说:"李老师,刚进入初三的第一天报名结束后,你在班上表扬很多男同学,说他们经过一个暑假都长高了,你还说谁谁谁长高了多少厘米。我当时好想你表扬我啊,因为我一个暑假长了七厘米,可是,你表扬这个表扬那个,就是没表扬我,连看都不看我一眼!我当时气了很久。"

我听了哈哈大笑。心想,这都值得你生气?我当时只是随便表扬了几个长高了的同学,我怎么知道你也长高了呢?这事都要生气,也太小气了嘛!

但我转念一想,觉得赵刚"小气",这是成人的想法,而当时,赵刚是一个小男孩，一个暑假长了那么高，多么希望老师能够知道并表示欣赏啊！可我却没有如他所愿表扬他。特别在乎老师表扬的他，感受到了冷落。儿童的心就是这样。

于是我对赵刚说："是我的不对。虽然这么多年后的今天你才对我说，你也早就不为此事感到委屈了，但你说出来是有意义的，因为我还在当老师，这对我以后更加细心地对待学生，特别要以儿童的心理去理解儿童，是有帮助的！"

高九五届的孙任重同学对我特别尊敬，我也一直很欣赏他。自我感觉高中三年除了他偶尔犯点小错误被我批评外，我从没有伤害过他。毕业二十多年了，我俩一直保持着非常真诚而密切的情谊。

有一次微信聊天说到了教育，他说高中时，我对他自尊心有过打击："那是高考前一诊考试后，我的作文得了27分，当时作文满分是30分，而我这个27分是全年级最高分。其实这个分数连我都很意外。但您在评讲试卷时，拿得了25分的一篇作文和我的比较，还让同学们讨论，哪篇作文写得更好。您认为那篇作文比我的作文写得更好，虽然我得分更高。记得您当时还开玩笑说，是不是评卷老师把21写得太草，看起来像27啊？其实，我也承认那篇作文写得比我好，但当时我却感觉被当众啪啪打脸，好像我是欺世盗名之徒。"

这事我完全没有一点印象，我甚至不相信我会那样做。但我更相信孙任重不可能记错。他没必要冤枉我呀！我估计，当时我为了让学生们把作文写得更好，便表扬了那篇25分的作文——当时我可能认为那篇文章更好，更应该成为同学们作文的标杆（本来作文的评分就有主观性，很难绝对客观）。表扬那篇25分的作文也不是不可以，问题是我把孙任重的作文拿来比较，一褒一贬，还自以为"幽默"地说评卷老师打分的字迹潦草……确实太过分了，完全没有想到孙任重的感受，更没有想到他所受到的伤害。

可当我给孙任重说"对不起"——迟到二十五年的道歉时，他却说："不怪您，您是一个正直的人，您当时可能只关注到了公正性。何况，您当时也只有三十多岁。"

我对他说："我知道你早已不记恨我了，但我还是惭愧。我经常说，学生的胸襟总是比老师宽阔！"

看，我一没体罚，二没辱骂，却重创了孙任重的心灵。

所以，陶行知说："您不可轻视小孩子的情感！"这是多么语重心长！

愿我们今天的校园里，有越来越多的教师要尽量使自己具备"儿童的心灵"——用"儿童的大脑"去思考，用"儿童的眼光"去看待，用"儿童的情感"去体验，用"儿童的兴趣"去热爱，用"儿童的兴趣"去探寻！

2021年10月14日

如果孩子不是将来的瓦特,就可以鞭挞吗?

你这糊涂的先生!
你的教鞭下有瓦特,
你的冷眼里有牛顿,
你的讥笑中有爱迪生。
你别忙着把他们赶跑。
你可要等到
坐火轮,
点电灯,
学微积分,
才认他们是你当年的小学生?

这首很多教师都熟悉的诗,出自陶行知《师范生的第二变——变个小孩子》一文。陶行知想告诉所有的教育者,要善待你眼前的孩子,他的未来无可限量;千万别因为你的一念之差，而毁掉一个未来的发明家或杰出人才。

这当然是对的。但我这次重读，却隐隐有些不安，总觉得这句话有哪里不对劲儿。

有一年，我去一所学校给老师们讲课时，得知遍布全球的某著名餐饮品牌连锁店的创始人当年就是这个学校的孩子。我当时很惊讶，对校长说："这么杰出的校友，怎么没见你们宣传呢？"她回答说："这个企业家至今不承认在我们学校读过书！"我更奇怪了，问："为什么呢？"校长说："因为他当年在这个小学读书时成绩不好，表现调皮，觉得受到过老师不公平的对待。"嗯，我明白了，该企业家一回想起他读过的小学，便想到了罚站、停课、请家长……总之是不愉快的回忆。我对校长说："哎呀，当年的校长估计很后悔吧？如果知道这孩子如今这么有出息，当初就对他好一些嘛！这样今天就可以宣传学校培养出了一位著名企业家嘛！"

但仔细一想，不对，难道孩子后来没有成为著名企业家，当初就不应该对他好吗？

根据这样的逻辑，我斗胆地问陶行知："'你的教鞭下有瓦特，你的冷眼里有牛顿，你的讥笑中有爱迪生'，如果这孩子将来不是瓦特，不是牛顿，不是爱迪生，难道就可以对他挥教鞭，可以给他以冷眼和讥笑吗？"

我相信陶行知不会是这个意思，但有没有读者可以这样推论呢？事实上确有这样的老师，他们也很爱孩子，但他们只爱优生，因为优生可以考上名牌大学，给教师带来荣誉与利益。所以，教师"爱"孩子，实质上爱的不是这个孩子本人，而是爱他的出色成绩，爱他的优秀表现，爱他将来可能有的显赫身份。

一句话，他们爱的是将来的瓦特、牛顿和爱迪生，而不是眼前的孩子。

可是，真正的师爱是超越一切功利的，一切与功利挂钩的爱都不是真正的爱。

作为教师，我们当然为我们学生中的佼佼者而自豪。而且一般来说，只要教书几十年，总能在学生中找到几个天才般的孩子，他们也许在学校很调皮，但将来都极有可能成为国家栋梁、社会精英。我们为他们而骄傲，是很自然的。

但杰出人才毕竟是个别的，绝大多数无论在学校读书时，还是将来参加工作后，都是平凡普通的劳动者。对这样的大多数，我们能够因为他们未来不太可能成为瓦特、牛顿和爱迪生，就不善待他们吗？

在拙著《教育的100种可能》中，我写了一个叫张凌的学生。他进初中时，我是他的班主任和语文老师。但这孩子几乎每天都犯错误，上课违纪，下课大闹，成绩也很差。后来张凌母亲带着他来到学校找到我，说张凌实在是无法继续学习了，打算不读了。当时我很惋惜，并担忧他的前途。张凌临走时，眼里含着泪水向我告别。这泪水是我唯一的欣慰——尽管他表现不好，成绩很差，但我依然对他很好，一有点进步便鼓励他，所以他很依恋我。后来张凌去读足球学校，毕业后因为球踢得好，被日本教练选拔去了日本踢球，在日本他还担任过几所足球俱乐部的教练。再后来——也就是现在，他是四川省足球队教练！

前不久，他来看我，说我当时对他如何如何好，给他以尊严，鼓励他自信，要相信"天生我材必有用"，等等。他说的这些我都忘记了，但他却说，正是我的鼓励让他后来看到了自己独一无二的禀赋，在足球上发展自己，终于有了出息。

是的，他说这些的时候我也在想，如果我当时因为他表现差、成绩糟，便冷落他、歧视他，他很可能不会有今天。幸好当初我善待了他。

但是，我不能以他今天的成就反推我当年"应该如何"对他。因为当年我对许多"差生"都是很爱很尊重的。当年在张凌这个班，集中了全年级的"差生"。为了转变他们，我真是绞尽脑汁，用遍我能用上的全部招数。记得当初我在班上搞"每周评比"，评比班上当周进步最大的同学。凡是所获票数名列前十名的，我都在周日带他们去公园玩，或去郊外踢球。所以这批顽童和我感情特别深，后来分别时他们都泪流满面，舍不得我。但是，20多年过去了，成了足球教练的只有张凌一个，其他学生都是在各自岗位上默默无闻的普通劳动者。然而，我当初对他们的善待，依然有意义。

记得有一次这批孩子请我吃饭，饭桌上，其中一位男生说："李老师，我们虽然没有成为多了不起的人才，但我们没有一个走上犯罪道路！"他们以此自豪，似乎有点可笑，难道不走上犯罪道路就是人生的成功吗？或者我将此视为我的教育成功，那这标准似乎也太低了。但是，当初许多教师提起他们就头疼，在心里预测他们将来多半是"垃圾"。如今他们成了自食其力并尽力服务社会的劳动者，这当然是我和他们共同的成功。他们现在不是瓦特、牛顿和爱迪生，当年我也没有想过他们会是，但我依然没有给他们教鞭、冷眼和讥笑。

我为自己的良知自豪。

所以，重读陶行知这首诗，我想补充说明的是——

我们首先爱的应该是现在的孩子，而且是孩子本身，而不是他的表现，也不是他的成绩，更不是将来的瓦特、牛顿和爱迪生。

2021年10月14日

科学"犹如一柄锋利的刀"

1932年5月13日，陶行知在杭州师范学校做了一个关于科学教育的演讲，谈了他对儿童科学教育的一些观点。快九十年过去了，时代发生了巨大的变化，科学发展的成果也远非当年陶行知所能想象，但他这些科学教育的观点依然没有过时。

尽管中国在古代就有过非常灿烂的发明，但相对而言，科学思想却并不普及，尤其近几百年来由于种种原因，中国在科学技术方面还远远落后于世界。因此，五四运动提出拯救中国的两大法宝就是"科学"与"民主"。在这次演讲中，陶行知将发展科学的任务寄希望于教育。

他说："在二十世纪科学昌明的时代，应该有一个科学的中国。然而科学的中国，谁来负起造就的责任？就是一班小学教师。造成科学的中国，责任大得很啦。小学教师们一定要说：'我们负不起这种重大的责任。'别怕。我想，造成科学的中国，也只有小学教师可以负责。因为要建设科学的中国，第一步是要使得中国人个个都知道科学，要使个个人对于科学发生兴趣。年龄稍大的成人们，对于科学引不起他们的兴趣来。只有在小孩子身上，施以一种科学教育，培养他们的科学兴趣，发展他们科学上的天才，只要在孩子们中培养出像爱迪生那样的几个科学杰出人才，便不难使中国立刻科学化。所以我说要造成科学的中国，责任是在小学教师。"

没有教师的科学知识与素养，显然就没有学生的科学品质与能力。据说，普法战争结束之后，普鲁士大获全胜，普鲁士元帅毛奇说，德意志的胜利早就在小学教师的讲台上决定了！陶行知也多次说过，小学教师决定着国家未来的命运。小学教师所承担的任务很多，而科学教育是其中最重要的使命，尤其是在20世纪初的中国，科学教育更是迫在眉睫。

为此，陶行知特别提出："每个教师都变成小孩子，加入小孩子队里玩把戏。……教师应当和小孩子一起玩，而且应当引导小孩子一同玩。大世界的把戏是秘密的，科学的把戏是公开的。知道的就告诉学生，能做的就做给学生看，总须热忱的去干。"陶行知这条建议有两个要点："变成小孩子""和小孩子一起玩"。教师具有一颗童心，是陶行知一贯的主张。所谓"童心"，就意味着乐玩、好奇、探求和想象力……而"好奇""探求""想象力"往往孕育于"乐玩"。科学发明的萌芽也往往诞生于"乐玩"当中。

2018年，我曾两次去丹麦考察该国的教育，在幼儿园和小学，我感觉孩子们玩儿的时间太多，尤其是幼儿园的孩子，他们每天的生活就是自由地无拘无束地玩儿。我看不到"学习"，丹麦老师告诉我们："玩本身就是学习。孩子不会为了学习去玩，然而学习可以在玩耍中自然产生。"正是在童年的玩耍中，一个民族的科学创造的萌芽得以保护。所以，只有500多万人的丹麦，却有13位诺贝尔奖获得者。不仅如此，丹麦还为世界贡献了许多著名的品牌,比如丹麦的奶粉,比如丹麦的爱步鞋……除此之外,丹麦还为人类贡献了许多大名鼎鼎的科学家:电流的磁效应发现者奥斯特,世界上第一个发现并测定光速的罗默,世界上第一台磁性录音机的发明者波尔森,发明了光辐射疗法治疗狼疮和天花的芬森,发现有关原子核结构理论的玻尔,阐明自然力不灭性原则的柯丁……

对于儿童的科学教育,父母也有着非常重要的作用。因为父母是孩子的第一任老师。陶行知以富兰克林的父亲为例,说明父母在科学教育上对孩子的帮助:"他的父亲是做肥皂和洋烛的,他自己能教小孩子。富氏入校读书不久,便去学手艺,他的父亲任凭他东去看看,西去做做,随便的、自由的去工作,去参观。他愿意做什么,便让他去做什么,所以使他对于工厂中的化学和工作很有兴趣。富氏自传中谈起他40岁然后从事于科学,然而富氏对于科学的兴趣,在很小的时候,东看西玩的已经养成了,这是他父亲的功绩。"

还有爱迪生的成长,也得益于他的母亲。陶行知介绍说:"他有一个很好的母亲。他不过进了三个月的学校。在校时,校中的教师,都当他是一个十分顽劣的小孩,所以入校三个月,便把他开除了。爱迪生从此再没有进过学校。他的母亲知道自己的小孩子并非坏东西,反怪学校教师只会教历史、地理,不能适合自己孩子的需要。……西洋人的家里,都有一个贮藏杂物的地窖,爱迪生即在他家中的地窖中玩他的科学把戏。他在地窖中藏着许多玻璃瓶,瓶里都是化学品,而且有的药品是毒性猛烈的。爱迪生的母亲,起初亦不愿孩子玩那些毒药,想要加以制止,但是不可能,于是也任他去玩了。"

"他愿意做什么,便让他去做什么。"从某种意义上说,这就是富兰克林所接受的来自父亲的最好的科学教育。"任他去玩",这也是爱迪生母亲对儿子热爱"科学把戏"最大的支持。所以,陶行知说:"我希望中国的父亲，都学做富兰克林的父亲；中国的母亲，都学做爱迪生的母亲，任凭自己的小孩子去玩把戏，或许在其中可以走出一个爱迪生来。我更希望中国的男教师学做富兰克林的父亲，女教师学做爱迪生的母亲。"

这对今天受困于应试教育而联合起来逼孩子去挤"独木桥"的中国家长和教师来说，是不是有启发意义呢？

陶行知在演讲中也谈到，当时有人认为一战也是科学教育的结果，"科学教育之提倡，徒使人类互相残杀"云云。读到这里，我想到了流传很广的一个故事。

说第二次世界大战后，一名纳粹集中营的幸存者，当上了一所学校的校长，每当新老师来学校的时候，校长就会给这位新老师一封信。这封信是这样写的——

> 亲爱的老师，我是一名集中营的幸存者，我亲眼看到，人所不应该看到的悲剧。毒气室由学有专长的工程师建造，妇女由学识渊博的医生毒死，儿童由训练有素的护士杀害。所以我怀疑，教育的意义。我对你们唯一的请求是，请回到教育的根本，帮助学生成为具有人性的人，你们的努力不应该造就学识渊博的怪物，或者是多才多艺的变态狂，或者是受过教育的屠夫。我始终相信，只有孩子具有人性和健全的人格的情况下，读书写字算术的能力才有价值。

而这位幸存者信中的观点，陶行知早就说过了："我们须知科学是一种工具，犹如一柄锋利的刀，刀可杀人，也可切菜；我们不能因为刀可杀人废弃不用，也不能专用刀去杀人，须要用刀来作切菜之用，做其有益人类的工作。科学是要谋大众幸福，解除大众苦痛。我们教小孩子科学，不要叫小孩子做少数富人的奴隶，要做大众的天使，不是徒供少数人的利用和享受，当使社会普遍的民众多受其实惠。"

科学教育必须与人文引领并驾齐驱。有人说，知识就是力量，良知才是方向。如果把人类比作一列火车，科学成果能够赋予它强劲的动力，而人文精神能够让它有正确的方向。用陶行知的话来说："应当用科学来养生，不当用科学来杀生。这是提倡科学教育最紧要的一点。"

2021年10月24日

"要解放小孩的自由"

创造教育是陶行知整个教育理论的精髓。在《创造的教育》演讲文中，他特别强调创造的教育必须是行动的教育，没有行动就没有创造。行动是一切创造之母。他将王阳明的"知是行之始，行是知之成"改为"行是知之始，知是行之成"，就是要突出行动的力量。他说："行动是老子，思想是儿子，创造是孙子。"

但这里的行动，显然不只是单纯的"做"，而是有思想的指导，即既用手也用脑。陶行知说："我们知道，单独的行动，也是不能创造的，如中国农夫耕种的方法，几千年来，间有小小的改良外，其余的都是墨守成规，毫无创造。还有许多书呆子，书尽管读得多，也不能创造。所以要创造，非你在用脑的时候，同时用手去实验，用手的时候，同时用脑去想不可。手和脑在一块儿干，是创造教育的开始；手脑双全，是创造教育的目的。"

而手脑并用的前提是无论手还是脑，都是自由的，尤其是对小孩子。陶行知说："行动的教育，要从小的时候就干起。要解放小孩的自由，让他做有意思的活动，开展他们的天才。"所谓"解放小孩的自由"，就是让他们无拘无束地去想、去看、去做。行动是基础，头脑是关键，自由是条件，而创造则是最后的成果。用陶行知的话来说："做的最高境界就是创造。"

注意，陶行知在他的教育著述和演讲中，说的都是"创造"而不是"创新"。按我的理解，创新，是指在现有基础上将事物予以改进与革新，完成升级，使之更好；而创造则是从无到有的发明制造。简单说，创新是从1到2，从2到3，也可以跳跃式地从3到5，等等；而创造则是从0到1。应该说，创造的难度远远大于创新。

联想到现在的中美贸易战以及西方大国对我国的某些"卡脖子"式的技术封锁，我不由得深深感慨，中国要发展并追赶世界先进科学技术，仅仅靠创新能力是不够的，还必须要有"从0到1"创造能力。

创造能力的培养必须从小孩子抓起，而培养的关键就是要让孩子们有行动的自由和思想的自由。无论是当年陶行知的"六大解放"，还是我们现在的"双减"，其实都是尽可能给孩子以自由支配的大脑、双手、时间和空间。

不得不说，长期以来，在应试教育的桎梏下，无论教师还是孩子，头脑都被格式化了，思维形成了统一的模式，不敢"越雷池半步"。

曾经有一位初中生在考场上写了一篇同情老鼠的作文，结果被判不及格。在他的语文老师看来，该生思想感情就不健康。自古以来，"老鼠过街，人人喊打"，作者居然对老鼠充满了同情！起码的是非观、正义感到哪儿去了？

但是假如由我来判分，我将给予这篇作文积极的评价。且不说文章语言朴实流畅、描写细腻生动，也不说作文所表达出来的珍视一切生命（特别是弱小生命）的可贵品质，单就这篇作文"居然"同情老鼠这一点，我就看到了作者的个性、作者的真情实感，还有作者那自由飞翔的心灵。

多年的应试作文训练，使学生早已习惯于这样的"作文思维"：面对蜡烛，一定要赞颂无私奉献的老师；面对铺路石，一定要歌颂默默劳作的养路工；面对风雪梅花，一定要抒发不畏严寒的情怀……在学生的头脑中，一切高尚和卑下、正确和错误、伟大和渺小、正义与邪恶都是早有"定论"（当然是由老师来"定论"）的。因此在他们的笔下，黄鼠狼永远是"没安好心"，狗咬耗子永远是"多管闲事"，中途睡觉的兔子永远是骄傲的象征，不懈爬行的乌龟永远是执着的典型，而乌鸦自然是不能赞美的，麻雀自然是不能歌颂的，老鼠自然是不能同情的。

既然大自然是丰富多彩而又千变万化的，既然每一个人的心灵都是独一无二的宇宙，为什么到了我们学生的作文里却只有千篇一律杨朔式欲扬先抑的托物咏志呢？马克思曾抨击普鲁士的书报检查令："每一滴露水在太阳照耀下都闪烁着无穷无尽的色彩。但是精神的太阳，无论它照耀着多少个体，无论它照耀着什么事物，却只准产生一种色彩，就是官方的色彩！"遗憾的是，当我们孜孜以求学生高考时的"保险文""保险分"时，他们本来最具青春活力的精神花朵却统统涂抹上了教师的色彩！学校不是工厂，学生不是产品。工厂产出标准化的产品，是其生产的成功；而学校若培养出模式化的"人才"，却是教育的失败！在如此"崇高""庄严"的"语文教育"下，学生的心灵已被牢牢地套上了沉重的精神枷锁，哪有半点创造的精神空间可言？

是的，真正的写作应该是感情泉水的自然而然地流淌或思想花朵的无拘无束地开放。郭沫若能够歌颂"我把月来吞了，我把日来吞了"的"天狗"，屠格涅夫能够尊敬"充满爱和力量"的"麻雀"，我们的学生为什么不可以同情甚至赞美老鼠呢？——在美国动画片《猫和老鼠》中，老鼠不就是一个活泼可爱的小机灵吗？什么时候，我们的每一个学生在作文时都能拥有这样自由飞翔的心灵呢？

中华民族赖以跻身于世界强盛民族之林的创造力，既可以萌芽于也可以扼杀于孩子的课堂上。

因为我是语文教师，所以我这里只是以语文课堂为例。其实，扼杀孩子自由心灵的，绝不只是语文教师。在中小学各科的课堂，"标准答案"剪断了多少本来可以自由飞翔的思想翅膀？

所以，近90年前陶行知"要解放小孩的自由"的声音，在今天依然振聋发聩。

2021年10月24日

会考何以杀人？

陶行知于1934年6月1日发表在《生活教育》上的《杀人的会考和创造的考成》，堪称是一篇声讨会考弊端的檄文。

陶行知开篇抨击道："自从会考的号令下了之后，中国传统教育界是展开了许多幕的滑稽的悲剧。"

所谓"会考"，是当时的一种学业水平考试。当时政府规定，中学毕业考试合格的学生，还必须经过省、市统一命题的会考，会考合格后才能获得中学毕业证书。

陶行知说的是中学毕业的会考，但以当时中国的中学生人数论，那时会考在某种意义上看，相当于今天的高考。

根据陶行知1928年的统计："全国大学及专门学校学生为一万九千四百五十三人，中学学生为二十三万四千八百一十一人，即就中学生而论，平均尚须一千七百人中方能有一人，小学生为七百余万人，但学龄儿童失学者，尚有三千五百万人以上，全国文盲据约为百分之八十。"

我刚刚查了教育部网站，2020年，我国在校普通本专科（不含研究生、成人本专科生、网络本专科生）大学生共3285.29万人；我国初中在校学生4914.09万人，高中在校学生4127.80万人，高初中在校学生为9041.89万人；我国小学在校学生为10725.35万人。

而当年全国中学生仅234811人，如今是9000余万人；当年中国的人口是40000万，而现在为141178万（第七次人口普查结果）。

从这个数据对比中可以看出，当年的会考压力绝不亚于当今的高考。

陶行知所揭露的这幕会考"悲剧"有多么"滑稽"呢？他继续揭露道："学生是学会考，教员是教人会考，学校是变成了会考筹备处。会考所要的必须教，会考所不要的就不必教，甚至于必不教。于是唱歌不教了，图画不教了，体操不教了，家事不教了，农艺不教了，工艺不教了，科学的实验不做了，所谓课内课外的活动都不教了。所教的只是书，只是考的书，只是《会考指南》。教育等于读书；读书等于赶考。好玩吧，中国之传统教育！"

咦，读着读着，我怎么感觉陶行知是在说当今高考（中考）压力下的中国教育呢？

为了高考（中考），"唱歌不教了，图画不教了，体操不教了，家事不教了，农艺不教了，工艺不教了，科学的实验不做了，所谓课内课外的活动都不教了。所教的只是书，只是考的书，只是《会考指南》。教育等于读书……"不是当今许多学校的现状吗？

我曾经说，中国教育没有教育，只有教考；中国校园没有学生，只有考生。当代中国基础教育，在很多学校就两个字：刷题！还有人批评我偏激，可当年陶行知比我还偏激呢！

看来应试教育并非今天才有："赶了一考又一考。毕业考过了，接着就是会考，会考过了接着就是升学考。一连三个考赶下来，是会把肉儿赶跑了，把血色赶跑了，甚至有些是把性命赶掉了。不但如此，在学生们赶考的时候，同时是把家里的老牛赶跑了，把所要收复的东北赶跑了，把有意义的人生赶跑了，把一千万民众的教育赶跑了（原注：中学生赶考旅费可供普及一千万民众教育之用）。换句话说，是把中华民族的前途赶跑了。"

陶行知把这种考试制度视为"大规模地消灭民族生存力"。他抨击道："奇怪得很！这样大规模地消灭民族生存力的教育行政，不是出于信仰而是出于敷衍，不是出于理性而是出于武断。我所接谈过的主考官是没有一个相信会考。他们是不信会考而举行会考。"

可悲而可怕的是，这种"大规模地消灭民族生存力"的考试制度，今天改观甚微。

因为是"大规模地消灭民族生存力"，所以陶行知大声疾呼："停止那毁灭生活力之文字的会考；发动那培养生活力之创造的考成。"

什么是"创造的考成"？陶行知解释说："创造的考成所要考的是生活的实质，不是纸上的空谈。在下面所举的几个例子当中，我们可以知道创造的考成是一个什么东西。一、校内师生及周围人民的身体强健了多少？有何证据？二、校内师生及周围人民对于手脑并用已经达到什么程度？有多少是获得了继续不断的求知欲？有何证据？三、校内师生及周围人民对于改造物质及社会环境已经达到什么程度？有何证据？甲、荒山栽了多少树？乙、水井开了几口？丙、公路造了几丈？丁、种植改良了多少？戊、副业增加了多少？己、生活符号普及了多少？文盲扫除了多少？庚、少爷小姐书呆子有多少是成了为大众服务的人？辛、团结抵抗强暴的力量增加了多少？"

在这里，陶行知谈到了教育评价，是以"生活的实质"，还是仅仅看会考分数？先生的话真是句句说在了我的心坎上。

我想到了 40 年来我国教育发展的评价，究竟应该以什么为标准？以成都为例，40 年来成都市新建了许多学校，包括农村学校在内的校舍都翻修一新，目前在成都没有一所学校有危房；40 年来，我们普及了九年义务教育，高考上线人数也翻倍地增长；40 年来，我们的师资队伍也在提升，教师的本科率、硕士生率也大大提高，甚至有的学校还引进了博士；40 年来，我们的教学设备和教学手段也日新月异，互联网为教育助力，智能教室遍布每个学校；40年来，学校的课程也更加丰富……这是物质的比较，数字的比较——教育当然在进步。

但是，我们换个角度比较一下：40年来，儿童们的作业负担是更重了还是更轻了？儿童们的近视眼是更少了还是更多了？儿童们的体质是更强了还是更弱了？儿童们的睡眠时间是充足还是减少了？儿童们的自杀率是更低了还是更高了？儿童们的想象力是更丰富了还是更贫乏了？儿童们的创造力是更强大了还是更枯竭了？……我们再想一想，有多少儿童每天晚上为赶作业而睡眠不足？有多少儿童为了上各种补习班而失去了周末？有多少儿童因为种种原因而过早地离开了课堂？有多少儿童因为在作文中说了真话而被老师批评？有多少儿童因为精神压力过大而主动放弃了生命？有多少儿童为了学习而导致每天的吃饭、洗澡、上厕所的时间都被规定到了几分几秒？有多少儿童为了应试而被剥夺了上体育课、音乐课、美术课以及从事其他娱乐活动的权利？有多少儿童因为繁重的学业而失去了健康的身体？有多少儿童因为应试训练而失去了儿童特有的想象力？……这是精神的比较，生命的比较——这样一比，我们还敢轻言"进步"吗？

如果孩子没有了童年，没有了欢乐，没有了自由的心灵，没有了创造的欲望……任何"教育改革"的"辉煌成就"都毫无意义！

因为——人才是教育的最高价值的载体。

如果陶行知在世，面对今天的教育，他又将写下怎样的文字？

但愿陶行知所说的"大规模地消灭民族生存力"的"滑稽的悲剧"在我们这一代结束。

如是，则孩子之幸，人民之幸，国家之幸。

2021年10月24日

"我们要创造儿童的世界"

据2021-10-11"网易首页":10月7日,当我们还沉浸在假期全家团圆的时候,某小区有一户人家却发生了跳楼事件,分别是12岁的姐姐和10岁的弟弟留下遗书从29楼一跃而下!随后警察在孩子的卧室里发现了疑似孩子的遗书,上面写有"希望以后不要再写作业了"等字样……

这样令人心痛的事,已经不止一件了。如果我继续举例,类似的悲剧会不少。

总有人会指责"现在的孩子心理真脆弱,动辄跳楼",而从不反思教育者自身有什么问题。当然,跳楼的孩子的确有其心理方面的问题,但如果我们只是把悲剧的原因全推给孩子,关于这样的悲剧将源源不断。

为什么小小年纪的孩子,就厌倦并最终放弃了生命?因为他们没有生活在一个孩子的世界,他们所生活的世界是大人强加给他们的。

关于这一点，陶行知在1935年1月1日发表的《儿童的世界》一文说得很清楚，也很尖锐："大人赐给小孩子的，是一个恐怖的世界。日里听了恐怖的话，夜里还要做恐怖的梦咧。为小孩子造成这样的恐怖世界已是不可宽恕，他还叫小孩子屈伏在恐怖之神之前，以造成不抵抗之劣根，那更是罪大恶极了。"

也许有人会认为"恐怖的世界"太夸张，太耸人听闻，那么请读读一位前不久割腕自尽的12岁女孩留下的遗书——

> 妈妈，我好累！睁开眼睛看看，还有一大堆作业没写完，语文、数学、英语，每个老师都会留很多作业。无论我怎么努力，我都有写不完的作业。我好想安静地睡会儿觉，可是作业写不完，明天还会累积下来，只会越来越多。老师会批评我，我还会被罚站，全班同学都会嘲笑我。这样什么时候是个头？我真想能像别的孩子一样快快乐乐地在阳光下奔跑！可是每当我睁开眼睛看到的不是阳光，而是成堆成堆的作业，我累了，想永远地闭上眼睛，永远地睡下去。对不起了，爸爸妈妈，我走了……

面对这样的孩子，一切有良知的教育者（教师和家长）不感到内心有愧，甚至如陶行知所说的"罪大恶极"吗？

所以陶行知大声疾呼："我们要打破这个大人世界，打破大人所造成的谣言的世界、恐怖的世界、享福的世界、书呆的世界、惨酷的世界、奴隶的世界。……我们要创造儿童的世界。儿童世界里，只有真话没有谣言，只有理智没有恐怖，只有创业没有享福，只有公道没有惨酷，只有用的书没有读的书，只有人——只有人中人，没有人上人，没有人下人，没有奴隶。"

当然，解放孩子给孩子自由的前提，是教育者也获得解放与自由。如陶行知所说："如果我们是书呆子，我们还得解放我们自己的软手软脚，解放我们自己的呆头呆脑。如果我们是田呆子、机器呆子，也得解放我们自己的笨头笨脑，解放我们自己的粗手粗脚。"很难设想，跪着的教师能够教育出站着的学生。教育最终还是指向孩子、指向未来的。所以，"我们要创造儿童的世界"的确是我们每一个教育者的使命。

什么是"儿童的世界"？就是儿童能够自由享受生命的世界，就是儿童能够纵情释放天性的世界。在这样的世界里，孩子就是孩子，他不用装大人，也不用看大人的脸色行事；他不用说假话，也不用以大人的意志表达。天真、活泼、率性、灵动……陶行知写儿歌说："世事须从小儿意，不从儿意不成功。谁敢欺负小孩子，联合小拳向他攻。"

我经常说："教育要有儿童视角。"意思是，我们的教育不要老想着"我应该给儿童灌输什么"，而应该多想想"孩子需要我为他们提供什么"。我们的校园应该属于孩子，而不应该属于视察的领导或参观的来宾；我们的课是给孩子上的，而不是给听课老师或评委上的；学校的舞台是孩子们自己的情感表达，而不是根据大人的指令而表演出来的"满满的正能量"；学习应该是孩子好奇心和探索力的自然呈现，而不是用嘴回答老师满意的标准答案，或者用手一遍遍写出老师规定的作业。任何一个人都是爱学习的，但当大人把孩子变成知识容器、考试机器和名利工具后，孩子便"厌学"了——其实，从本质上说，孩子不是"厌学"，而是"厌教"！

所以真正爱教育的人，首先应该爱孩子，而爱孩子就经常想想自己当孩子时候的精神世界，甚至在某种程度上回到孩子的精神世界里。用陶行知的话来说，就是："我们必须得重生为小孩子，才能加入小孩子的队伍里去工作。变吧，变吧，大家都变成真的小孩子，那是多么够味儿的事啊！"我想起苏霍姆林斯基也说过类似的话："一个好教师意味着什么？

首先意味着他是这样的人，他热爱孩子，感到跟孩子交往是一种乐趣，相信每个孩子都能成为一个好人，善于跟他们交朋友，关心孩子的快乐和悲伤，了解孩子的心灵，时刻都不忘记自己也曾是个孩子。"

"创造儿童的世界"其实并非我们想象的那么难，因为我们只要多想想"假如我是孩子"，一切都好办——就是陶行知所说的"变成真的小孩子"，就是苏霍姆林斯基所说的"时刻都不忘记自己也曾经是个孩子"。

当然，儿童的世界还需要让儿童自己来创造。陶行知说："这个儿童世界不是由大人们造好之后，现现成成的交给小孩子去享受。大人代儿童造的世界必是于儿童有害的。儿童的世界是要由儿童自己动手去创造。我们要停止一切束缚，使儿童可以自由活动，这儿童的世界，才有出现的可能。所以我们最重要的工作在解放儿童的头脑与双手；儿童的手脑一经解放，这新的儿童世界自然会应运而来了。"

所以，所谓"创造儿童的世界"，就是解放孩子，给孩子一个自由的世界。

2021年10月25日

"教师只能说真话"

1938年,陶行知在重庆和朋友们谈话时,再次公开呼吁:"我们办教育的人,对于儿童、对于青年、对于民众,都应该说真话,不应该说假话。"

说真话,是陶行知的一贯主张。

在《怎样做大众的教师》中,陶行知提出了六条标准:第一,追求真理。第二,讲真理。第三,驳假话。第四,跟学生学。第五,教你的学生做先生。第六,和学生大众站在一条战线上。

其中,最能打动我的,是先生这样的话:"教师只能说真话。说假话便是骗子。怎么能做教师呢?""说假话的人太多了。教师要有勇气站起来驳假话。真理是太阳,歪曲的理论是黑云。教师要吹一口气把这些黑云吹掉,那真理的太阳就自然而然的给人看见了。"

"教师只能说真话",这是不需要强调的常识,但现在有多少教师能做到呢？"说假话便是骗子，怎么能做教师呢？"然而现在已经习惯于把自己都不相信的假话告诉学生的老师，还少吗？

纵观当今教育，我们在某些方面，缺乏的正是一个"真"字——

我们平时在教育学生的时候，是否说过一些言不由衷的大话、套话或者连自己都不相信的假话？

每当迎接上级各种检查验收的时候，我们是否有许多自觉不自觉的弄虚作假？

当我们对学生提出各种做人的要求时，我们自己是否首先做到了？

我们教育学生要言行一致，可我们自己是否说一套做一套？

在各种班会比赛、公开课比赛中，我们是否无意中在向学生展示"演戏"？

为了获得教育表彰、班级荣誉，我们是否不择手段？

在搞教育科研课题研究时，我们真的是在老老实实认认真真做吗？或是明明平时根本就没做，但一到结题的时候却通过编造文章而"硕果累累"？

……

别说我"又偏激"了。我不知道在陶行知那个年代说假话的教师有多少，至少今天，包括我在内，恐怕没有哪个教师敢说自己没对学生说过假话，甚至有时候还教学生说假话。

回想一下我自己从小学到大学的受教育过程，当年老师给我们说过多少庄严而神圣但事后证明是虚假的谎言？自己当了老师后，又不由自主地对学生说假话。

随便举一个小例子。有一年，我所在的学校要接受上级的一个评估验收，"上面"要求开足课程，并以此打分。结果，我校的健康教育课并没有开，但为了在评估验收时不被扣分，学校便要求班主任们在学生中统一口径："明天如果有专家问是否开了健康教育，大家一定要说开了的。"当我在给学生说这句话的时候，自己都很恶心自己，但学校的指令我哪敢违反？何况，还有"为了学校荣誉""顾全大局"的神圣的名义。但统一口径后，学校还不放心，担心专家来学校验收时会抽查学生，于是便临时编一个小册子，上面是健康教育课程的基本内容，然后印发给学生背诵。那段时间，教务处还专门给老师们打招呼："这一周就不要布置课外作业了，让学生回家把健康教育的内容背熟。"

作为教师，我在良心和饭碗之间选择了后者。饭碗是保住了，可良心却一直不安。读到陶行知"说假话便是骗子，怎么能做教师呢"的质问，我心虚脸红。

革命导师也一直倡导说真话——

马克思说："法律不应该逃避说真话这个人人应尽的义务。"

恩格斯说："关于过去发生的事情我不能欺骗同志们。如果说我得到工人的信任，那是因为我在任何情况下都向他们讲真话，而且只讲真话。"

列宁说："决不要撒谎！我们的力量在于说真话！"

毛泽东说："老实人，敢讲真话的人，归根到底，于人民事业有利，于自己也不吃亏。爱讲假话的人，一害人民，二害自己，总是吃亏。"

……

因此，今天重温陶行知那句名言："千教万教，教人求真；千学万学，学做真人。"我惭愧不已。

而面对陶行知的质问："说假话便是骗子，怎么能做教师呢？"我简直心惊肉跳。

2021年10月25日

这样的教育是不是"亡国教育"?

在《文化解放》一文中,陶行知写道:"有些传统的学校,名为认真,实际是再坏无比。他们把无所谓的功课排得满满的,把时间挤得点水不漏,使得学生对于民族前途和别的大问题一点也不能想;并且周考、月考、学期考、毕业考、会考弄得大家忙个不了,再也没有一点空闲去传达文化、唤起大众。说得不客气些,这就是汉奸教育、奴化教育、亡国教育。"

读到这里我吓了一跳,仅仅因为学生学业负担重,陶行知就斥之为"汉奸教育、奴化教育、亡国教育",这是不是太上纲上线了?

当然,我们得把这段话放到当时的语境中去理解,当时正是日本全面侵华的前一年,所有中国人都感到了战争的迫近,民族救亡运动日益高涨,唤起民众,是中国知识分子的使命。在这种情况下,陶行知认为,如果功课太重，时间太满，学生两耳不闻窗外风云，一心只读圣贤书籍，无暇也不愿顾及民族前途，无力也无心去宣传救亡，发动群众投身抗战，这不是"汉奸教育、奴化教育、亡国教育"又是什么呢？

时间已经过去八十多年，今天的中国显然已经站起来、富起来，并正在向强起来迈进。而所谓"强起来"在今天的含义，绝不仅仅是军事上的不可战胜，更包括经济、科技、文化、教育等领域的世界领先。毫无疑问，经过四十多年的改革开放，今天的中国已经以第二大经济体让世界瞩目，但也毋庸讳言，我们在许多方面尤其是科技和制造业方面，与世界发达国家还存在不小的差距。

据搜狐网报道，中国目前在以下十个方面还落后于世界——

（1）芯片。比起以前，中国当然有了进步，但总的说来，我们在芯片方面还比较落后，芯片的制作工艺还掌握在美国、韩国等其他国家的手中。

（2）精密制造。中国的精密制造算是比较欠缺的部分，而目前精密制造主要掌握在日本、德国、瑞士等国的手里。

（3）半导体加工设备与半导体材料。中国虽然有了一定的发展，但是依旧不太足够，这方面的技术依旧掌握在日本企业的手中。

（4）仪器仪表。仪器仪表主要特指燃气轮机、高端测量仪器等。这些中国目前还处于进口的状态，不能自主研发。这些方面的技术主要掌握在美国、日本手中。

（5）航空器。虽然中国航天技术一直在不断地进步，但是实际上距离美国及其他国家还有较大的差距。

（6）工业机器人。工业机器人是未来全球的发展趋势，但是目前中国的技术还是比较落后的。

（7）医疗器材。目前世界上比较高端的医疗器械器材都来自美国、日本或者德国等。最近看了著名科学家何祚庥夫妇的小视频，两位老人也谈到，中国科技发展迅猛，这是事实，但与世界发达国家相比，还有相当大的差距，这也是事实。举一个简单的例子，去医院看病，我们所用的那些设备，95%的是国外的，而那些设备用的全是物理学的基本原理，可我们却生产不出来。一个小小的助听器，也是进口的。

（8）垃圾焚烧设备。目前很多国家都建立了专门的焚烧发电厂，但是中国这方面依旧在起步阶段。

（9）信息安全。我国在信息安全领域还缺少很多人才，在关键技术上也比较落后，缺乏主要的竞争能力。

（10）汽车工业。汽车工业基本被美国、法国、韩国等国家垄断，中国的汽车制造水平虽然有了较大提高，但是和这些国家相比还是有着较大的差距。

我们的邻国日本，被不少中国人看不起，可日本在科教方面远远领先于中国。2001年，日本政府提出了个"豪气干云"的科技计划——要在50年内拿30个诺贝尔奖。计划执行了19年，获诺贝尔奖的日本人已有19位。

作为中国人，我在写到这些数据时心里很不是滋味的，感觉有点"长他人的志气，灭自己的威风"的味道，但我们要赶超世界先进水平，就得了解我们的对手。实际上，我们在为自己几十年翻天覆地变化而自豪的同时，一直都有着危机感。中国的历届领导人都提出培养创新能力。科技的发展除了取决于制度的保证、科研的投入等因素外，教育无疑是最重要的因素之一。

然而，就目前的教育状态而言，略微夸张点说，我们每天都在扼杀孩子的创造力。因为应试教育虽然在理论上已经臭不可闻，可在现实生活中依然主导着我们的校园。然而，居然还有人公然为应试教育大唱赞歌。比如几年前，某教育局局长就曾公开在市委党校以"充分认识应试教育的政治正确性"为题，从应试教育的价值观、"硬实力、软实力"、"先让他成为你"三个层面分析了应试教育的"政治正确性"。

什么是"应试教育"？我在这里不想从概念上陷入一个纠缠不清的话题，只想说应试教育导致的现象——学校不再是学校，而是考场；学生不再是学生，而是考生。所谓"教育"只剩下两个字：刷题。如同陶行知当年所说："周考、月考、学期考、毕业考、会考弄得大家忙个不了……"

陶行知把这种教育称作"教学生自己吃自己"的教育："他教学生读死书，死读书；他消灭学生的生活力，创造力；他不教学生动手，用脑。在课堂里，只许听教师讲，不许问。好一点的，在课堂里允许问了，但他不许他出到大社会里、大自然界里去活动。从小学到大学，十六年的教育一受下来，便等于一个吸了鸦片烟的烟虫，肩不能挑，手不能提，面黄肌瘦，弱不禁风。再加以要经过那些月考、学期考、毕业考、会考、升学考等考试，到了一个大学毕业出来，足也瘫了，手也瘫了，脑子也用坏了，身体健康也没有了，大学毕业，就进棺材。这叫做读书死。这就是教学生自己吃自己。"

请问，这样的教育让孩子成为考试机器，而失去了半点创造的能力，甚至成了"废物""死人"，这是为中华民族的未来培养怎样的人？这样的人能够担负起让中国全方位赶超世界发达国家的重任吗？照此下去，中国和世界发达国家的距离是越来越短，还是越来越长？我们离中华民族伟大复兴的目标是越来越近，还是越来越远？

万幸的是，国家已经意识到问题的严重性，出台了"双减"政策，避免加重未成年人学习负担，回归教育的本质和初心，实现中华民族伟大复兴的中国梦指日可待。

2021年10月31日

"不要你哄,不要你捧,只要你懂"

《怎样办教育》是陶行知在1939年6月27日为妇女干部训练班准备的演讲提纲。因为是提纲,所以文字简洁、凝练,耐人咀嚼。

比如,陶行知提出,教师要"做小孩的母亲",而且"不要做后母,要做亲母,做爱迪生的母亲"。

这里谈的是对学生的爱。什么叫"不要做后母,要做亲母"呢?就是要接受孩子的一切,包括他的弱点和缺点。不能只爱"乖孩子",那些"不乖的孩子"也应该爱,因为亲母是不会嫌弃自己的孩子的,无论"乖"还是"不乖",都是自己的亲孩子。陶行知还特别举了一个母爱的典范让大家学,"做爱迪生的母亲"。前面也讲过,爱迪生很调皮,入学三个月就被学校开除了,但爱迪生的母亲始终认为自己的孩子是好孩子,她宽容儿子,理解儿子,给他创造一切条件玩"科学的把戏",最后爱迪生成为大科学家。

陶行知坚决反对体罚。他说："打不出真理来，越打越笨。"可是，时至今日，依然有相当多的老师公然赞成对学生进行体罚。他们打着呼唤"教育惩戒权"的旗号，希望"体罚"能够"合法化"。教育惩戒当然是必需的，没有惩戒的教育是不完整的教育，但惩戒绝不是体罚。我一直想不明白，为什么不少老师认为不许体罚就是"姑息、迁就、纵容"学生呢？为什么他们认为所谓"严师出高徒"的"严"就是"体罚"呢？为什么有老师认为如果不许体罚学生，"这教师没法当了"呢？

不体罚学生，是不是就意味着"纵容"学生了呢？当然不是。教育并非只有"纵容"和"体罚"这两个极端。陶行知这句话仿佛就是对今天某些老师说的"不要你哄，不要你捧，只要你懂"。

我经常说，不仅要爱孩子，更要懂孩子。或者说，真正的爱，就包含了懂。所谓"懂孩子"就是"理解孩子"。离开了"懂"就没有真正的、完整的"爱"。

我看过这么一张照片。一个天真无邪的小孩儿抱着一条大鱼在亲吻。看上去，这孩子是多么爱这条鱼啊——又是搂抱又是亲吻的。但我在想，他懂这条鱼吗？如果他理解这条鱼，就应该知道，鱼现在最需要的不是亲吻和搂抱，而是水。在不懂鱼的情况下，这么爱鱼，离开了水的鱼会很快死去——死于孩子的爱。

我们许多教育者——教师和父母，很多时候不就是这个"爱"鱼的小孩吗？但这种"爱"是危险的，所以陶行知说："不要你哄，不要你捧，只要你懂"。

教育离不开尊重，而只有懂孩子，才能真正尊重孩子。加拿大学者马克斯·范梅南在其《教学机智——教育智慧的意蕴》中，写了这样一个教学现场——

"不要你哄，不要你捧，只要你懂"

  在其他同学面前演示一个十年级的科学实验的结果时，考瑞完全失去了他的潇洒和信心。现在他感到十分地尴尬，简直就希望能钻到地底下去，这样他就永远也不要见到他的同学们了。孩子们注意到了他内心的斗争，有的开始窃笑，而其他同学则为考瑞感到尴尬，于是假装不去注意，这使得情形变得更糟。考瑞僵立在那儿，脸上抽搐着，那种安静变得让人无法忍受。就在这个时候，老师打破了这种尴尬，递给考瑞一支粉笔，并问他是否用两三个要点将主要的结果弄出来。考瑞这时有了一个机会转过身去，镇静一下自己，不面对其他孩子。同时，老师向班上作了一些评论，以帮助考瑞回忆和梳理结果。结果，考瑞的实验结果陈述作得还不错，老师最后说："谢谢你，考瑞。你刚才经历了一个很艰难的时刻，我们都经历过类似这样的时刻，你做得很好。"

  在这里，考瑞的老师是机智的，更是善解人意的，即"懂孩子"，她巧妙地将考瑞从尴尬中解救了出来。而这样做，源于她有一颗能够细腻感受儿童内心世界的心，即我今天所说的"儿童视角"。站在成人的角度，老师也许关心的只是答案的"对"与"错"，以及为什么"对"或"错"，眼睛里只有冷冰冰的知识，而没有活生生的人。但考瑞的老师不是的，她理解考瑞的脸红、心跳、不好意思、觉得丢人、无地自容……她觉得当务之急不是帮助学生弄清知识，而是给孩子以尊严，让孩子恢复自信。所以她才找了一个理由，让孩子"转过身去，镇静一下自己，不面对其他孩子"，最后获得了"陈述作得还不错"的结果。设想一下，如果不是这样，即使教师不批评、指责，而是请考瑞"坐下再想想吧"，那会让考瑞多么难受。考瑞老师的高明和充满尊重的办法，是给考瑞创造一个机会，让他自己去面对、去处理，并获得成功。

由理解（懂）孩子，到尊重孩子，这位老师堪称典范。

当然，陶行知说的"只要你懂"，看起来只有四个字，但对老师的素质要求却很高。教育者必须拥有良好的心理学修养，善于走进学生的心灵，敏锐地感受学生的心理变化，与他们心心相印、息息相通——正如赞可夫所说："对于一个有观察力的教师来说，学生的欢乐、兴奋、惊奇、疑惑、恐惧、受窘和其他内心活动的最细微的表现，都逃不过他的眼睛。一个教师如果对这些表现熟视无睹，他就很难成为学生的良师益友。"

唯有这样，我们才能说我们"懂"孩子。

2021年10月31日

"不是标语统一便算统一"

我们都知道,"教学做合一"是陶行知生活教育的重要原则。但他在谈到"教学做合一"时,特别指出:"理论与实践统一,学校与社会统一,先生与学生统一,生活与教育统一。"

在说完这几个"统一"后,他又特别强调:"不是标语统一便算统一。"

什么意思呢?我估计,当时可能有些教育者把"教学做合一"仅仅当作理念,甚至仅仅当作口号,写在学校的墙上,而行动上则根本没做。所以,陶行知才有针对性地说:"不是标语统一便算统一。"

我很自然地想到了今天的校园,墙上那么多标语口号,都落实到行动上了吗?

请允许我暂时把目光投向美国,我想以我的一段经历来简单比较一下中美基础教育。

2013年10月，我曾经到美国马里兰大学学习了一个月，不只是在大学教室听课，还考察了一些中小学。

在我考察的中小学课堂里，我亲眼看到孩子们是如何主动积极地学习，老师又是怎样围绕孩子转的。当时我就想，经过二三十年各种形式的中外交流，仅就先进的教育思想教育理念而言，即使没去过美国的中国教师也已经比较熟悉了。想想从20世纪80年代起，什么"发现法""目标教学法""教学过程最优化""建构主义""多元智能""全纳教育"……因此，至少是在理论上，中国的基础教育称得上是领先的。还不仅仅是"理论"，也有实践——素质教育，创新教育、尊重个性、学生为主体，综合社会实践、小老师上讲台……这些做法就是拿到美国去，也很新潮呢！

这样说来，中美基础教育应该没有什么差别呀！但为什么却实实在在存在着差别呢？这差别又在哪里呢？

就拿"以学生为中心"的理念来说，我们从20世纪80年代开始，就强调"以学生为主体"，这个观念够领先了吧，甚至可以说超前呢！大概是20多年前，国家开始新课程改革，于是"新课改"成了中国基础教育最响亮最时髦的词儿。当时为了"转变观念"，有关部门还出版了一本名为《为了中华民族的复兴》的书。该书在谈到课堂上平等互动的师生关系时这样说道："我们相信，在这样的师生关系中，学生会体验到平等、自由、民主、尊重、信任、友善、理解、宽容、亲情与关爱，同时受到激励、鞭策、鼓舞、感化、召唤、指导和建议，形成积极的、丰富的人生态度与情感体验。"看看，这些话拿到今天的美国课堂上，肯定也是新观念，可我们20多年前就有了。但如今中国的课堂如何呢？在有些学校的课堂上基本上不还是教师独统天下吗？

因此，我越来越认为，就基础教育而言，中美差异主要不是什么观念，而是行动。甚至可以说，在理念层面，中国和美国的教育者已经达成共识：要尊重学生，要围绕学生的学来设计教学，要因材施教，要鼓励学生参与课堂，激励学生大胆发表不同的看法……但虽然基于同样的理念，中美各自的课堂却呈现出截然不同的情况。

美国的课堂上，学生活泼、自由、积极、舒展、无拘无束，老师围着学生转。那中国的课堂呢？基本上还是下面的学生坐得整整齐齐，老师一个人站在讲台上。这样便于老师讲，学生听。除了中间有时候老师会提些问题让学生讨论回答外，基本上还是老师一讲到底。甚至常常拖堂，明明下课了，老师还在喋喋不休地强调这个"关键"那个"重点"，唯恐有所遗漏。

其实这些老师不是不明白"以学生为中心""教师的教是为了学生的学"之类的新理念，如果是写总结或者写论文，他们都会把新课改的理念说得头头是道："学生主体""以人为本""师生互动"等。可惜有时这些理念仍然停留在纸上。

说中国的教师"只说不做"也不特别准确，其实我们有不少课堂也很精彩的。但这样的课堂大多是公开课，或课堂大赛，或者是为迎接检查、接受督导、通过验收等特殊时候所精心准备的展示课。每当这时，课堂总是学生快乐的天堂。教师精心设计如何让学生"动"起来，每个环节都尽量让学生活动，而且这些"活动"还不单一，讨论、辩论、表演、小组合作，学生上讲台……这样的课往往高潮迭起，精彩纷呈。但可惜这是公开课，为了准备这一堂体现新课改的课，老师和学生不知准备了多久。然而平时每一天的课并不是这样的，如果天天这样上，还不把教师和学生累死啊？

岂止是课堂改革知行脱节，中国教育在其他方面的改革也有相似的情况。不是不知道什么是素质教育，而是由于种种原因，从教育行政主管部门，到学校校长，再到每一个教师，都没有完全打破应试教育的桎梏，都没有完全在行动上把学生看作教育的中心与目的。订规划、写文章、立课题、作汇报、制展板、搞宣传，各种新理念说得天花乱坠——这样"特色"，那样"创新"，什么"人文关怀"，什么"学生为本"……真是高屋建瓴，分条析理……但实际行动并非如此，"分数才是硬道理"，该干吗还干吗。因此，多年来，所谓"素质教育轰轰烈烈，应试教育扎扎实实"。叶公好龙，莫过于此。

不是说我们不需要观念更新了，也不是说我们不需要学习别人的先进理念和做法了，我只是想提醒各位亲爱的教育同行——其实也是自勉，无论我们知道了多少理论，如果不化为行动，这些理论都是没用的。这里的"行动"，不是昙花一现的表演，而是自然而然的生活。如果哪怕把我们认可的百分之一的教育理论落实到了学校的日常生活中，像呼吸一样自由，像潮汐一样自然，那么我们的素质教育才算成功了。那时候，"素质教育"也就没必要叫"素质教育"了，它就叫——"教育"。

就是陶行知当年所说的："不是标语统一便算统一"。

关键还在行动，而且是常态化的行动。

2021年10月31日

"学做一群人中人"

谈到陶行知,许多人很自然地想到"平民教育"。是的,陶行知和晏阳初等人当时的确非常积极地推行平民教育。为了全中国80%以上的文盲,陶行知身体力行,为平民教育做了大量的工作。但是,我们不应该忘记,陶行知还曾做过"英才教育",其标志就是抗战期间他在重庆合川创办的育才学校。

创办这所学校的动机,源于陶行知在普及教育的过程中感到的一个遗憾。他发现许多穷人家的孩子,虽有特殊天赋,却因为没有受到专门的培养而枯萎了。他觉得这是教育普及运动的一个不足,即在注重人人都能上学读书的同时,却忽略了对有特别才能的儿童的培养。

他曾这样回忆道:"我在重庆临时保育院参观,院长告诉我一件令人愤愤不平的事。近来有不少的阔人及教授们来挑选难童去做干儿子,麻子不要,癞痢不要,缺唇不要,不管有无才能,唯有面孔漂亮,身材秀美,才能中选。而且当着孩子的面说,使他蒙上难堪的侮辱,以致在他们生命中,烙上一个不可磨灭的印象。"

陶行知因此受到触动和启发:"几年来普及教育中的遗憾须求得补偿,选干儿子的做法,应变为培养国家民族人才幼苗的办法,不管他有什么缺憾,只要有特殊才能,我们都应该加以特殊之培养,于是我便发生创办育才学校的动机。"

专门招收有特殊才能的孩子,然后加以有针对性的培养,这就是陶行知创办育才学校的目的。校址是一个名叫古圣寺的庙,跨入大门,里面的大殿就是当年的教室和老师办公室。为了贯彻自己的办学意图,陶行知大胆改革了管理模式和教学形式。与一般的学校不同,育才学校的教室不是按年级编排的,而是按"学科"来分组。因为学生都是有"特殊才能"的孩子,所以在教学上也不同于普通教育,把学生分为音乐、戏剧、文学、绘画、社会科学和自然科学六个组。

给这六个组的孩子们上课的老师大都是当时文化界的名人,陶行知利用自己的人脉关系,把他们都聘请来教这些苦孩子。这些老师已经卓有成就且声名显赫,如音乐组的组长贺绿汀是著名作曲家,《游击队歌》的作者;戏剧组的组长章泯是著名戏剧家;舞蹈组的组长戴爱莲是著名舞蹈艺术家,被誉为"中国舞蹈之母";绘画组的组长陈烟桥是著名版画家,为鲁迅的学生;文学组的组长是大诗人艾青。在育才学校任教的教师还有著名画家丰子恺、华君武,著名音乐家任光、马思聪等。此外,郭沫若、茅盾、冯雪峰、夏衍、聂绀弩、翦伯赞、邵荃麟、胡风、何其芳、田汉、吴玉章、周谷城、秦邦宪、萨空了、徐迟、姚雪垠等都曾去学校兼课或举办讲座。如此大师云集,都是为了教陶行知招收的有特殊才能的苦孩子们。

1939年12月31日,陶行知和吴树琴在育才学校举行了朴素的婚礼,他和妻子决定不收任何贺礼。但依然有一位名为"家栋"的同学寄去了礼金。陶行知回信:"前蒙寄来结婚纪念品洋三元,无任铭感。不过事先已决定不收贺礼,故将该款交给育才学校,为小朋友捐购图书之用。兹将收据奉上,敬希查收为感!"

那是在抗战时期,条件十分艰苦,育才学校一度几乎办不下去了,但陶行知依然没有放弃。1941年4月6日,在育才学校的朝会上,陶行知向全校师生讲话,说了一番掏心掏肺的话:"由于物价飞涨,反动派的封锁迫害,学校经费已临山穷水尽难以维持之境。但为了人才幼苗之培养,我不怕反动派的恐吓、威胁。除非整个中华民族都没有饭吃了那时也只有大家饿死。育才一定要办下去,决没有自动停办之理。最近有几位好心朋友对我说,环境如此艰难,丢下育才吧!你何必顶着石臼做戏,抱着石头游泳呢?我想了几天,今天想通了,我不是抱着石头游泳,而是抱着爱人游泳,越游越起劲,要游过急流险滩,达到胜利的彼岸。"

"抱着爱人游泳",这是怎样深情、炽热而执着的爱啊!

多年后,陶行知所播下的种子结出了硕果,育才学校的许多孩子都成了国家的杰出人才。虽然这些人成为栋梁之材时,陶行知已经长眠于地下,但如果在天有灵,他一定会感到欣慰。

但我要特别说明的是,陶行知当年在育才学校所施行的"英才教育"绝不是培养"人上人"的"贵族教育"。他说:"我们当然不应该为'天才'而办'天才'教育,但是为着增加抗战建国的力量而培养特殊才能的幼苗,使他们不致枯萎夭折,也是值得做的工作。我们当然不应该教他们做人上人,但是为着社会进步,让他们依据各人的才能志愿,学做一群人中人,而且把他们的贡献发挥出来以为民众服务,也是值得干的工作。"

陶行知特别申明:"不是培养小专家。有人以为我们要揠苗助长,不顾他的年龄和接受力及其发展的规律,硬要把他养成小专家或小老头子。

这种看法是片面的，因为那样的办法也是我们极反对的。我们只是要使他在幼年时期得到营养，让他健全而有效地向前发展。因此，在特殊功课以外，还须给予普通功课，使他获得一般知能，懂得一般做人的道理，同时培养他的特殊才能，根据他的兴趣能力引导他将来能成为专才。"

发展特殊才能，培养全面素养，这是陶行知的育人目标。为此，他在《育才二十三常能》中对学生们提出要掌握"初级十六常能""高级七常能"。

"初级十六常能"包括：1. 会当书记：包括写小楷，管卷宗，写社交信，做会议记录等。2. 会说国语：包括会话，讲解，演说等。3. 会参加开会：包括发言，提议，选举，做主席等。4. 会应对进退：包括招待宾客——谈话，引导参观，招待茶饭等。5. 会做小先生：包括帮助工友、同学以及学校附近农友等。6. 会管账目：包括个人账目、集体账目，会计账，会报账，会管现金出纳等。7. 会管图书：包括编目，晒书，修补，陈列，借书等。8. 会查字典：包括中文字典和外文字典等。9. 会烧饭菜：包括小锅饭、小锅面、小锅菜十味以上。并会做泡菜、咸菜、糖果、果子酱、腊肉等。10. 会洗补衣服：包括洗衣补衣等。11. 会种园：包括种菜，种花，种树等。12. 会布置：包括装饰，陈列，粉刷，洒扫等。13. 会修理：包括简单木工、竹工、泥水工、油漆工工具等。14. 会游泳：包括仰游俯游等。15. 会急救：包括医治小毛病，救溺，救触电，救中煤毒等。16. 会唱歌：包括独唱，合唱等。

"高级七常能"则是：会开汽车、会打字、会速记、会接电、会担任翻译、会临时讲演、会领导工作。

这初高级二十三常能，不就是今天的素质教育吗？

最让我感动的是，陶行知特别强调他的培养目标："不是培养他做人上人。有人误会以为我们要在这里造就一些人出来升官发财，跨在他人之上，这是不对的。我们的孩子们都从老百姓中来，他们还是要回到老百姓中去，以他们所学得的东西贡献给老百姓，为老百姓造福利；他们都是受着国家民族的教养，要以他们学得的东西贡献给整个国家民族，为整个国家民族谋幸福；他们是在世界中呼吸，要以他们学得的东西帮助改造世界，为整个人类谋利益。"

"我们的孩子们都从老百姓中来，他们还是要回到老百姓中去，以他们所学得的东西贡献给老百姓，为老百姓造福利……"这几句话特别打动我。联想到我们今天的教育，不禁悲从中来："吃得苦中苦，方为人上人"早就被陶行知批得体无完肤了，可现在这句话居然成了许多老师和家长用来鞭策孩子的"励志名言"！有多少孩子立志从艰苦的家乡考上大学，目的就是不再回到家乡；他们来自普通的工人、农民及其他劳动者的家庭，可考上大学的目的就是不再成为普通的工人、农民……他们考大学的目的就是做"人上人"。

今天，重温陶行知培养"人中人"的教育思想，我们难道不感到惭愧吗？

2021年10月31日

儿童吃饭时可不可以讲话？

《儿童保育问题》一文原载于1940年2月10日《战时教育》第5卷第7期，是陶行知在重庆保育院院长会议上的谈话。他主要谈的是自己对重庆保育院开办情况的相关思考，提到如何真正实施集体教育、如何满足学生的物质和精神需求、如何对待顽童等内容。

其中有几句话引起了我的共鸣："一个有趣的小问题是我遇到的，因为有普遍性，还有几分钟，也提出来谈谈：吃饭的时候，可不可以讲话。我对于这个问题也曾研究了一些日子，结论是允许小孩在吃饭的时候讲话。第一，因为平常无论什么地方吃饭的时候都讲话；第二，因为吃饭不讲话则吃得太快，反难消化；第三，吃饭能讲话则大家都高兴些。但是，要训练他们轻轻的讲。有时可以举行特别训练，一句话也不讲。和尚吃很热的粥，都没有丝毫声音，静得连绣花针落在地上也听得见响。我们也要有这样的修养，但这只是偶尔一试，如同练习消防一样，不可常常做，常做反而有碍小孩的活泼。"

这几句话之所以引起了我的共鸣，是因为如何在尊重孩子天性与训练孩子修养之间找到平衡，一直是教育者面临的难题。我也曾经遇到过这样的难题。

陶行知在这里捕捉到孩子吃饭讲话这个细节谈了他的看法，其实他也没绝对地说"可以"或"不可以"。虽然他也说了"结论是允许小孩在吃饭的时候讲话"并提出了"允许"的三条理由，不过同时他又说："要训练他们轻轻的讲。"提出"我们也要有这样的修养"，但是他也叮嘱教育者：一句话都不讲的训练"不可常常做，常做反而有碍小孩的活泼"。最后，他还是落脚在尊重孩子的活泼天性。

从理论上说，教育的目的有两个指向：一是指向人的个性，发展其天性，让每一个孩子成为最好的自己；一是指向社会，训练其规则，让每一个孩子成为合格的公民。所谓"儿童本位"与"社会本位"孰轻孰重，一直就在中外教育家中存在争议。当然，理想的教育是二者和谐统一，不偏不倚。但这种"恰到好处"的状态从来都只存在于人们的愿景之中。在现实中，我们总是自觉不自觉地在二者中有所倾斜。

"事实上，在不同的历史时期提出了大量的目的，这些目的在当时当地都具有巨大的价值。因为目的的叙述乃是一个在一定时间所强调的重点不同的问题，我们并不去强调不需要强调的东西——这就是说，有些东西已经很受重视，就无须强调。我们往往根据当时情境的缺陷和需要来制定我们的目的；凡是正确的东西或近乎正确的东西，我们都视为当然，就不必明确论述。我们根据应该进行的某些改动来制定我们的明确的目的。在一定的时期或一定的时代，在有意识的规划中，往往只强调实际上最缺乏的东西，这并不是一个需要加以解释的矛盾。"杜威这段话非常精辟地说明，无论是"社会本位"还是"个人本位"，放在具体的社会背景中都有着相对的历史合理性，因为人们总是根据所处时代所面临的当务之急而对人或社会有所侧重，进而在教育目的上呈现出不同的偏重。

好，还是回到微观的实践层面。对中国教育而言，我认为长期以来是偏重于对孩子的纪律规范，"不许"这样"不许"那样远远多于"可以"这样"可以"那样。面对孩子，我们更多是想到管理，想到纪律，而较少甚至没有想到儿童的特点。

我曾撰文提出一个问题："为什么校园内不许孩子'高声喧哗''追逐打闹'？"我不是主张孩子可以在学校无条件肆无忌惮地"撒野"，而是说，能不能尊重孩子天性，予以合理的引导？

是的，简单地"严禁"是不妥的。我们的着眼点不应该是"管理方便""不出事"，而是应该引导孩子，将他们的行为予以合理的规范。我当班主任时，从不禁止学生打闹，相反我经常和孩子们一起"打闹"，比如摔跤、斗鸡，等等。但我们的班规有一条规定："不得在教学区里打闹，不得带着器械打闹。"规定地点，只能徒手——这就保证了"追逐打闹"的安全。

"一切为了孩子""为了孩子的一切""为了一切孩子"……这样的话贴在不少学校的墙上，但往往一到关键时候，这些话都成了"一切为了管理方便"。怎样才能既保证孩子安全又维护学校秩序，同时还能尊重儿童的天性呢？我建议学校将规定加个状语，改为："上课和集会时不得高声喧哗，教学区内不得追逐打闹。"

有条件地允许学生高声喧哗和追逐打闹，绝不是培养没有教养的野蛮人，而是不束缚孩子的天性，让他们像花儿一样自由自在地开放罢了。这并不意味着不教会他们文明的举止和尊重他人的行为习惯。这是两个概念，不可混淆，不能对立。这和一些学校倡导培养"淑女""绅士"也不矛盾。关键是，要教会学生什么时候可以无拘无束地释放天性，什么时候应该尊重他人与公共秩序。事实上，真正的淑女、绅士，在博物馆、影剧院等公共场合是优雅肃静的，而在户外活动中则是活泼大方的。

青年毛泽东曾说："文明其精神，野蛮其体魄。"后来他在延安给中国人民抗日军政大学（简称"抗大"）题词：团结、紧张、严肃、活泼。但我们现在的一些孩子恰恰相反——该文明的时候野蛮，该"野蛮"的时候却"文明"；该严肃的时候活泼，该"活泼"的时候却"严肃"。

当然，这个问题的确考验着老师们的教育艺术。如何拿捏分寸，把握平衡？如何既尊重孩子天性，又保证公共秩序？这也许是一个永恒的教育课题。

陶行知关于孩子吃饭可不可以讲话的意见，也许会给我们一些启发。

2021年10月31日

陶行知是如何对待"难管的小孩"的？

"后进生"的转化是一个世界级难题。当年陶行知也遇到了——他当年所说的"难管的小孩"（巧了，苏霍姆林斯基也把这类孩子称作"难教儿童"），其实就是我们今天说的"后进生"。

在《儿童保育问题》的谈话中，陶行知谈了"允许孩子吃饭说话"之后，紧接着说："还有一个难以解决的问题，就是你们有些难管的小孩。这些难管的小孩，有时是被称为劣童或者被称为坏蛋。怎样解决呢？（一）难管的孩子多半不是劣童，也不是真正的坏蛋，这一个态度要立定，否则你主观上咬定他是劣童则一切措施都错，便愈管愈难管了。（二）仔细考虑他所以难管的原因，在源头上予以解决。例如发明电灯的爱迪生，是被先生以坏蛋的罪名不容于学校。但他的母亲知道他不是坏蛋，而是欢喜弄那先生不高兴的毒药而玩化学的把戏。（三）体力充足，无法发泄的，有时捣乱，可多给他一些机会劳动或干体育游戏。（四）先生也得检讨自己的功课教法是否合乎学生的需要程度。（五）即使是真正的坏蛋，我想开除出去，无人指导，更要变坏，倒不如运用团体制裁，以纠正其过失。而且团体若有办法，则有少数捣乱分子，可以培养团体中大多数人之抗毒素。（六）此外还有身心上有了缺陷的小孩，那是要医生及心理专家医治。（七）曾经受过特殊折磨而起了对人之反常态度，则先生及同学之同情照顾为不可少。"

我当了一辈子的班主任，读着陶行知这一段话产生了强烈的共鸣。我根据自己的理解，将陶行知这段话所要表达的意思归纳提炼一下，觉得先生所说无非就是这样几个原则：第一，相信孩子；第二，分析原因；第三，转移精力；第四，反思方法；第五，集体惩罚；第六，专家医治；第七，同情照顾。当然，这七条原则并非每一条都用于同样的"难管的孩子"，而是根据具体情况，尤其是视孩子的特点而选择其中的一条或若干条原则有针对性地应对和引导。

第一，相信孩子。这是引导、转化后进生的前提条件。从某种意义上说，没有信任就没有教育。面对后进生，我们一定要坚信：无论他看起来多么满不在乎，多么"流里流气"，多么不可救药……他的内心深处都燃烧着想做好人的愿望！教育者的任务是要点燃他心中的这个愿望。

第二，分析原因。不同的后进生有不同的"后进"原因；同样一个后进生，其"后进"的原因也不是单一的。这就需要我们细心分析。笼统地说，后进生的产生，有家庭方面的原因（教育方法不当，家长行为不正，家庭离异等），也有孩子自身的原因（街头结交，身体状况，智力状况等）。找准原因，方能"对症下药"。

第三，转移精力。这一条我多次在班主任工作中使用，效果不错。不只是让后进生多参加文体活动以发泄其多余的精力，还有更重要的是要针对孩子的某些积极的特殊兴趣爱好,给他提供专注其中的机会,孩子在沉醉其中的同时,会不知不觉地学习,而且还可能会发现自己的某些智力优势,这是对孩子最大的激励。

第四,反思方法。这实际上就是教师在自己身上找原因。应该说,后进生的产生也和我们某些教育失误有关。比如,教师有意无意地歧视,让后进生丧失了自信和自尊;教学上的"一刀切",让所有学生"齐步走",必然让一些孩子沦为"后进";教师的急躁和简单粗暴,都可能使孩子自暴自弃。

第五,集体惩罚。我说过,教育不能没有惩罚,但惩罚不是体罚。而最好的教育惩罚,是学生集体对犯错孩子的惩罚。至于教育惩罚的形式,这里不便展开多说。我想强调的是,教育者要善于把自己的褒贬化为集体舆论。无论表扬还是批评都不要以班主任自己的名义发出,而应巧妙地转化为集体的褒奖或谴责。

第六,专家医治。这一条也很重要,我们有时候往往把孩子的心理问题当作思想道德问题来"教育",结果牛头不对马嘴。另外,还有一些孩子的"缺点"是由于生理疾病引起的,比如多动症、感统失调症等,都可能导致孩子的"违纪"或造成孩子表面上的"不正常"。这类问题,只能如陶行知所说:"那是要医生及心理专家医治。"

第七,同情照顾。当孩子的心灵已经筑起坚固的壁垒,打通壁垒的不是更强有力的兵器,而是能够融化坚冰的感情阳光。千万不要和孩子对立,更不要冲突,他们是精神上的"病人",需要的是真诚的呵护与理解。只有走进了他们的心,才可能将他们冰冷的心重新焐暖。所谓"教育公平",有时候恰恰是"差别化对待"。

陶行知四颗糖的故事已经成了教育经典,但我还是愿意再转述一遍——

陶行知在担任校长时，一次，他看到学生王友用泥块砸同学，当即制止，让他放学后到校长室。

学生放学后，陶行知来到校长室，王友已经紧张地等在门口准备挨训了。孩子没想到陶行知却给了他一颗糖，并说："这是奖给你的，因为你很准时，我却迟到了。"

王友惊讶地瞪大了眼睛。陶行知没等他开口又掏出第二颗糖对孩子说："这第二颗糖也是奖给你的，因为我不让你再打人时，你立即就停止了。这说明你很尊重我。"

王友将信将疑接过糖准备说话，可陶行知又掏出了第三颗糖："我调查过了，你砸那些男生，是因为他们不遵守游戏规则，欺负女生；你砸他们，说明你很正直善良，且有跟坏人作斗争的勇气，应该奖励你啊！"

王友感动极了，哭着说："陶校长，你打我两下吧！我错了，我砸的不是坏人，是自己的同学……"

陶行知笑了，马上掏出第四颗糖："你看，你正确地认识错误，我再奖励你一颗糖……好了，我的糖分完了，我们的谈话也结束了。"

我多次读这个故事，怦然心动且若有所思……

我想起了泰戈尔的一句诗："不是槌的打击，乃是水的载歌载舞，使鹅卵石臻于完美。"这是最好的教育。

2021年10月31日

"宁为真白丁,不作假秀才"

1940年底,陶行知的儿子陶晓光到成都一家无线电厂工作,厂方催索学历证明书。但陶晓光没有正规的学历,他只好写信给育才学校副校长马侣贤求助,很快要了一张晓庄学校的毕业证明书。陶行知在重庆闻讯后,即电告晓光将此证明书寄回,接着又寄出这封快信,同时又开了一张"宁为真白丁,不作假秀才"亲笔证明信,要求晓光"追求真理做真人"。

陶行知给儿子的这封信不长,下面我摘引第一段——

晓光:

最近听说马肖生(马侣贤)寄了一张证明书给你。他擅自作主,没有经我看过,我不放心,故即于当晚电你将该件寄回,以便审核有无错误,深信你已经遵电照办。现恐你急需文件证明,特由我亲自写了一张,附于信内寄你。你可根据这样证明,找尚达弟力保。我们必须坚持"宁为真白丁,不作假秀才"之主张进行。倘使这样真实的证明不合用,宁可自己出钱,不拿薪水,帮助国家工作,同时从尚达弟及各位学术专家学习。万一竟因证明不合传统,而连这样的工作学习亦被取消,那末,你还是回到重庆,这里有金大(指抗战期间迁往成都的金陵大学)电机工程,也许可去,或与陈景唐兄商量,径考成都金大。总之,"追求真理做真人",不可丝毫妥协。万一金大也不能进,我愿筹集专款,帮助你建立实验室,决不向虚伪的社会学习或妥协。你记得这七个字,终身受用无穷,望你必需努力朝这方面修养,方是真学问。

陶行知奉行"知行合一",他将道德追求化为真实的行动,绝不做言行不一的人。"宁为真白丁,不作假秀才","追求真理做真人",这些掷地有声的话,从他心里发出,不但教育着当年的儿子陶晓光,也敲打着80年后我们随时会因虚荣或其他原因而弄虚作假的心,因为比起当年,现在通过弄虚作假搞假文凭的人太多了。

前几年,某著名青年影视演员因为博士论文造假,被北京电影学院撤销其博士学位,成为轰动一时的新闻。根据河南省官方公布在"2020年度执业药师职业资格考试"核查情况:一半人拿不到证书!7427人通过执业药师考试,3992人证书作废!超半数原因是因为涉嫌学历造假!根据八方锦程在2019年对全行业调查总人数报告异常比例统计,"教育信息虚假"人数占比10.43%,其中风险点包括:学校名称有误、就读时间差异、专业名称有误、学位情况套用他人证件、伪造毕业证书、夸大学历层次等。

新华社北京2004年7月4日电,中组部、人事部、教育部、国务院学位委员会日前向党中央上报并联合印发了《关于干部学历、学位检查清理工作的报告》。报告总结了全国干部学历、学位检查清理的成果，提出了进一步加强和规范干部学历、学位管理工作的具体意见。通过检查清理，各地、各部门对全国党政机关、事业单位县处级以上干部和中管企业领导人员67万多人的学历、学位重新进行了审核，并对15000多例误填、错填或虚填、假填的学历、学位进行了纠正和规范。这些被纠正和规范的学历、学位中，相当多一部分是将干部培训班、进修班、专业证书班等非学历教育填写为学历教育；一部分是填写不规范，将在职教育学历填写为全日制教育学历；还有的是部分办学单位违反有关规定滥发学历、学位证书，甚至有少数人买、骗假文凭等。根据检查清理结果，各地、各部门对发现的问题进行了纠正，对违反规定、弄虚作假的有关当事人和办学单位责任人，区别不同情况分别进行了严肃处理。

17年过去了，相信情况已经大有好转，但假文凭现象是不是绝迹了呢？

据2019年7月4日《中国青年报》报道，海南省海口市燃气集团公司党委副书记、总经理黄某某涉嫌严重违纪违法问题。在他的所有问题中，有一个问题比较"特殊"，就是"违反组织纪律，瞒报、漏报个人有关事项，伪造学历和个人档案资料"。据黄汉林说，"年轻的时候，由于没有大学学历，也想着进步，听说交钱就可以很快拿到文凭，没多想，就跟着交钱报名，购买了两个专科文凭及相关材料"。

另外，中文专科毕业的云南省原副省长沈某某，在普洱市担任市委书记期间，通过与北京师范大学资源学院合作成立普洱茶研究院，马上就成了堂堂理学博士。

我不知道，现在许多官员的硕士、博士学位证书中，有多少是"假的真文凭"，又有多少是"真的假文凭"。

我曾多次说过："和老一辈大师相比，我们连学者都谈不上。"说这话时，我的脑海里浮现出许多没有大学文凭的大师：鲁迅，南京矿务铁路学堂毕业；陈寅恪，复旦公学毕业；巴金，南京东南大学附中毕业；钱穆，中学未毕业；启功，中学未毕业；流沙河，中学未毕业；华罗庚，初中没毕业；钱梦龙，初中没毕业；沈从文，小学毕业；金克木，小学毕业……

我前几天去了浙江上虞的春晖中学，这所学校当年名家云集，任教老师有李叔同、朱自清、夏丏尊、丰子恺……而这些大师有不少的都没有大学文凭，比如李叔同毕业于南洋公学、东京美术学校，丰子恺毕业于浙江第一师范学校，夏丏尊曾考入东京高等工业学校却因贫困而辍学……

面对这些没有大学文凭却有大学问的泰斗们，当代那些追求假文凭的"假秀才"们是不是应该脸红呢？

也许有人把"假秀才"盛行的原因完全归咎于一个只重文凭不看能力的社会，但有良知有信念的人终能守住自己的道德底线。

因此，今天再读陶行知给儿子陶晓光的这封信，重温他"宁为真白丁，不作假秀才"和"追求真理做真人"的话，我不得不感叹，陶行知这封信就是写给我们每一个人的。

2021年11月1日

"建筑起'人格长城'来"

1942年7月20日,在育才学校三周年纪念会上,陶行知先生在演讲中倡导师生"每天四问",即让育才学校的师生员工每天问自己四个问题:"第一问:我的身体有没有进步?第二问:我的学问有没有进步?第三问:我的工作有没有进步?第四问:我的道德有没有进步?"这四个问题,刚好涵盖了一个人成长的四个重要内容:身体的健康、知识的获得、工作的尽责和道德的提升。

读到这里,我很自然地联想到《论语·学而》中的记载——曾子曰:"吾日三省吾身:为人谋而不忠乎?与朋友交而不信乎?传不习乎?"虽然在这里,曾子对自己问了三个问题,但"三省吾身"并不等于只问三个问题,而是不断叩问自己的内心:我是不是一个高尚而自律的人?

无论是陶行知的"每天四问",还是曾子的"三省吾身",实质都是自我教育。陶行知在解释第四问"我的道德有没有进步"时，特别说明这是"建筑起'人格长城'来"——当然是引导学生自己建筑起自己的"人格长城"。

根据自己几十年的教育实践，我得出一个粗浅的认识，判断一个教师教育观念的科学或先进与否，最关键的是看学生观！是把学生当"人"还是当"物"？如果把学生真正当作人，自然尊重学生的尊严、思想、情感、个性、能力——包括其自我教育的能力；反之，如果把学生当作"物"，那自然谈不上尊重，自然会无视学生的主体地位，更无视学生的尊严、思想、情感等精神存在，而只把学生当作没有生命的"机器"——装道德的机器，装知识的机器。

众多的学生，面对同样的教师，同样的道理，同样的知识，同样的教材，同样的授课……却呈现出不同的教育效果，乃至不同的人生结果，这不是源于每个人的自我教育吗？事实上，所有杰出人才，很大程度上都是自我教育的成果。同样是在苏联，为什么马卡连柯、赞可夫、苏霍姆林斯基能够成为杰出教育家呢？难道能够说他们是斯大林、赫鲁晓夫、勃列日涅夫"培养"的吗？如果是，为什么不多"培养"几个呢？同样是在万恶的旧中国，为什么只诞生了晏阳初、陶行知、陈鹤琴等伟大的教育家呢？难道我们能够说他们是"蒋委员长"或国民党"培养"的吗？显然不能，道理如前。我在这里不是否认时代风尚、社会条件、家庭环境、学校氛围、师资背景乃至经济基础对一个人成长的作用，但这毕竟是外因。马克思主义经典哲学早就指出，外因是变化的条件，内因是变化的根据，外因通过内因而起作用。

关于自我教育，苏霍姆林斯基同样有过非常精辟的论述："一个少年，只有当他学会了不仅仔细地研究周围世界，而且仔细地研究自己本身的时候；只有当他不仅努力认识周围的事物和现象，而且努力认识自己的内心世界的时候；只有当他的精神力量用来使自己变得更好、更完善的时候，他才能成为一个真正的人。这里说的就是学生在精神生活的一切领域里的自我教育。"可以说，所谓"教育"其实就是尽可能成功地引导并帮助学生自我教育。

而陶行知的"每天四问"，正是引导孩子们自我教育的最好方式之一。这种方式不但便于操作，而且颇为有效。我的许多教育案例都证明了陶行知"每天四问"是具有真理性的教育形式。

我曾带过一个号称全校最糟糕的班。该班集中全年级所有成绩和表现都最差的学生。为了转化这些孩子，作为班主任我费尽苦心，使出了"十八般武艺"，其中一项"武艺"就来自陶行知的"每天四问"。不过，我根据我班的实际情况，将"四问"扩展为"九问"，引导"后进生"们养成每天"自省"的习惯：一问今天影响同学学习没有？二问今天上课开小差没有？三问今天学习上提出什么问题没有？四问今天的功课复习预习没有？五问今天做过什么不文明的事没有？六问今天说过脏话没有？七问今天战胜弱点没有？八问今天有进步没有？九问今天有什么遗憾没有？

孩子们每天都问自己，并通过日记将自己真实的答案写下来；我每天都看，并写下鼓励的批语。每天如此，三年后，这些孩子都取得了突出的进步。26年过去了，他们中许多人都成为善良、正直、勤奋的劳动者，在各行各业大展身手。好几位当年的"后进生"，都被我写入拙著《教育的100种可能》中，感动了读者。

让学生"每日×问"，其实就是引导学生自省，让他们不断在精神上自己与自己搏斗，最终自己战胜自己。这种方式的运用显然不只限于"后进生"。在我的《爱心与教育》中，我写到一个叫黄金涛的孩子。他是我在成都玉林中学高九二级一班所教的一个男生，后来高中毕业时，以优异成绩考上电子科技大学。但在高一时，他却绝对不是班上出类拔萃的学习尖子。他自控能力较差，这主要表现在两个方面：一是课堂上常常忍不住说小话，过后又后悔不迭；二是课余学习（特别是在家学习）往往容易受外界影响——比如电视的诱惑等等——而分心。所以在高一、高二时学习成绩一直处于中等状态。细细回忆起来，我对黄金涛的教育，其实从某种意义上，仍然是"战胜自我"的教育。在教育手段上，我有意发挥了日记的作用。也可以这样讲，"日记"是我的教育载体，也是黄金涛"人格长跑"的记分牌。这次，黄金涛在谈到我对他的影响时，特意带来了他保存完好的高中生活日记。他说："在我高中三年的思想发展中，发挥主导作用的是您，而发挥主要作用的是这一本本日记。"通过日记，黄金涛每天都在叩问自己，提醒自己，鼓励自己，战胜自己。

下面，我选几则黄金涛当年的日记——

> 1993年3月18日
>
> 今天听李老师念了他以前一位名叫杨嵩的优秀学生的一篇作文，这篇作文写了杨嵩怎样以顽强的毅力战胜自己。我很受震动。我以前就听李老师多次讲过杨嵩的事迹，但我原来认为杨嵩的成果是因为他特别聪明，今天我才明白，他的成功首先是因为他具有超人的毅力。
>
> 而我现在恰恰就缺乏他这种毅力。其实，我也有过战胜自己的经历，而且很受鼓舞，但只是偶尔的；更多的时候，我往往受外界因素的干扰而战胜不了自己。因此，今天我对此有了一个新认识：毅力不光表现在是否战胜了自己，更在于是否能坚持下去！

不断地用过去教过的优秀学生的事迹，来教育并激励现在的学生，是我一贯的做法。黄金涛的"新认识"说明，他不但真诚地以杨嵩为榜样，而且还自觉地解剖自己与杨嵩的差距。

1993年4月4日

又是一个"后悔不已":说是要向杨嵩学习,可今天又犯错误了!

数学课时,突然停电了。老师给我们送来了蜡烛。可是燃烧的蜡烛,却似乎具有魔力,深深地吸引着我。我很想玩蜡烛,但一想到"战胜自己"的话,我又极力克制自己的贪玩心理。遗憾的是,我并未坚持下来,后来我有些忍不住去吹别人的蜡烛,或者又看别人玩蜡烛。这样,既影响了自己的学习,又影响了别人的学习。过后我又在心里骂自己:唉,我又成了"语言的巨人,行动的矮子"!

黄金涛"后悔不已",我却对他充满希望:能够对自己的过失"后悔不已"而不是"无所谓",这本身就是了不起的进步。

1993年6月12日

离期末考试一天天近了,我时时提醒自己抓紧时间。

我是个军事迷,爱看一些军事杂志。今天放学路过报亭,脑袋就像被一根绳子套住往报亭拉。我这时真想过去翻翻军事杂志啊!但一想到杨嵩同学戒球瘾的事迹,我就被一个正义的、坚强的"我"战胜了。我义无反顾坚定地走过报亭,头也不回!我走了一段路程,把报亭远远地扔在了后面。虽然我还是有点可惜我没有看到精彩的杂志,但更觉得自己终于战胜了自己,说到做到了,就不觉得可惜了,而是十分自豪!

让学生不断亲身体验"战胜自己"的喜悦,是引导学生自我教育的最有效途径之一。

> 1993年10月17日
>
> 今天是星期天，但我并没有因此为爱偷懒的我找睡懒觉的借口。我很早就起床了，然后坐在书桌前复习功课。天还没亮，整个家属区还一片宁静，外面一片漆黑，似乎只有我一个人在挑灯攻读。想到这，我竟感到一种骄傲和自豪！因为在这寒冷的早晨，谁不想多在温暖的被窝里舒服舒服呢？谁愿意迎着寒冷从温暖的被窝里爬出来学习呢？而我却做到了这一点！这难道不是意志的胜利吗？

记得后来黄金涛在一篇作文中再次写到这个令他自豪的"星期天早晨"，我在班上读了他的那篇作文，并号召全班同学都向黄金涛同学学习。

说实话，半年后黄金涛的自控能力已大大提高，但科学的学习方法还没有转化为自己良好的学习习惯。在1994年5月1日的日记中，他为半期考试不理想而苦恼，请求我帮助。我再次想到了陶行知的"每天四问"，不过，我略加扩展，给黄金涛提出了"每日十问"的要求，即每天晚上睡前问自己十个问题——

> 一问今天在家早读外语没有？二问今天上课开小差没有？三问今天学习上提出什么问题没有？四问今天复习功课没有？五问今天预习明天的功课没有？六问今天做过闲事没有？七问今天将所学知识在脑海"过电影"没有？八问今天计划完成没有？九问今天有未弄懂的难题没有？十问今天有无浪费的时间？

我要求黄金涛把这十个问题制成表格，每天按实际情况填写。最后我对他说："一两天做到这每日十问并不难，但关键是要坚持下去，唯有这样，你才能真正步入学习的良性循环。"

下面是他一个多月以后的日记——

1994年6月10日

如果说，前段时间我的"每日十问"多少有些完成任务似的被动的话，那么，现在我已逐渐养成习惯。这种习惯促使我每天的学习都很有规律。更让我高兴的是，这一良好习惯（其实也是良好的方法）使我的学习明显有了进步。我将继续坚持下去。真感谢李老师！感谢他用这么看似简单的"每日十问"，就把我的学习状态纳入良性循环，更使我的学习效率大大提高。不知这是不是李老师的发明，如果是的话，他真应该获诺贝尔奖！

真理总是朴素的。所谓"教育艺术"有时其实很简单，就是把教师的教育意图尽可能转化为学生的自我要求，再设法让学生坚持下去以形成习惯。

所以苏霍姆林斯基说："我深信，只有足够激发学生去进行自我教育的教育，才是真正的教育。"

在《每天四问》中，陶行知特别指出："人人应该有'站岗位'的教育。站牢在自己的工作岗位上，教育自己知责任，明责任，负责任——教育着自己进步。"

由此可见，"每天四问"就是站好自己的岗位，"教育着自己进步"。

2021年11月1日

创造真善美的活人

在陶行知所有的文章中，《创造宣言》是最能让我心潮澎湃、热血沸腾的篇章之一。

这篇文章写于1943年10月13日，一个多月后发表于1943年11月25日重庆《新华日报》。发表前，陶行知曾于10月15日下午向育才学校指导会宣读，次日早晨又在朝会上向全体学生宣读。可见陶行知本人也是多么喜欢并看重自己这篇文章。

文章一开始，陶行知先说宗教家造出神来崇拜，恋爱无上主义者造出爱人来崇拜，罗丹造出石像来崇拜，然后话锋一转："教育者不是造神，不是造石像，不是造爱人。他们所要创造的是真善美的活人。真善美的活人是我们的神，是我们的石像，是我们的爱人。"

这里，陶行知旗帜鲜明地指出了教育要创造的人，不是考试机器，不是学习容器，也不是没有健康身体和鲜活灵魂的"死人",而是"真善美的活人"。

这样的"活人"既是先生的崇拜对象,也是先生的快乐标志。陶行知的原话是:"教师的成功是创造出值得自己崇拜的人。先生之最大的快乐,是创造出值得自己崇拜的学生。"

这是怎样的胸襟?又是怎样的格局?教师的"成功"与"快乐"——而且是"最大的快乐"——都只有一个标志,就是"创造出值得自己崇拜的学生"!只有大先生,才会有这样的大胸襟和大格局!

而且,陶行知特别说明:"先生创造学生,学生也创造先生,学生先生合作而创造出值得彼此崇拜之活人。"

我很自然地想到了自己以及我的学生。应该说,教了几十年书,从我身边的确走出了后来让我崇拜的学生,当然,他们也很崇拜我。前面提到过的我的一个学生,张凌,当年学习极差,表现顽劣,但我依然呵护他、鼓励他,当然犯了错误我也会严肃批评他,后来因为成绩太差不得不辍学,离开我的时候眼泪止不住地往下流。二十多年后,他成了四川省足球教练。回来看我时,他聊到他曾经应聘在都江堰市蒲阳中学带足球队,后来这支球队连续拿了两届都江堰的冠军,还拿了成都市第三名。有一次他突然发现这所学校在宣传我,学生和老师都在读我的书,听我讲课的内容。"我当时兴奋得像个小孩子,对我的队员和校长说,这是我的老师,是我的班主任,班主任哟,二十年前的。当年就是我的偶像,一直都是我的偶像。在那个场合,以这种方式见到'李老师',那种感觉太好了!"可是,现在张凌却让我"自卑",因为一聊起足球,我就听不懂他说的。平时看球赛,我只关心哪个队进了几个球;而张凌给我大谈足球的历史、风格、战术、流派……那一刻,他是我崇拜的专家。当年我讲语文他听不懂,如今他谈足球我听不懂,然而我俩互相"自卑",不正意味着我俩又互相自信吗?这不就是陶行知所说的师生"彼此崇拜的活人"吗?

还有张凌的同班同学宋怡然，当年那么害羞内向的女孩子，如今在美国成了一名摇滚歌手，自己作词，自己谱曲，自己开演唱会，自己发行专辑。她回国来看我，送我她的歌碟。饭桌上我向她请教摇滚乐，结果什么"硬摇""软摇"我完全听不懂。但我很自豪，因为宋怡然超过了我，我成了她的粉丝，她成了我的偶像，这不正是我成功和快乐的标志吗？

我甚至可能比较"偏激"地想，一个教师教了一辈子书，如果所教的学生最后都没超过自己，其教育能够说是成功吗？

在这篇文章中，陶行知还说："处处是创造之地，天天是创造之时，人人是创造之人……"就是说，创造无论空间，创造不分时间，创造是每一个人的权利！

现在我们似乎不太爱用"创造"这个词，而喜欢说"创新"，严格地说，"创造"和"创新"虽有联系但并不完全相同。不过在"创"的意义上却是一致的。

我想强调的是，创新首先是思想的创新。这应该是一个常识，但现在人们一说到创新，往往就只是技术创新。具体到教育上，更多的是技巧创新，比如"一题多解"，比如作文的"构思新颖"，比如出人意料的开头、别具新意的结尾，或者是小发明、小制作等等。技术（包括技巧）的创新当然是需要的，但比技术创新更重要的是思想创新。

众所周知，一部人类史实际上就是一部思想创新史。比如，我们纵观整个马克思主义的发展史，它恰恰是一部思想创新史。马克思认为社会主义革命不能在单独一国获胜。列宁则提出了，社会主义革命可能在一国首先取得胜利，并用实践证明了这一点。毛泽东对列宁主义的发展是，提出革命可以通过农村包围城市的方式取得成功。邓小平的贡献却又在于，社会主义可以搞市场经济……我们看，这不都是思想创新吗？正是因为邓小平的思想创新，给社会主义事业注入活力，而凡是没有思想创新的社会主义国家，结果导致了东欧剧变和苏联解体。再看1978年中国的真理标准问题大讨论，也是一次思想创新。我们无法说它产生了多少吨钢或者多少"当量"，但它却开启了中国改革开放的伟大时代。

因此，从人类历史长河看，思想创新显然比技术创新更重要，因为它是宏观的，是推动整个社会发展的。

以上说的是巨人的思想创新。如果我们承认思想创新的巨大意义，那么，我们不妨再继续追问：思想创新的权利只是少数巨人独有呢，还是每一个普通人都应该享有的？

答案本来是不言而喻的。既然"人人是创造之人"，那么同样理所当然，人人也应该是创新之人，包括思想创新。

培养具有思想创新能力的人，首先要有具有思想创新的教师。可现实状况是，不要说"思想创新"，相当一部分教师没有自己的思想，也不愿意去思考，更谈不上思想创新。这当然不能完全怪教育者，我们首先要呼吁各级领导、呼吁我们的社会，要给教师以思想创新的环境！

要允许每一个教育者有"和别人不一样"的想法，这是思想创新的最基本条件。

对学生进行创新教育的前提是，教师本人要是陶行知所说的"活人"，即有思想创新的意识、能力和胆略。其中最关键的是要有独立思考的勇气。如果习惯于在权威面前关闭自己思考的大脑，那就是思想上的"死人"，就谈不上任何创新。

必须用"活人"培养"活人"。只有教师的思想自由，才会有学生的心灵飞翔。教师对孩子精神的影响，就是用思想照亮思想，用个性发展个性，用激情点燃激情，用梦想唤醒梦想，用创造激发创造，用智慧开启智慧，用民主培育民主，用人格铸造人格……

陶行知当年所呼吁的"六大解放"，其中最关键的是第一条："解放他的头脑",即让学生拥有心灵的自由,让学生能想也敢想。比如语文课的阅读教学中,与其煞费苦心地"引导"学生找这个"关键词"、寻那个"关键句",不如让学生畅抒己见;宁肯让阅读课成为学生精神交流的论坛,也不要让它成为教师传授阅读心得的讲座。又如作文教学,与其仅仅"训练"学生如何在"怎样写"上下功夫,不如放开让学生在"写什么"上多动脑筋。衡量一堂语文课成功的标志,不在于学生与教师有多少"一致",而是看学生与教师、学生与学生之间有多少"不一致"。从某种意义上说,宽容学生的"异端",就是对学生创造精神和创新权利的尊重。

坦率地说,《创造宣言》虽然已经发表78年了,但至今仍然有着鲜活的生命力,它如一束光照耀着今天的中国教育。无论创造还是创新,过去我们有过挫折,将来也会有磨难,但我们应该铭记陶行知在《创造宣言》结尾所说:"只要有一滴汗,一滴血,一滴热情,便是创造之神所爱住的行宫,就能开创造之花,结创造之果,繁殖创造之森林。"

2021年11月1日

"首先要尊重儿童的人权"

陶行知1944年12月16日发表在重庆《大公报》的文章《敲碎儿童的地狱，创造儿童的乐园》，堪称是一篇解放儿童的宣言书。从旗帜鲜明的标题就可以看出陶行知的主张：接触儿童的痛苦，让他们快乐。他认为："儿童是应该快乐的，而现在中国的儿童是非常痛苦。"

所以陶行知说："我们应该负起责任来，敲碎儿童的地狱，建立儿童的乐园。不够，我们应该引导儿童把地狱敲碎，让他们自己创造出天堂来。"成人不但要解放儿童，而且还要帮助儿童自己解放自己，和儿童一起把地狱敲碎，一起建立乐园。

为此，陶行知提出："我们应该承认儿童的人权。儿童的人权从怀胎的时候开始。打胎虽有法律禁止，但是社会上还是流行着。为着恐怕私生子为人轻视，便从源头上取消了他的生存权。也有因为贫穷不能教养而出此残忍手段，使已得生命之胎儿不能见天日。我们只须读一读孔子、耶稣的故事，便知道剥削儿童生存权是何等的罪恶。每逢饥荒便听得见'易子而食'，这虽然说是被迫得无法才出此下策，但也是把小孩的生命当作次一等所致。我们要解除儿童痛苦增进儿童福利，首先要尊重儿童的人权。"

改革开放后"国家尊重和保障人权"被庄严地写进了宪法。然而，早在七十多年前，陶行知就提出"首先要尊重儿童的人权"，特别是生命权。

在尊重儿童人权的基础上，陶行知还提出："我们应该了解儿童的能力需要。儿童有许多痛苦是由于父兄师长之不了解。不了解则有力无处用，有苦无处说。我们要知道儿童的能力需要，必须走进小孩的队伍里去体验而后才能为小孩除苦造福。我们必须重生为小孩，不失其赤子之心，才能为儿童谋福利。"

了解儿童的需要，这是给儿童以幸福的前提条件。长期以来，我们的教育往往重在我们认为应该给儿童什么，而忽略了他们需要我们给他们什么。在陶行知看来，只有了解儿童的痛苦并体验儿童的痛苦，才可能为他们"除苦造福"。在他心中，孩子永远是至高无上的，而教育者——教师和父母——"必须重生为小孩，不失其赤子之心"，唯有这样，才能给孩子带去幸福。这样的语言，在陶行知的许多文章里反复出现过，但每次读到，我都感动不已：陶行知伟大的爱心，其实就是一颗纯洁无瑕的童心啊！

如何"敲碎儿童的地狱，创造儿童的乐园"？陶行知提出了十条具体建议：1.解除儿童的恐怖；2.打破重男轻女之风尚；3.提倡儿童卫生；4.拯救文化饥荒；5.培养人才幼苗；6.提倡儿童娱乐；7.开展托儿所运动；8.建立儿童工学团；9.培养合理之教师父母；10.抢救战区儿童。

这十条具体建议，带有鲜明的特定时代的针对性，七十多年过去了，许多建议早已变成现实，比如重男轻女的风尚今天已经基本不存在（当然，在一些地方一些领域还有残余），提倡儿童卫生、开展托儿所运动、抢救战时儿童等问题也随着时代的发展而不存在了。但是，有的建议至今还有着强烈的现实意义。

比如第一条建议："解除儿童的恐怖。中国的儿童在心理上是处在一个恐怖的世界里。老婆婆、老妈子一到夜晚没有事便讲鬼说怪，小孩们连在梦里都要惊醒。我们应该使小孩与这些鬼怪故事隔绝，以保持其精神之安宁。"

陶行知在这里所说"儿童的恐怖"，主要源于老人讲的鬼怪故事，今天已经基本没有了。但今天有的（不是所有）儿童很多时候（不是所有时候）依然生活在恐怖中。这恐怖来自哪里呢？请看我收到的一位母亲的来信——

> 李老师，自暑假军训开始，到现在的每一天，每一天都在群里通报孩子的成绩，一天不落！不知道为什么这个老师会如此对待孩子，孩子平时的听写小纸小考试经常会有她写的"差、真差、太差、脑子进水"之类的评语，这叫孩子如何爱上学习，爱上这门学科！最近，因为孩子没考好，老师当场就把孩子的试卷撕了。当天晚上我联系这个老师了。我说："老师您好，孩子回来说今天惹您生气了，被撕了卷子。"这个老师一口否定，回了两字："没有！"然后就不再回复了。我早上起来问孩子，孩子说撕卷子常有的事。别的同学期中卷子都有被撕的。我说找找老师说说吧，她坚决不同意，怕闹大了自己被孤立，因为大家都习惯了。今天早上孩子说："妈妈，真不想上学了！"我一句话也说不出，揪心的疼……

"妈妈，真不想上学了！"读到这几个字，我的心也揪心地疼。因为作业繁重，因为学习压力，时不时有孩子轻生自杀的悲剧发生，不过这种悲剧毕竟还是极个别的小概率事件，可这位母亲所说的情况，恐怕就不是个别的了，因为恐怖而"真不想上学"的孩子绝对也不是一个两个。儿童这样的恐怖，何时能够解除？

说到底，儿童的恐怖还是来自大人，即他们的老师和父母。所以，陶行知的第九条建议是："培养合理之教师父母。儿童痛苦之完全消灭及儿童福利之完全实现，是有待于天下为公。在这过渡时代与儿童幸福痛苦息息相关的，是父母与教师（包括艺徒之师傅）。我们要培养新父母和新教师，以培养更有福的后一代。旧父母和旧教师，凭主观以责儿童之服从；新父母和新教师，客观的根据儿童的需要能力，以宣导他们的欲望而启发他们的自觉的活动。新父母与新教师，要跟儿童学，教儿童启示自己如何把儿童教得更合理。这种对儿童有了解有办法的新父母新教师不是从天上落下来。我们需要新的普通学校、新的师范学校和新的父母学校，来培养后一代之新教师与新父母，这是过渡时代之儿童福利之泉源。"

没有教师和父母的观念变革、方法更新，就没有儿童的真正解放。只有新教师和新父母，能够造就现在健康幸福未来大有作为的新儿童。而新教师和新父母之"新"，在于"要跟儿童学""对儿童有了解有办法"。为此，陶行知希望能够建立"新的普通学校、新的师范学校和新的父母学校，来培养后一代之新教师与新父母"。

应该说，陶行知这个建议是相当超前的，尤其是他关于建立"新的父母学校"培养"新父母"的主张。一个孩子的成长，学校教育和家庭教育都很重要，但相比之下，应该说，最重要的还是家庭教育。

我曾说过一句话："学校教育非常重要，但无论多么重要，都只是家庭教育的重要补充。"这显然不是我"首创"的观点，也不是谁"发明"的理论。我说的只是常识。

我们常常不切实际地夸大学校教育的作用，夸大教师对学生的影响。其实，一个孩子能否成才，和父母有直接的关联。一个孩子优秀与否，首先（我说的是"首先"而不是唯一）是由其父母决定的。以品行而言，孩子做人的高下，最重要的是取决于其父母的家庭教育。许多教育家都论述过家庭教育的重要性远胜过学校教育这个观点。比如，意大利著名儿童教育家蒙台梭利说过："儿童的教育始于诞生时。"苏霍姆林斯基说："我们的基本认识是，父母、亲属是儿童的最早的教育者；正是在学龄前的几年间，也就是在儿童接受教师的影响开始以前很久，就在他的身上种下了人的一些基本特征的根子。"你看，在儿童接受学校教育之前，儿童的"人的一些基本特征的根子"已经被其父母决定了。

　　所以，陶行知在主张培养新教师的同时，还强调了培养"新父母"。他还特别指出："我们对于儿童有两种极端的心理，都于儿童有害。一是忽视；二是期望太切。"因为"忽视"，让孩子孤独，无人理解，感觉不到成长的快乐；因为"期望太切"，孩子永远不会令大人满意，而教师和父母——尤其是父母——总是处在焦虑状态，而这种焦虑必然会自觉不自觉地传染给孩子，最终变成孩子的恐怖。

　　天下孩子苦应试教育久矣！但愿最近党中央的"双减"政策，能够"敲碎儿童的地狱，创造儿童的乐园"。我以谨慎乐观的心情期待着。

2021年11月2日

"必须解放老百姓的创造力"

从前读陶行知"人生为一大事来,做一件大事去",以为他说的"大事"就是教育。但重读陶行知,越读越觉得他说的"大事"绝非教育,而是改造中国。用他年轻时的话来说,就是:"余今生之唯一目的在于经由教育而非经由军事革命创造一个民主国家。"

"创造一个民主国家"才是他的"大事";而教育,只是他改造中国的手段罢了。

陶行知具有极其博大的胸襟,心中装着全中国的老百姓。他提出要"亲大众",要"学术下凡",要面对最广大的劳动人民办教育。1945年1月28日,他在四川璧山县(现重庆市璧山区)国立社会教育学院发表题为《创造的社会教育》的演讲。演讲中,他将"大学之道"改为:"在明大德,在亲大众,在止于大众之福。"

陶行知说:"要亲大众,必须实行文化下凡四部曲:

一、钻进老百姓的队伍中去，与老百姓站在一条战线上，同甘苦、共患难；二、熟悉老百姓，要说出老百姓心中所要说的话；三、教老百姓；四、与老百姓共同创造。"

千百年来，中国知识分子总是高高在上，以启蒙者自居。用陶行知的话来说："所谓'亲民'者也，只是过去知识分子的优越感，好像是给老百姓洗把澡，洗后又远远地离开了他们。"而陶行知主张的是，彻底地和老百姓打成一片，成为一体，和他们一起生活，一起创造。

他特别提出："要'止于大众之福'，就必须解放老百姓的创造力。"为此，他再次提出"六大解放"，只不过这次是"解放"老百姓。他认为，没有对老百姓的这"六大解放"，老百姓就谈不上有创造力。

陶行知在演讲中大声疾呼：

"一、解放老百姓的双手。所谓思想、语言、文字等等，都是由双手劳动、工作而发展起来的。

二、解放老百姓的双眼。不要戴有色眼镜，近视的可配上远视的镜子。（鼓掌）

三、解放老百姓的嘴。防民之口，甚于防川。（大鼓掌）所谓'舆论'者，就是大众的意见，抬滑竿的（舆者）意见。

四、解放老百姓的头脑。内在的要除去听天由命、迷信、成见和幻想等等；外在的要除去那些'裹脚布'、'缠头布'（鼓掌）。我自入川以来，看到裹头布甚为流行。拿布来裹头固然要不得，可是还不打紧，而非布的（非物质的）裹头布呢，大概是传自意大利或者是日耳曼的（鼓掌，哄堂大笑），却一天紧过一天，如果人人都是'三寸金头'立在国际之间，似乎是太不体面的事吧！（大鼓掌）

五、解放我们的空间。我国近年来在各地设了许多民众教育馆，就'舘'字解释，将民众教育——社会教育关在一间房子里，不是'官舍'，便是'舍'中坐了一个'官'而已。如果将'舘'字写成'馆'，那也不过成了所谓'文化食堂'、'精神食堂'而已。我们办教育，应该力争做到让所有的老百姓都能各教所知、各学所好、各尽所能，为社会服务而将教育送到大自然、大社会、大森林中去。

六、解放我们的时间。赶考和赶路是同样要不得的。我们应该慢慢地走，然后才能吸收沿途中所接触的事物、所欣赏的风景。不致像学生赶考一样，结果是面黄肌瘦、腰驼背曲，恢复了我们老祖宗五十万年前伛偻状况的老样子，四肢伏地。"

这"六大解放"放在今天，条条都没过时，每一条都适用于现在。陶行知认为："真正的创造的社会教育，是要培养老百姓的创造力。"所以，这"六大解放"的最终目的，是解放老百姓的创造力。

演讲结尾，陶行知说："最后，还应着重指出：专制时代的创造是顺乎皇帝的意旨的，是仅限于少数人的。而今天，民主时代的创造，是给每个人以同等的创造的机会，是动员整个民族力量以创造民众的福禄寿喜的。民主的程度愈高，则创造愈开放、愈好。"

民主、解放、创造，是一个社会、一个国家、一个民族走向强盛的必要条件。对当代中国而言，通过民主，建设一个开放的社会，解放每一个人的创造力，最终"把中国建设成为富强民主文明和谐美丽的社会主义现代化强国"——这也是中国共产党确定基本路线的奋斗目标。

"民主时代的创造，是给每个人以同等的创造的机会。"在这方面，比起陶行知所处的时代，显然有了巨大的进步，毕竟我们现在是人民当家作主的社会主义国家。但对老百姓的"六大解放""给每个人以同等的创造的机会"，我们还有不短的路需要走。

2021年11月2日

让每一个孩子都能过自主的儿童节

在《民主的儿童节》一文中,陶行知对民主有一个非常通俗的解释:"民主没有深奥的意思,通俗点说:就是'大家有份'。在倒霉的时候是'有祸同当',在幸运的时候是'有福大家享',在平常的时候是'大家的事大家做,大家谈,大家想'。"

既然"大家有份",那么儿童节就应该是每一个儿童人人有份:"儿童节是全国儿童的儿童节,决不是少数儿童的儿童节。我们对于儿童幸福要做到全体儿童人人有份,才算是民主的儿童节。"

当时的儿童节是4月4日,按说那一天应该是每一个儿童都快乐。

然而,陶行知看到的是:"幸运的儿童是一年三百六十五天,天天过儿童节,四月四日,不过是加强的儿童节罢了。不幸的儿童,就连四月四日也与他们无关,他们在儿童节仍旧是擦皮鞋、拾狗屎、做苦工，挨饿、挨冻、挨打。饿、冻、打，便是他们所受的礼物。听戏、看电影、吃糖果、参加游艺会，没有他们的份。"

一个社会的文明程度，不是看国民对总统的态度，而是看他们对弱势群体的态度。和成人相比，儿童从总体上说处于弱势。因此，陶行知说："儿童的生活，是一面社会的镜子。"这面"镜子"映照出这个社会是否文明、是否民主。

70多年过去了，中国已经发生了翻天覆地的变化，"在儿童节仍旧是擦皮鞋、拾狗屎、做苦工，挨饿、挨冻、挨打"的儿童基本上已经没有了。但是，"儿童节"这三个字，对城里的孩子和乡下的孩子来说，或许含义并不一样。

在豆瓣网，我读到一篇作者署名为"孤独的汪"的短文——

> 贵州毕节，12岁的小青今天格外开心，因为今天是妈妈的生日。
>
> 为了准备这个开心的节日，小青提前数天准备，她到溪边捞起了渔网，抓了几条大鱼，打算给妈妈做一顿美味的鱼餐。
>
> 小青是家里老大，还有两个弟弟，妈妈前几年干农活不慎从二楼摔倒，从此就失去了干农活的能力；小青父亲在城外打工，家中的一切都压在了12岁的小青身上。
>
> 小青很懂事，放学回来会主动承担家务，在外面从不逗留过长的时间，她放心不下家中的妈妈。
>
> 美味的鱼餐做好了，辛劳过后，小青一阵欣慰，终于可以给妈妈一份生日礼物了。
>
> 这个时候，邻居的孩子也跑来家里吃饭，看着邻居孩子大口大口地吃鱼肉，她只寥寥地吃了几口，一个人跑到院子哭。

那是妈妈也舍不得吃的鱼肉。

平时在外,小青格外懂事,去别人家做客,家长不点头的时候,绝不会吃别人一点东西。

怎么邻居孩子就这么不懂事呢?

看着街上孩子拎着零食,她突然一阵心酸。

那种四块钱的酸奶,她没有喝过。

原来,并不是每个孩子都配过六一儿童节。

也是在毕节,2012年11月16日,5名儿童躲在垃圾箱里生火取暖,后因一氧化碳中毒而死亡;2015年6月9日,4名儿童在家中疑似农药中毒,经抢救无效死亡。这些孩子都有一个共同的身份:留守儿童。

因为无人照看而失去幼小生命的孩子毕竟是个别,这样的悲剧绝对是小概率事件,但依然让我们震惊。像小青这样的孩子在全国虽然不会是多数,然而绝非个别。

我想说的是,既然儿童"是一面社会的镜子",那么只要还存在极个别享受不到幸福童年的孩子,都是成人的失职,我们的国家就不能算真正的文明与富强。

每年一到儿童节,媒体就有关于儿童节铺天盖地的报道,但这些报道的主角往往都是城里的孩子,却少有乡下的孩子。渐渐地,儿童节成了"城市儿童节",好像大家也习惯了。然而,设立儿童节的初衷,就是保障儿童的种种权利——生命权、生存权、保健权、受教育权等。而被保障的应该是全体儿童,而不是部分——哪怕大部分——儿童。也就是说,每一个儿童,都应该被无差别地善待。

据民政部2018年的数据显示,目前全国共有农村留守儿童697万余人,96%的农村留守儿童由祖父母或外祖父母照顾。童年最需要的是陪伴，而这些孩子长期缺乏来自父母的温暖，必然产生孤独、烦躁、郁闷等情绪，甚至患上抑郁症。怎样让这些孩子不但能有一个快乐的儿童节，而且还能拥有一个幸福的童年，这是我们应该引起高度关注的问题。如陶行知所说："我们不但要为儿童争取一日之快乐，而且要为儿童争取长期之幸福。"

对城里孩子来说，儿童节其实很累，因为儿童节早已变味，变成了"演出节"。每到儿童节，几乎所有学校都要举行丰富多彩的文艺表演活动。应该承认，儿童节让孩子上台表演，这也是一种过节方式。这种方式能够让孩子快乐，而且成为永久的美好记忆。但凡事不要过分。现在的问题是，一些学校为了追求文艺节目的"档次"，不惜花费大量的时间（甚至停课）进行无休止的排练，往往还占用孩子的休息时间，放学后留在学校排练，回家很晚。这些表演还越来越豪华，服装、道具、灯光、舞台直追春晚，有的甚至直接搬到剧院演出，孩子就更累了。

这种情况好像也是有"传统"的，1934年儿童节后，陶行知也撰文批评道："这几天报纸上是充满了都市儿童的消息：纪念会，招待会，免费游览，减价买物，童子军检阅，送儿童玩具，给儿童糖果面包吃。这些是多多益善，谁都高兴。但中国儿童现在最需要的东西是什么？是动的机会！是自动的机会！是联合自动的机会！这'联合自动'是一件最可宝贵的礼物，应该用红纸包起来，送给每一个小孩子。"

什么是"自动"？就是孩子能够自己动起来，而不是大人的木偶，看似在动，却是按大人的意志在表演。陶行知举例说："在同一会场上另一小朋友的演说，却使我们有些失望。他要小朋友实行非礼勿视，非礼勿动。"这样的场面，今天不依然存在吗？小朋友按照老师的意志朗诵、演说、宣誓……演讲的稿子都必须事先交给老师审查，甚至就是老师写好了，孩子背下来就是了。不能按自己的想法说，按自己的想法动，因为

"非礼勿视,非礼勿动"。

陶行知追问:"礼是什么?朱子注解说礼是天理之节文。天理又是什么?……连孔子自己都拿不出证据来,何能取信于人呢?若说我们现在所提倡的不是古礼而是今礼,那么,今礼是哪几条?"

因此,陶行知尖锐地抨击道:"您若打破砂锅问(璺)到底,便知道'礼'这个字现在几乎等于代数学上的'X'——一个未知数。礼既是一个X,小孩子便无所适从。弄到后来,非礼勿视会变成一个光棍的'勿视',非礼勿动会变成一个光棍的'勿动'。勿视与勿动只是大人的乱命。小孩不视便是瞎孩子。小孩不动便是死孩子。非礼勿视,非礼勿言,非礼勿听,非礼勿动,是民族自杀的口号。"

我不得不联想到现在的儿童节。很多时候,围绕儿童节,社会各界会有许多"献爱心"活动,自然就少不了剪彩、奠基之类的仪式,这些都需要孩子们作为"主角"——实质上是"道具"——"配合",于是,每年儿童节,就是有些孩子最不自由也最苦不堪言的时候。

这样的儿童节,快乐何在?

我期待着,儿童节早日回到其本义上,这就是陶行知先生所说的:"儿童节是觉悟的大人为全体儿童争取幸福的节日。"

这样的儿童节,不但应该是属于每一个儿童的,而且应该是儿童自动自主的。

2021年11月2日

民主的教师应该有着怎样的资格?

陶行知1945年5月发表在《战时教育》第9卷第2期的《实施民主教育的提纲》,堪称民主教育的实施纲领。

民主,本来就是陶行知的终生追求。他年轻时代就是从创造民主国家的理想出发,投身教育,决心通过教育改造国民,以建立一个民主国家。到了20世纪40年代,他对民主和民主教育的思考越来越成熟,也越来越深刻。当把民主运用到教育方面来的时候,他就不只有理论的构思,还有行动的设想。这篇《实施民主教育的提纲》就是陶行知民主教育思想的结晶。

陶行知首先明确概念,对"旧民主"与"新民主"作了清晰的界定:"旧民主,是少数资产阶级作主,为少数人服务。新民主,是人民大众作主,为人民大众服务。"在这里,"人民大众作主,为人民大众服务",是新民主最本质的特质。

接下来,陶行知谈了民主之于教育的两层意义:"第一，民主的教育是民有、民治、民享的教育。'民有'的意义，是教育属于老百姓自己的。'民治'的意义，是教育由老百姓自己办的。……'民享'的意义，是教育为老百姓的需要而办的，并非如统治者为了使老百姓能看布告，便于管理，就使老百姓认识几个字。第二，民主的教育，必须办到各尽所能，各学所需，各教所知。"

陶行知接着谈了民主教育的对象或目的，就是针对所有人的教育，即"教育为公"，但又因材施教。他特别解释了"国民教育"与"人才教育"的"略有不同"之处："国民教育，是人人应当免费受教育；但如有特殊才能的，也应加以特殊的教育，使其才能能充分发挥，这就是人才教育。但人才教育并不是教他们升官发财，而是要他们将学得的东西贡献给大众，所以这也是'文化为公'。"我想到了陶行知所创办的晓庄师范与育才学校，前者是为人人受教育而办的国民教育，后者是为有某种专门天赋的孩子办的特殊教育。既"有教无类"，又"因材施教"。这二者的总和就是覆盖所有儿童的民主教育。

关于民主教育的方法，陶行知说："民主的教育方法，要使学生自动，而且要启发学生使能自觉，要客观，要科学，不限于一种，要多种多样，因材施教，要生活与教育联系起来。"他强调的是唤醒学生内在的自觉，客观而科学，因材施教，并与生活联系打通。这是陶行知一贯的教育主张。

为了让每一个孩子都能接受教育，他提出："学生不能来上课的可以送去教，'来者不拒，不能来者送上门去'，看牛的送到牛背上去，拾柴的送到柴山上去。这样'教育为公'才有办法。"

民主教育的方法，最终是要孩子走上创造的道路，因此陶行知又谈到了"六大解放"，他再次呼吁要解放孩子们的眼睛、双手、头脑、嘴巴、空间和时间。我多次读到陶行知在不同的演讲和文章中提到"六大解放"。为什么先生要如此不厌其烦地呼吁"六大解放"，这是从他的教育目的出发的必然主张。教育，从某种意义上说，就是释放人的创造力。

民主的教师应该有着怎样的资格？

陶行知办教育的初衷，就是培养健全的共和国民，让"中华民国"名副其实。而健全的国民必须要有健全的体格、自由的精神与创造的能力。但当时的现状却是儿童被束缚，没有自己的头脑、眼睛、双手、嘴巴、时间和空间，如果没有这"六大解放"，就谈不上真正的教育，更谈不上创造力的培养与发挥。一个孩子没有"六大解放"，就不能成为合格的公民；一个民族失去了创造力，就没有强盛的未来。

谁能够承担民主教育的重任？当然是具有民主精神的教师。那么民主的教师应该具备怎样的资格呢？陶行知认为，民主的教师，必须放下先生的架子，打破严格的师生界限，具有虚心、宽容、平等的品质，要与学生共甘苦，并且乐于跟民众学习，跟小孩子学习，等等。

我认为这几条依然值得今天的教师拿来审视自己。特别是"宽容"与"跟小孩子学习"，是现在许多教师最缺乏的。

所谓"宽容"，就是要了解、理解和谅解孩子的"不听话"，要包容他们的种种"缺点"——我这里之所以将"缺点"二字打上引号，就是儿童有他们特有的情感、想法和行为，有的"缺点"其实并非真正的缺点，而是儿童阶段必然有的特点。宽容的前提，是教师要懂孩子，甚至如陶行知多次说的那样，"我们要变成小孩"，只有宽容孩子，才能走进孩子；只有走进孩子，才能发现孩子；只有发现孩子，才能引导孩子——这就是民主的教师，这就是民主的教育。

而"跟小孩子学习"，这是民主师生关系的特征之一。从某种意义上说，教育就是关系的构建。有什么关系就有什么教育。好的关系就是好的教育，坏的关系就是坏的教育；彼此平等的师生关系就是民主的教育，上尊下卑的师生关系就是专制的教育。教师不应该把自己看作真理的化身与知识的源头，以为教育就是居高临下地管学生、训学生；而应该把自己视为和学生一道成长的同伴。既然"一道成长"，就应该彼此尊重，相互学习，共同进步。当然，就人生阅历和某些专业知识而言，一般来说，教师强于学生，但绝不意味着教师处处都优于学生，更不意味着教育就是单向的传授与灌输。陶行知说的"了解小孩子的需要，和小孩子共甘苦"，不应该是教师的故作谦虚的某种姿态，而应该是发自内心的常态行为。也就是说，师生之间的平等关系，不仅仅由教师的所谓"师德"决定，也是教师职业特点所蕴含的必然要求。教师在从事教育或教学时绝不可能是单向的，因为他面对的是同样有着思想感情精神世界的"人"，因此教育的实施必然是师生双向互动——学生向老师学习，教师也向学生学习。

写到这里，我想到了基础教育界流行一句话："蹲下来和孩子说话。"这对于过去教师伟岸地站在讲台上俯视学生无疑是一个进步。但我理解这句话中"蹲下来"的本意主要不是指"肢体的蹲下"而是"心灵的蹲下"，即教师要在心灵深处平视学生。不过，我特别想说明的是，所谓"蹲下来和孩子说话"不应该被视为一种"更高境界的师德"——如果"蹲下来"纯粹成了一种姿态，那说明教师的心并没有"蹲下来"，所谓肢体的"蹲下来"不过是居高临下的"平易近人"而已，骨子里还是把自己看得比学生高。应该说，陶行知先生所说的"跟小孩子学习""和小孩子共甘苦"更能体现出真正民主的师生关系。

此外，在《实施民主教育的提纲》中，陶行知还具体谈到了"民主教育的教材""民主教育的课程""民主教育的学制""民主教育的行政""民主的民众教育"和"民主教育的文字"。

陶行知当年所构思的民主教育提纲，按说完全可以用于今天的社会主义民主教育，但对照现实，我们不得不承认，今天的中国教育离陶行知所设想的民主教育还有不小的距离。

问题出在哪里呢？

2021年11月2日

"民主是一种新的生活方式"

"中国现在,自主席以至于校长教师,有意无意的,难是一个独裁。因为大家都是在专制的气氛中长大,为独作风所熏陶,没有学习过民主作风。"

陶行知这段话之尖锐,将当时中华民国的所有人——其是当权者一网打尽。读到这里,我不禁扪心自问:我是样的人吗?片刻反思之后,我不得不承认,无论我是多么尚民主的理念,但一不留心,我也会露出专制的尾巴。

在中国,自帝制被推翻走向共和以来,民主政治的发一直不顺利。原因当然很多很复杂,但有一个原因或许易被人忽略,那就是几乎没有人不呼唤民主,但几乎没人骨子里不希望自己独裁。所以陶行知说:"中国人受了千年之专制政治之压迫,几乎每个人一当了权便会仗权凌人。好像受了婆婆压迫的媳妇,一旦自己做了婆婆便会更加压迫她的媳妇。"

每一个中国人的内心深处都有一个小秦始皇，都有专制的倾向。陶行知认为，这是中国专制文化使然，无人幸免包括他自己："在中国，几乎每一个有权的人都是一个独裁，有大权的是大独裁，有小权的是小独裁。自主席以至于保甲长，都免不了有独裁的作风。就是我这个区区的校长，也不是例外，常常不知不觉的独断独行，违反了民主的精神。一经别人提醒，才豁然大悟。"

有意思的是，不少中国人总喜欢向别人要民主、争民主，却没有意识到自己是否是一个民主的公民。很多年前，我曾经和一个朋友聊到这个话题。他说："我一个老百姓，没有丝毫权力，想实行民主也不可能。"所以，他认为，民主都是当官的事，再说大一些，涉及国家政治体制，和一般老百姓没多大关系。

这是对民主的严重误解。民主的内涵其实很丰富。民主，首先是一种政治制度，通俗地说，是一种管理国家的方式，是能够保证公民行使权利参与管理国家的一种政体；它也是一种工作作风，所谓"广开言路""倾听人民的呼声"；它还是一种决策机制，所谓"少数服从多数"，或"遇事多商量（协商）"等。

但更重要的（也是容易被人忽略的）是，民主还是一种生活方式。

这是对民主更为深刻的理解。将民主看作一种个人的生活方式，即认为民主不只是一种形式或者说外在的东西，还是一种内在的修养。这种内在的修养体现于日常生活和与人交往的过程中：相信人性的潜能；相信每个人不分种族、肤色、性别、家庭背景、经济水平，其天性中都蕴含着发展的无限可能性；相信日常生活与工作中，人与人之间是能够和睦相处能够真诚合作的。民主的生活方式，意味着自由、平等、尊重、多元、宽容、妥协、协商、和平等观念浸透于社会的每一个角落，体现于生活的每一个细节。

要指出的是，作为一种生活方式的民主和作为政治制度的民主不是割裂的，更不是对立的，而是互为因果、相辅相成的。民主的政治制度需要社会土壤，这"土壤"便是民主的生活方式；同样，民主的生活方式需要制度保障，这个保障制度便是民主的政治制度。

在今天，我们尤其应该强调民主的生活方式对于民主制度的重要性，因为民主的政治制度与民主的生活方式之间的关系，实质上是政治体制与国民素质的关系。有学者指出："民主的道德基础是，人应该自由、平等、有尊严且自律，因而所有的成年公民都有参与政治生活的同等权利。"没有民主的道德基础，所谓民主制度不过是空中楼阁而已。

如此全面地理解民主的含义，你还能说民主和普通老百姓没有关系吗？

也正是在这个意义上，陶行知也指出："民主是一种新的生活方式，我们对于民主的生活还不习惯。但春天已来，我们必须脱去棉衣，穿上春装。我们必须在民主的新生活中学习民主，不但老百姓要学习民主，大大小小的领袖们都得学习民主。"

虽然民主与每一个人有关，但陶行知认为学习和践行民主还是得从"大大小小的领袖们"开始，因为他们引领着国家的风气与走向。所以，陶行知呼吁"领导者再教育"。他说："领袖们是已经毕过业了，还要学习吗？不错，还要学习，只有进了棺材才不要学习。他们虽然有些学问，但是他们从来没有学过民主，所以还要学习，还要学习民主。他们虽然受过教育，但是没有受过民主教育，所以还要再受教育，再受民主教育，把受过不合民主的教育从生活中肃清掉。"

领导的这种"再教育"如何进行呢？陶行知提了三点建议。

第一，反思自己，产生需要再教育的内在欲望，进而改变自己的生活。陶行知说："自己觉得既往的习惯不足以应付民主的要求，自己承认在民主的社会里做领袖和在专制的社会里做领袖是有了根本之不同，那么在本人的生活上也必须起根本的变化,才能适应客观之变化。……我们要在生活上起大的变化,才能应付民主政治所起的大变化。民主政治所起的变化是很大的。"这些变化包括承认并尊重人的不可侵犯的尊严与自由……

最关键的是,无论统治者还是老百姓,所有公民在权利面前人人平等:"自己要说话,也让别人说话,最好是大家商量。自己要做事,也让别人做事,最好是大家合作。自己要吃饭,也让别人吃饭,最好是大家有饭吃。自己要安全,也让别人安全,最好是大家平安。自己要长进,也让别人长进,最好是大家共同长进。"

第二,向各方学习。他说:"学习方法虽多,总靠自己虚心。随时随地愿听逆耳之言,和颜悦色地欢迎干部和别人的批评,有事先商量而后行,都很重要。民主先贤的传记著作如林肯、哲斐孙、汤佩恩的都能给我们有力的指示。国外民主国之游历,国内民主政治比较进步的地方的参观,都能帮助我们进步。但是,最重要的是在'做'上学,在实行民主上在发挥民主作风上,学习民主。"这里陶行知特别提出向国外的"民主先贤"学习,这显示了陶行知面向世界先进文明的胸襟。他骨子里是最中国的,但没有狭隘的民族主义偏见,只要对中国进步发展有利,都应该学习,以"帮助我们进步"。当然,他特别强调在"做"中学,不要成为叶公好龙的口头民主派。

第三,向老百姓学习。陶行知对平民大众尤其是底层的劳动人民有着天然的感情,他说:"我们最伟大的老师是老百姓,我们最要紧的是跟老百姓学习。我们要叫老百姓教导我们如何为他们服务。我们要钻进老百姓的队伍里去和老百姓共患难,彻底知道老百姓所要除的是什么痛苦,所要造的是什么幸福。"古往今来,从皇帝到某些大小官吏,都把老百姓和下属当作可以任意奴役和驱使的牛马,更别说普通老百姓了——那简直就是蚂蚁,然而,陶行知却奉老百姓为"最伟大的老师",要向他们学习和请教，和他们同甘共苦，听取他们的教诲以更好地为他们服务。对官员来说，这就是民主的生活方式。管理者习惯于这种生活方式，才可能有真正的民主政治。

在陶行知眼里，所有公民都是国家顶天立地的主人："民为贵。人民第一，一切为人民。"既然如此，推举出来的领导人怎么治理这个国家，当然得听主人的。这就是陶行知所追求的"人民大众作主，为人民大众服务"的"新民主"。

在逝世前两个多月的1946年5月10日，陶行知这样展望中国的民主前景："民主未得到之前，联合起来以争取民主为己任；人民基本自由得到之后，依据民主原则共同创造，创造新自己，创造新家庭、新学校、新中国、新世界。这是一种全新的生活方式，我们必须天天在实际的生活中学习，学习，再学习，才能习惯成自然，造成民主的作风。"

2021年11月3日

中国民主教育的先行者

毋庸讳言,中国的传统教育思想中是缺乏民主基因的。20世纪初的五四运动给中国教育注入了"民主与科学"的生机。针对几千年封建教育对人的个性的扼杀和心灵的戕害,"五四"时期一大批知识分子、思想家、文学家把"人的解放"鲜明地写在新文化运动和新教育建设的旗帜上。可以说,从某种意义上看,五四新文化运动也是中华民族的一场教育革新运动,也是一场"人的解放"的运动。可以说,"五四"思想先驱者们对教育改革的期待一开始就是着眼于人的心灵的发展。

今天,许多人在谈论民主教育的时候,往往感叹中国的教育理论缺乏真正意义上的民主思想。其实,陶行知就是民主教育的先行者,被毛泽东誉为"伟大的人民教育家"。

如果我们细细清理陶行知先生为我们留下的丰厚的教育遗产,那么我们就会强烈感受到他在教育实践中所体现出来的鲜明的民主精神。纵观中国教育史，我们甚至可以毫不夸张地说，陶行知是第一个明确提出并系统阐述"民主教育"的教育家。

翻开《陶行知教育文选》，我们会发现，陶行知关于民主教育的思想主要体现在以下五个方面——

第一，民主教育的对象是全体人民。

如果专制教育属于贵族教育、精英教育，那么民主教育属于平民教育、大众教育。在陶行知看来，所谓民主教育，首要的一条就是面对全体人民，即不但要让所有老百姓享受教育，而且培养的人也是为老百姓服务的。

因此，陶行知主张："教育为公以达到天下为公。全民教育以实现全民政治。积极方面，我们要求教育机会均等。对人说，无论男女老少贫富阶级信仰，以地方说，无论远近城乡都应有同等机会享受教育之权利。消极方面，我们反对党化教育，反对党有党办党享的教育，因为党化教育是把国家公器变做一党一派的工具。"

陶行知这里所反对的"党化教育"，指的是1927年"四一二"反革命事变后到中华人民共和国成立前以蒋介石为首的国民政府为培养替自己服务的"忠臣"和"顺民"而推行的封建法西斯教育，这是一种愚民教育。它的实质是把本来属于全体人民的教育变成了反动政府奴化人民的工具。陶行知当然旗帜鲜明地反对。

他明确指出："无论什么阶级，都要有受教育的机会。……民主教育是要力求农工劳苦阶级有机会受教育。……'教育为公'就是机会均等：入学时求学的机会均等，长进的机会均等，离校时复学的机会均等，失学时补习机会均等，而且老百姓有办学管教育的机会。"

应该说，现在我们早已实现九年义务教育了，有的地区还实现了12年义务教育，但我们的基础教育依然存在着人为的不均衡现象，在不少地方，存在着所谓"四大金刚""五朵金花"等"名校"，集中了优秀的师资和高档的设备，择校风愈演愈烈，屡禁不止。更有甚者，在某些地区还出现了一家独大的超级中学，这些公办学校不但垄断了优质的教育资源，还垄断了"优秀"（其实就是考分高）的生源……陶行知当年所期盼的"机会均等"远远还没有成为普遍的现实。这是我们教育者的耻辱！

第二，民主教育的目的是造就世界主人。

针对专制社会的顺民教育，陶行知旗帜鲜明地指出："民主教育是教人做主人，做自己的主人，做国家的主人，做世界的主人。""中华民国是一个公司，四万万五千万人联合起来做老板。男人是男老板，女人是女老板；大人是大老板，小孩是小老板。大家都是中华民国的老板，大家都是中华民国的主人。"

陶行知年轻时就立志造就共和公民，而公民首先应该是在精神上站起来的人，是国家义不容辞的主人。陶行知一直呼吁要解放孩子，让他们能够自由地想，自由地看，自由地说，自由地创造……唯有自由与创造，才是真正的主人。陶行知民主教育的目的始终是指向未来的民主社会的，封建专制教育说穿了就是培养奴才；而民主教育是培养主人，是高扬人的主体性的教育。因此，是训练奴才还是造就主人，可以看作是专制教育与民主教育的分水岭。

第三，民主教育的特征是培养学生的创造力。

过去的教育并不是不讲创造，但那时少数人垄断了创造的权利，而多数人被剥夺了创造的权利。陶行知这样分析道："创造的民主是动员全体的创造力，使每个人的创造力得到均等的机会，充分的发挥，并且发挥到最高峰，所以创造的民主必然与我以前所讲的民主的创造有关联。民主的创造，是要使多数人的创造力能够发挥。在专制时代，少数人也能创造，但多数人的创造的天才被埋没，或因穷困忙碌而不能发挥，即使发挥也会受千磨万折，受到极大的阻碍。民主的创造为大多数人创造，承认每一个人都得到创造的机会。这是与专制的创造不同的地方。"

特别要强调的是，陶行知提出的"培养创造力"是与他的民主社会理想直接联系的："培养创造力，以实现创造的民主和民主的创造。"

第四，民主教育的管理是提倡学生自治。

这也是从社会发展的趋势着眼的，因为民主社会必然呼唤公民的诞生，而公民的养成只能通过学校民主生活来实现。从民主教育的高度，陶行知特别提倡学生自治："我们可以下一个定义：'学生自治是学生结起团体来，大家学习自己管理自己的手续'；从学校这方面来说，就是'为学生预备种种机会，使学生能够大家组织起来，养成他们自己管理自己的能力'。"

当然，在陶行知看来，学生自治的意义绝不仅仅是"自己的事情自己做"，而是在民主生活中学会做公民："养成服从的人民，必须用专制的方法；养成共和的人民，必须用自治的方法。"无视学生的义务与权利，只许学生规规矩矩，不许学生"乱说乱动"，这是典型的教育专制主义。如此专制教育只能培养奴才。民主教育，应该培养的是具有民主精神与法治意识的公民。

第五，民主教育的教师应当具有民主作风。

陶行知把实现真正民主教育的希望寄托于具有民主素质的教师。他认为："民主的教师，必须具有：（一）虚心；（二）宽容；（三）与学生共甘苦；（四）跟民众学习；（五）跟小孩学习——这听来是很奇怪的，其实先生必须跟小孩子学，他才能了解小孩的需要，和小孩子共甘苦。并不是说完全跟小孩子学，而是说只有跟小孩子学，才能完成做民主教师的资格。否则即是专制教师。"作为民主的教师，最根本的是要尊重儿童的人权："我们应该承认儿童的人权。……我们解除儿童痛苦增进儿童福利，首先要尊重儿童的人权。"

同时，陶行知认为民主的教师还要善于走进儿童的心灵，这是民主教育的前提："我们应该了解儿童的能力需要。儿童有许多痛苦是由于父兄师长之不了解。不了解则有力无处用，有苦无处说。我们要知道儿童的能力需要，必须走进小孩队伍里去体验而后才能为小孩除苦造福。我们必须重生为小孩，不失其赤子之心，才能为儿童谋福利。"

在这个基础上，他特别强调师生平等和师生互学。他对教师说："人格要互相感化，习惯要互相锻炼。人只晓得先生感化学生、锻炼学生，而不知学生彼此感化锻炼和感化锻炼先生力量之大。先生与青年相处，不知不觉的，精神要年轻几岁，这是先生受学生的感化。学生质疑问难，先生学业片刻不能懈怠，是先生受学生的锻炼。"教师向学生学习，这是民主教育的题中应有之义。"教学相长"不应仅仅是知识上的互相学习，也应是人格上的互相促进与激励。

在陶行知看来，教师因学生而存在，教育因大众而存在。陶行知因此这样充满深情地说："教你的学生做先生。你跟学生学，是教导学生做你的先生。如果停止在这里，结果怕要弄到师生合作守知奴，于大众毫无关系。你必得进一步教你的学生去教别人。你必须教你的学生把真理公开给大众。你得教你的学生拿着真理的火把指点大众前进。……和学生站在一条战线上。教学不和学生站在一条战线上便不成为教师。……你若把你的生命放在学生的生命里，把你和你的学生的生命放在大众的生命里，这才算尽了教师的天职。"

陶行知关于民主教育的思想，当然不只上面五个方面，他在民主教育课程、方法、教材、学制等方面，都有精辟的见解。恕我孤陋寡闻，在我所涉猎的中外教育理论书籍中，我至今还没有看到有哪一位教育家，对民主教育有如此真诚、深刻而全面的论述。"陶行知"这个名字因此而成为中国教育的骄傲。20世纪的中国，也因为有了陶行知，便燃起了一把民主教育的思想火炬！

而且，这火炬至今还在燃烧并照耀着我们今天的教育——对照我们现在的许多不民主的教育弊端，我们不是可以感受到陶行知那穿越世纪的深邃目光吗？

陶行知当年是把民主与新中国联系在一起的："学习民主，帮助创造民主的新中国。民主的洪流，浪头已经到来，没有力量可以抵抗它。"是的，民主的洪流已经涌来，我们没有任何理由抵抗它。愿中国教育改革的有志者们，顺应这不可抗拒的历史潮流，把我们的教育带进新时代。

今天，重温陶行知先生的民主教育思想，其意义还不仅仅是用于对传统教育弊端的消极批判，更在于面向未来着眼于中国社会主义现代化教育理论与实践的积极建设。陶行知民主教育理论不但应该而且完全可以融入我们今天所正在实施的素质教育。他的民主教育思想，实际上已经体现了今天我们所倡导的素质教育的精神。所以，从这个意义上说，现在的素质教育是陶行知民主教育的继续与发展，或者说，我们今天的教育改革依然行进在陶行知教育思想的延长线上。

陶行知当年说："当前最大的任务，是普及民主教育，培养老百姓做主人，造成自由平等幸福的新中国。"

陶行知提出的这个"最大的任务"，我们完成了吗？

民主教育的最终目的，是人的解放——人的情感的解放，人的思想的解放，人的创造力的解放……一句话，人的个性的解放！这就是我们今天继承陶行知民主教育思想遗产的意义所在。

2021年11月3日

第一流的教育家需要怎样的土壤？

1919年4月21日，青年陶行知在《时报·教育周刊·世界教育新思潮》第9号发表了一篇文章，该专栏主笔特写了一段按语："陶先生，你讲的一席话，我读了便觉精神提了起来。这种话我久不听见了，可算是教育界福音。"

这篇文章的题目是《第一流的教育家》。当时不满28岁的陶行知后来成了中国第一流的教育家，而这位赞赏他的主编，后来也成了中国著名的教育家。他曾任国民政府第一任教育部长、行政院秘书长，后来担任北京大学校长，也是北大历史上任职时间最长的校长。他的名字叫蒋梦麟。

我不知道后来蒋梦麟任北大校长时，是否想到了当年读过的这篇文章。但当他在就任北大校长后所进行的改革，是符合文中说的第一流的教育家的品质："我们在教育界任事的人，如果想自立，想进步，就须胆量放大，将试验精神,向那未发明的新理贯射过去;不怕辛苦,不怕疲倦,不怕障碍,不怕失败,一心要把那教育的奥妙新理,一个个的发现出来。"蒋梦麟正式成为北大校长后,明确提出"教授治学,学生求学,职员治事,校长治校"的方针,雷厉风行地进行聘任制改革。在蒋梦麟的治校方针下,原属北大各学院的教务和事务等工作,改由学校秘书处和课业处负责,改变了过去教授兼任各种事务的现象,使教授得以专心治学与教学。同时他严格限制教师在校外兼课,使教授有充分时间研究和积蓄学问。

在蒋梦麟的铁腕手段下,解雇了不少北大教授,也因此挨了不少骂。有人称赞其为"有魄力、有担当"的校长。

陶行知在《第一流的教育家》中为"第一流的教育家"提出了两条标准:"敢探未发明的新理""敢入未开化的边疆"。他解释说:"敢探未发明的新理,即是创造精神;敢入未开化的边疆,即是开辟精神。创造时,目光要深;开辟时,目光要远。总起来说,创造、开辟都要有胆量。在教育界,有胆量创造的人,即是创造的教育家;有胆量开辟的人,即是开辟的教育家,都是第一流的人物。"这两条的实质都是勇于创造,锐意改革,敢为人先。无论陶行知还是蒋梦麟,这两点都做到了。

当然,1919年陶行知说"敢入未开化的边疆",是特有所指的。当年中国大地还有许多没有开发的边疆,那里贫瘠落后,亟须教育的阳光雨露,但许多从事教育的人往往都集中在城市。"试将各学校的同学录拿来一看,毕业生多半是在本地服务,那在外省服务的,已经不可多得,边疆更不必说了。一般有志办学的人,也专门在有学校的地方凑热闹,把那边疆和内陆的教育,都置在度外。"所以,陶行知呼吁有志于教育的人,应该眼光远大,把整个中国装在心里。

对刚过去的一百年的中国来说,20世纪上半叶显然是一个教育家群星璀璨的时代,不用我举例,一说到民国时期的教育家,许多人脑子里都会浮现出很多闪亮的名字。70多年过去了,这些教育家的思想还一直影响着我们,他们思想的光辉至今还照耀着中国的教育。

相比之下,中国20世纪下半叶则是呼唤教育家的时代,这种呼唤一直延续到现在。今天,全国上下都在呼唤教育家,连国务院前总理温家宝也多次呼吁"教育家办学",于是各级教育行政部门也推出了诸如"人民教育家培养工程"之类的举措。

人们呼唤教育家,其实是呼唤更多具有教育家品质的人。说到教育家的品质——也可以换一个词,叫"素养"。这当然又是一个见仁见智的问题,很难统一,更不可能通过"红头文件"来规定。但关于"教育家",总还是有一些约定俗成的公认标准的。陶行知当年有两个标准:"创造精神"和"开辟精神",我认为这两个标准至今仍然没有过时,但需要补充。

在我看来,教育家首先是教育者但又不是一般的教育者。纵观大家所公认的教育家,我认为,他们至少应该有以下几个品质——

有超越世俗的高远追求。把教师当作职业还是事业,这是教育家与一般教育者最根本的区别。教育家对教育有一种宗教般的情怀。陶行知即如此,他以自己身体力行的实践,向孩子们也向他所热爱的老百姓捧出了他的一颗心。他本来已是一位大学教授、教务主任,但为了要改造中国的教育,为了要使全中国人民都受到教育,他毅然脱下西装,抛弃大学教授的优裕生活,穿上布衣草履,奔赴乡村,面向中国最广泛的社会生活,为中国最下层的劳动人民从事着他最神圣的教育事业。这种面向社会底层而又超越世俗的精神,正是陶行知成为教育家的原因之一。

有富有创见的教育思想。无论是严复、蔡元培,还是张伯苓、晏阳初,可以说这些真正的教育家首先是思想家。创新是教育永恒的主题,而"创新"首先是"思想创新"。只有个性才能造就个性,只有思想才能点燃思想。让没有思想的教师去培养富有创造性素质的一代新人,是不可思议的；而没有自己的思想的教育者要成为教育家，更是不可能的。作为教育者，我们在尊重并继承古今中外一切优秀教育理论与传统的同时，理应以追求科学、坚持真理的胆识，辨析其中可能存在的错误之处；即使是向当今公认的教育专家学习，也不应不加分析地盲目照搬，而应经过自己的头脑，结合自己的实际情况消化、吸收；甚至对一些似乎已有定论的教育结论，我们也可以根据新的实际、新的理论予以重新的认识与研究，或修正，或补充，或发展。乐于思考，敢于怀疑，不迷信权威，是教育家不可或缺的思想素质。

有百科全书式的学识素养。由于种种原因，我国现在的中青年教育者普遍存在着知识结构和文化底蕴先天不足的弱点，无论是对传统的国学精华还是对当代的世界文化，都缺乏深厚的功底。的确，就学养而言，我们现在很难找到一位蔡元培式的校长、朱自清式的中学教师或叶圣陶式的小学教师了。这也是我国70多年来至今没有涌现出一流教育家的原因之一。一位真正的教育家，同时应该是一棵"文化大树"。回望民国时期的教育家，他们的学养堪称"百科全书"。他们往往能够担任中小学几乎所有课程的教学。那时候，一个小学教师去教大学，或者说一个大学教师去教小学，进退自如——一来不存在知识的障碍，二来社会也不会认为有什么怪异。因此当时所有大教育家无一不是百科全书式的知识巨人。因为只有站在人类文化的高峰，才可能有恢宏的视野、开阔的胸襟和创新的平台。

有长期的第一线教育实践。我们往往把"教育学家"或者说"教育理论家"与教育家混为一谈。客观地说，中国不缺乏"教育学家"。几十年来，特别是近20年来，涌现出的各种教育观点、教育理论不可胜数。但是，教育家首先是身体力行的教育实践者，他往往有属于自己的教育实践基地——学校。因此许多教育家往往总是与一所学校相联系，比如严复与北洋水师、蔡元培与北京大学、张伯苓与南开学校、陶行知与晓庄学校、经亨颐与春晖中学、陈鹤琴与鼓楼幼稚园、黄炎培与中华职业学校……即使没有自己固定的学校，也必须有丰富的一线教育实践，比如晏阳初的平民教育实践、钱穆的小学中学和大学教育生活，等等。书斋里也许可以产生"教育理论"，但是绝对产生不了教育家。没有和教育对象——学生面对面的接触、心与心的交流，是不可能成为真正的教育家的。

教育家的品质当然远远不只这些，我们还可以说出更多，但至少包括了这四点。

在我心目中，教育家是一个很神圣的身份，是不能随便降低标准的。近几年，人们爱用"教育家"来称呼一些教育专家，还说既然办了个厂的人都可以叫"企业家"，唱红了一首歌的人都可以叫"歌唱家"，为什么我们不能把办好一所学校的人叫"教育家"呢？对不起，在我心目中，"教育家"这三个字，其含金量远远高于"歌唱家""企业家"。一个国家最根本的希望和所有事业兴旺发达的可持续动力在教育，因此"教育家"的标准或者说门槛，就是应该比其他"家"要高一些。

为什么这么多年来，中国再没出现大教育家呢？——当然不能说一个教育家都没有，但我说的是像蔡元培、陶行知、晏阳初那样的大教育家，的确至今没有诞生。原因可以找到很多——政治的、经济的、文化的、社会的等。

从这个意义上，请允许我"偏激"一点说，只有尽可能给教育者以思想和创造的条件，陶行知当年所呼唤的"第一流的教育家"自然源源不断，层出不穷。

2021年11月4日

中国需要怎样的教师？

陶行知在1934年12月一次"关于现代教育的几个实际问题"的演讲中，专门谈到了乡村小学校长和教师应该具备的几个条件。虽然时间过去了近九十年，虽然陶行知当年谈的是乡村小学校长和教师，但用这些条件来打量或者说要求今天的教师（包括校长，因为校长也是教师），同样适用。

陶行知说："作乡村小学校长和教师的，应当具备下列几个条件：1.要认定不是代替传统教育来麻醉大众和小孩子的；换句话说，是要为他们谋福利的。……2.要有健康的体魄。……3.要有农人的身手。……4.要有科学的头脑。……5.要有艺术的精神。……6.要有社会改进的精神。"

实际上，在那之前的1926年，陶行知已经说过："好的乡村教师第一有农夫的身手，第二有科学的头脑，第三有改造社会的精神。他足迹所到的地方，一年能使学校气象生动，二年能使社会信仰教育，三年能使科学农业著效，四年能使村自治告成，五年能使活的教育普及，十年能使荒山成林，废人生利。这种教师就是改造乡村生活的灵魂。"

1931年9月10日，他撰文将这三条要求扩展到所有教师："我们认为新时代的教师，应具三种条件：一是科学的头脑，二是劳动的身手，三是改造社会的精神。"

几年后，陶行知对乡村教师的条件，由原来三条增加到了六条。

必须指出的是，陶行知所列的这六条，无一不是针对着当时的现状。比如要求教师具备"农人的身手"，是因为从事乡村教育的教师必须和农民打成一片，甚至把自己变成农民，不然会闹笑话。"比如你初次下乡，把韭菜当作麦子，自然会成笑话。那么，你首先应拜农人作先生；因为你必得拜农人作先生后，才能作农人的先生。"要有科学的头脑，是因为当时农村盛行迷信，科学思想非常薄弱，教师自己非有科学的头脑不可，用科学去改变民众迷信的头脑。所谓"艺术的精神"，是说在农村办学，"房子要好看，必得要艺术化方行。不过这里所谓艺术，是要不花钱的艺术。换句话说，就是要天然美。"如果教师没有艺术的精神显然是不行的。

历史发展到了今天，我们的时代显然也发生了变化，但陶行知当年所提的教师要求，并没过时；尤其是第一条和第六条，依然有着强烈的现实针对性。

第一条的重点，是教师要有为大众服务的情怀。陶行知的原话是："要认定不是代替传统教育来麻醉大众和小孩子的；换句话说，是要为他们谋福利的。"当然，所谓"谋福利"包括了帮助大众和小孩，作为先进文化的传播者，教师要用科学武装他们的头脑，用艺术美化他们的生活，让他们从愚昧走向文明。陶行知说："也就是要帮助小孩子，使之成为前进的小孩子；帮助大众，使之成为前进的大众。"他曾经在给儿子的信中勉励道："到最需要的地方，最有组织的地方，最信仰民为贵的地方去作最有效的贡献。"

这一条拿到今天来说，每一位教师应该问问自己："我"有没有为大众服务的心？有没有自觉为学生传递人类精神文明之光的使命感？说到"为大众服务""传递文明"之类，我估计有的老师会很反感，他们认为"教师从事的只是一个普通的职业""别给我们戴高帽子，我们没那么神圣"！对此，我则不敢苟同。作为一个职业，教师的确有普通的一面，比如有职业规范，也有入职门槛；要职业技能，也要领取报酬……但教师这个职业更有其"不普通"的一面，那就是——教师担负着教书育人的使命！注意，我这里之所以说是"使命"而不是"任务"，是因为"使命"比"任务"更神圣，更崇高，更事关一个人乃至一个民族的未来！我们完全不用怕"不接地气"便讳言教育的神圣、崇高与伟大。陶行知说得非常明确："老实说，中小学教师手里，实掌握着中华民族的命运。"当你在填报师范专业时，就自动默认了教师这个职业的非同一般职业的使命。

第六条"要有社会改进的精神"今天更具现实意义。我多次说过，陶行知是把教育当作实现他的社会理想的途径。他的社会理想就是改造中国社会。其实，教育本身就意味着进步与发展，意味着推动历史。教师，是知识分子。传递文明火把，推动社会进步是知识分子的天职。中国正走在实现中华民族伟大复兴的中国梦征程上，需要一批乃至一代把教育当作事业而不仅仅是谋生饭碗的教育者。

现在不少教师都抱怨社会"不尊重教师""我们一点尊严都没有"。的确，现在社会上尊师重教的风气的确大不如从前，原因很多，但不可忽视的是，一些教师庸俗不配值得尊敬也是其中的一个重要原因。

那教师的尊严究竟源于何处？

吴非曾与我谈到教师的风气："教师是否被学生真心尊重，关键还是看教师自己。教师的一言一行都被学生看着呐！"他很自豪地谈到他所在的语文组："我们语文组有几位年轻老师真不错，庄敬自强，有真正的教师修养，他们有一个共同的特点：不苟且！"

当时听到这里，我心里一震："不苟且"这三个字太有分量了，撞击着我的心。我说："不苟且，意味着抵御外在的诱惑，坚守内心的良知，不管社会风气如何，决不放弃应有的理想、情操和气节！"

他说："是的，教师不能放弃理想。人生在世，吃的穿的用的，能够花费多少钱呢？够用就行了。不能因为过分追求物质，而放弃了精神追求。"

吴非所说的"不苟且"是一种灵魂散发出的芬芳。说到底，教师的尊严正是来自高贵的心灵——

厚实的学问，儒雅的修养，崇高的理想，赤诚的爱心，纯洁的童真，丰富的智慧，宽阔的胸襟，凌云的气节，伟岸的风骨，朴素的良知，自由的精神……构成了教师高贵心灵的全部内涵。

陶行知曾这样警告教师失职的危险与危害："如果教师们还是因循守旧，苟且偷安，把纯洁的青年、活泼的小孩，教成无用的游民与记定理的书痴，民族前途将成绝望。是即辜负国家付托之重，亦即为新时代无可逃遁的罪人。"

这些话振聋发聩！

只有从这个意义上，我们才能真正理解陶行知当年对教师提的几条标准。今天的我们只有做到了这几条，才对得起"教师"这个称号。

2021年11月5日

"校长是一个学校的灵魂"

前不久一条新闻引爆舆论：一个以每年高考"北清率"高得令人目瞪口呆因而堪称"名冠华夏"的某著名中学的校长，居然冒着风险违规将其儿子送到西藏读高中并参加高考，最后事情败露，舆论哗然。

这条真实的新闻至少说明一点，那个所谓"牛校"并不是真牛。道理很简单，连校长都不愿意让自己的孩子读的学校，怎么算是"好学校"呢？

也许有人会说我这个衡量学校是否办好的标准很荒唐。遗憾的是，这不是我的标准，是陶行知的标准。

陶行知对一个学校是否办好了，有一个独特的检验："只希望大家把学校办到一个地步——情愿送亲子弟入校求学，就算好了。前清往往有办学的人不令子弟入学，时论以为不恕。现今主持省县教育者，亦颇有以子弟无好学校进为虑，甚至送入外人设立的学校肄业，真正令人不解。我要有一句话奉劝办学同志，这句话就是：'待学生如亲子弟。'"

以这个标准看，那所学校显然不是"好学校"，其校长也不能被称作"好校长"。因为办好一所学校的关键是要有一个好的校长。这也是陶行知的观点——当然，陶行知说的不过是常识。

"校长是一个学校的灵魂。要想评论一个学校，先要评论他的校长。"这是陶行知参观了南京燕子矶国民学校后，有感于该校丁校长改变学校的成就而发出的感慨。

这话放在今天，依然适用。

教育界多年来推崇一句话："一个好校长就是一所好学校。"

当然，也有人对这句话不以为然，认为过于夸大了校长的作用。把一所学校的好坏完全寄托于校长一身，是危险的。一个学校最重要的还是教师，没有一支高素质的教师队伍，校长再有能耐，也是光杆司令，何况"铁打的教师流水的校长"，所以"一拨好教师才是一所好学校"。还有人认为，离开了科学先进的思想，校长和教师再有本事，学校也办不好，因此"一个好理念才是一所好学校"。还有人认为，好的管理机制才是好的学校，好的文化建设才是好的学校，制度比人更重要，只有好的制度才能保证学校长期而稳定的发展，所以"一个好制度才是一所好学校"。甚至我还听有校长公开说"一批好生源，就是一所好学校"……这样说下去，没完没了。

这些说法不能说不对，站在说话者的角度都有道理——包括那位鼓吹"好生源就是好学校"的校长，从某些地区的教育现实来说，的确不算胡说。但任何命题都是有条件的，都是站在"某种意义上"说的。我们说"一个好校长就是一所好学校"，没有忽视学校教师的重要性，也没有否认理念和制度的关键性，而是强调校长对一个学校的决定性作用。毕竟，办学方向的确立、教育理念的学习、教师队伍的提升、学校文化的营造、管理制度的建设、课程改革的推进……都取决于一校之长的情怀、境界、思想、格局、智慧。真正好的校长，能够带出一支好的队伍，也能够建设起好的制度，并形成一个学校得以继续向前良好发展的文化传统。

何况，陶行知在《做整个的校长》中还曾说："国家把整个的学校交给你，要你用整个的心去做整个的校长。"你看，校长肩上扛着国家所托付的"整个的学校"，其重要性怎么说都不过分吧？

顺便说一下，目前有不少校长都是兼职。比如教育局局长兼某一学校的校长，或者在担任某所学校校长的同时又兼任另一所学校的校长，或某教育集团总校长又兼下面某所成员学校的校长……在陶行知的时代也有这种情况，他是坚决反对的。陶行知认为，一个人的精力毕竟有限，而做校长必须全身心地投入，那种"兼任"的校长是不可能集中精力做好校长的。他说："我希望现在以总长兼校长的诸公都自动地辞去总长或校长，以校长兼校长的诸公都自动地以担任一校校长为限。……总之，为国家教育计，为个人精力计，一个人只可担任一个学校校长。整个的学校应当有整个的校长，不应当有命分式的校长。"

一个校长有着如此不可替代的重要性。从这个意义上说，"一个好校长就是一所好学校"是没有错的。这是陶行知当年所说"校长是一个学校的灵魂。要想评论一个学校，先要评论他的校长"的另一种表达。

我还想起了苏霍姆林斯基的一句关于校长的名言："（校长）领导学校，首先是教育思想上的领导，其次才是行政上的领导。"苏霍姆林斯基这里所说的"教育思想"，不就是陶行知说的"一个学校的灵魂"吗？

想想，没有陶行知的"灵魂"，哪有晓庄学校、育才学校？再看当代，几乎每一所名校都和一位校长相联系：山东杜郎口中学和崔其升、北京十一学校和李希贵、上海建平中学和冯恩洪、深圳明德实验学校和程红兵、杭州二中和叶翠微、南京市行知小学和杨瑞清、云南丽江华坪女子高中和张桂梅、江苏江阴市华士实验学校和吴辰……如果我要继续列下去，这份名单会很长很长。

作为"一个学校的灵魂",校长应该是怎样的呢?

前面讲到的,陶行知在《第一流的教育家》中对"第一流的教育家"的两条标准完全适用于对校长的要求,因为一个有追求的校长必然具有教育家的情怀。

当然,在陶行知的著作中,专门论述校长的并不多。但我从陶行知的校长实践和他的办学思想中,能够感悟到他对"校长灵魂"的期待——

第一,要有全部身心奉献教育服务儿童的情操。什么叫全部身心奉献? 1945年12月8日,他在病榻上写下一首题为《我们是武训的队伍》,其中有这样两句:"只要是为苦孩子造福,我们讨饭也干!……只要是为老百姓造福,我们吃草也干!"为孩子、为百姓,讨饭吃草也心甘情愿,这就是陶行知的人格境界,也应该是所有校长的教育情怀。我当校长时,对每一位副校长和中层干部都这样说:"当了干部,就别想从这个位置上谋取点什么工资以外的个人好处。"每次和待提拔的新干部谈话时,我也是这样说的。

第二,要有自己明确的办学思想。这个办学思想很简单,就是作为校长要问问自己,我要办一所怎样的学校?陶行知先后当了十年校长,办学主张一直很鲜明,就是他的"生活教育"。在《我之学校观》中,他明确提出:"学校以生活为中心。"他当校长所做的一切,都是打破教育与生活的界限,打通学校与社会的隔离。为此,他提出了"教学做合一"的主张,让孩子在生活中,将教学做融为一体,变成一件事。生活教育成为陶行知对中国教育理论和实践的伟大贡献。而我们现在不少校长,要么是亦步亦趋地跟着上级文件走,上面说什么他就说什么,毫无自己的教育思想;要么是脱离实际追求所谓"特色""创新"。这些校长,脑子里倒是装了许多领导的"最新指示"和一拨又一拨的时髦概念,但就是没有自己的办学主张。

第三,要善于打造教师队伍。陶行知当年创办晓庄学校,目的是为乡村教育培养教师,因此他对培养师范生倾注了大量心血,对未来的教师提出了许多要求。比如,要有正确的儿童观,要把儿童当儿童,而不要当成大人:"我们教育儿童,第一步就要承认儿童是活的,要按照儿童的心理进行。"要发自内心地爱儿童,而爱儿童的前提是理解儿童:"我们必须重生为小孩,不失其赤子之心,才能为儿童谋福利。"他要求从事乡村改造的教师必须要有农人的身手,和农民打成一片,向农民学习:"首先应拜农人作先生;因为你必得拜农人作先生后,才能作农人的先生。"他要求老师们多看书:"我们现要希望教育成活的,当教员的就要多看书——多看些活的书,好去供给学生的需要,养成新而且活的学生。"

第四,校长要直接和孩子打交道。陶行知特别爱孩子,他喜欢和孩子一起玩,直接倾听孩子的心声,经常和孩子谈心。同时,他主张全校教师都必须和孩子共同生活:"学校里师生应当相依为命,不能生隔阂,更不能分阶级。人格要互相感化,习惯要互相锻炼。人只晓得先生感化学生,锻炼学生,而不知学生彼此感化锻炼和感化锻炼先生力量之大。先生与青年相处,不知不觉的,精神要年轻几岁,这是先生受学生的感化。学生质疑问难,先生学业片刻不能懈怠,是先生受学生的锻炼。"我想到了苏霍姆林斯基曾把校长称作"主要教育者",他说:"如果主要教育者只是教别人怎样教育而不直接接触孩子,他就不再是一个教育者了。"我在成都武侯实验中学当校长时,明确向全校孩子说:"我一定做一个同学们不怕的校长!"后来我做到了。每当我走进校园,四面八方的问候扑面而来:"李老师,您好!"那是我最幸福的时刻。

第五,民主办学,学生自治。陶行知将民主思想运用在学校管理上,便是让师生成为学校的主人,让他们自我管理,尤其提倡学生自治。学生自治是学校管理民主化的重要体现。陶行知所提倡的"学生自治"有三层意思:"学生"是指全体学生;"自治"是指自己管理自己;"学生自治"是一种学习自治的过程。这不仅仅是学校内部管理的一项改革，也不只是简单地让学生自己管理自己，以减少学校管理的"麻烦"，陶行知更深远的目的在于为民主社会培养具有自治能力、共和精神的公民。这是怎样一种思想远见和教育境界？

……

校长的"灵魂"当然不只我上面归纳的那几方面，我们还可以列出很多很多。但无论如何，一个谋划着学校发展、决定着教师幸福、关系着孩子未来的校长，应该尽可能让自己的灵魂丰满而纯洁。

纵观陶行知的办学经历，他先后担任安徽南京公学、晓庄学校、山海工学团、育才学校、社会大学等学校的校长。随着实践的丰富和时代的变化，他的教育思想在不断发展和深化，但他对儿童的爱和对人民的奉献精神没有变，直到他生命的最后一刻，他的初心依然一尘不染。

我曾经说过，从事教育的最高精神境界是宗教。我知道教育当然并非宗教，但我的意思是说，总有一些让我们热泪盈眶的教育者，他们对教育有着宗教般的信仰。

陶行知便是如此。他早年曾经信奉基督教，一度还是基督徒。1912年12月，21岁的金陵大学学生陶行知曾这样自述信仰："约有四年了，我的心灵一直是个战场。耶稣基督和撒旦为占有它而战。耶稣最终赢得胜利。自这一刻起，我成为他的追随者。"虽然陶行知后来放弃了基督教信仰，但基督的博爱思想和献身精神已经深入他的骨髓，化作他的人格。他正是以宗教般的情怀办教育、当校长，他的灵魂是爱的灵魂。

那么，今天中国的每一位校长都应该问问自己——

"我"有没有这样的"灵魂"？

2021年11月6日

"日记是我们一天心灵的写真"

从生活教育的理论出发，陶行知既反对脱离实际的读死书，也反对背离心灵的写死文。他主张读活的书，也写活的文。无论读书还是写作，都是生活的"工具"。

陶行知说："你们的日记，便是学做文章的一个最好方法！日记是我们一天心灵的写真——每天不同的生活，要我们写出来，我们要应付这种要求，便自然的产生出活的文章。我们做小学教员的人，将来是要写些儿童文学给儿童看，写些民众文学给民众看，都是要此时练习成功的。所以每天日记，要把亲耳所听，亲目所见，亲手所作的发表出来。每天的生活不同，就能够使每天的文字不同。要有活的日记就要有活的文字记载。进步一定比以前死的'作文'当然好得多。"

这是对小学教师的要求。他认为，小学教师应该学会写儿童文学，写民众文学，以文学去影响儿童和民众。而日记是一种最好的练笔方式。在他看来，日记是一个人心灵的写真，每天的生活不同，所记载的文字也不同，但这些日记是活的文字。

我想到了自己的教育日记，或许这些日记对于我成长的意义，可以成为陶行知这段话富有说服力的论据。

从教几十年，我已经出版了八十余部作品，每一本作品都呈现了我有声有色有滋有味的教育生活。可以毫不夸张地说，正是因为我不停地记录，我留下了自己许多真实而生动的教育故事，而如果离开了写作，我的教育历程中许多精彩的瞬间都将消失。

我从参加教育工作起，就开始写教育日记。我的教育日记以夹叙夹议的故事为主，记录我的班级和课堂发生的事以及我的思考。同时每天我还会写备忘录式的生活日记，文字简洁，就是"流水账"。我的教育日记最初是用钢笔写在本子上——这些记录我青春的文字至今还沉睡在那些已经发黄的备课本里。后来学会了电脑写作，我便将有意义也有意思的一些片段发到网上——最早是教育在线论坛，后来是新浪博客。于是，每天都有数万网友读我的教育日记。许多网友对我说，读我的日记成了他们每天晚上的精神享受，他们和我一起关注我的学生和我班的成长。

曾有网友问我："天天写这么长的日记，你是如何坚持下来的？我真佩服你的毅力！"其实我不觉得这需要什么"毅力"，因为这是我本身的"需要"，而这种"需要"已经变成了习惯，就像每天再忙也要洗脸刷牙一样——难道每天坚持洗脸刷牙还需要毅力吗？写这些日记，并不像有的老师想象的那么"累"，那么"苦"，那么"坚忍不拔"，因为用文字记录自己和学生每一天的成长，实在是一件非常有意思的事！

注意：这里，我没有说"有意义"而是说"有意思"——有意义当然是不言而喻的，但首先是"有意思"！你想想，夜深人静的时候，我一边回忆着当天发生的事，一边在键盘上一个字一个字地敲下来，清脆的键盘声宛如生命时钟的秒针在嘀嗒嘀嗒地跳舞,同时我也就细切地感受着生命原来是这样有韵有味地流过!我记录的也是学生成长的过程,因此写的同时我的确是在真切地谛听着"花开的声音"。我和学生那"逝者如斯"的生命之水连同无数朵晶莹的生活浪花,便因为我的日记而永远地凝固了下来。若干年后,我们共同翻开这些文字,便会回到那一个个阳光灿烂的日子,学生会因此而青春永驻,我会因此而生命不老。这,难道不是一件很有意思的事吗?

不少老师难以理解我写日记的时间是从哪儿来的,因为我除了当班主任,还要教语文,有几年还担任着学校的行政管理工作。此外,还有一些社会活动。其实,我写日记的时间无非就是见缝插针挤出来的。我电脑写作非常熟练,一小时写两千多三千字很是轻松,我的好多日记都是断断续续写完的,课间十分钟我都可以在电脑上敲几百字,有几篇日记我甚至是在万米高空的飞机上写成的。

如果说我的日记生动形象、"可读性强",那首先是因为教育过程本身便充满了魅力。我在写日记的时候,一直遵循一个原则:绝对的真实。无论是对班集体建设的宏观规划,还是对每一位学生的个别引导,我当然都有明确的教育意图和期待,但对于教育过程的客观走向,我不预设任何理想的结果。换句话说,我在写日记的时候,只看"当天"发生了什么我便记录什么,绝不会为了主观希望达到的什么教育效果,而通过编造提前埋下什么"伏笔"或者做一些什么"铺垫";也不会为了前面的"伏笔"或"铺垫",而再人为地在后面来个什么"前后呼应"。

班集体的发展和学生的成长,是一个跌宕起伏、有时候甚至是惊心动魄的过程。比如,面对一个后进生,无论多聪明的教育者,也无法预料明天他会给自己惹出什么祸事。也正是在这个意义上,我说过:"教育,每天都充满悬念!"这里的"悬念",主要就是我们通常所说的"教育的难题"。期待着每一天的"悬念",进而研究、解决不期而遇的"悬念",并享受解开"悬念"后的喜悦,然后又期待着下一个"悬念"……如此周而复始,这便是教育过程的无穷魅力!我所记录的文字自然就有了"可读性"。

忠于每一天的教育现场——真实的人物、故事、细节、环境、气氛、成功、挫折等,同时也忠于每一天的教育感悟——真诚的反思、剖析、体味、感动、喜悦、困惑、焦虑等,这使我几十年的日记所记录的无数多个"生活横截面",成为一部波澜起伏乃至扣人心弦的"教育诗"!

现在,我被人称作所谓"专家",其实是写作成就了我。我在外面作报告,常常对老师们说:"我并不比你们强多少。对学生的爱心、对教育的情感,我有你们也有;论实践,你们做得并不比我少;论思考,你们想得并不比我浅;论阅读,我不敢说我一定比你们更广博;论智慧,我不敢说我一定比你们更丰富……但为什么我成了你们眼中所谓的'专家'呢?那就是我有一点肯定比你们强——我一直在写,每天都在记录自己真实的生活和心灵。几十年这么写下来,我就成了你们眼中的'专家'。"

我当校长时曾对我校的年轻老师说:"写作不仅仅是客观的记录,还伴随着反思、提炼、梳理、总结、升华……模糊的变得真切,纷乱的变得清晰,被动的变成主动,偶然的变成必然。所以我说过,写作不仅仅是写作,还是基于实践的反思;只有精彩地做才能精彩地写,而精彩地写又能促使自己更加精彩地去做。真正的名师便是这样自然而然诞生的。"

对于年轻教师而言,得心应手的写作能力也许不是一开始就具备的,但完全可以通过写日记开始,逐步提高自己的写作能力。也就是说,不一定是因为写作能力强才写,而是通过不停地写来提高写作能力。

"日记是我们一天心灵的写真"。今天,重读陶行知这句话,我又有了新的感悟。固然,陶行知这话是对小学老师的写作要求,但其实任何学段的教师都应该有写作的习惯，都应该拿起笔来记录自己真实的教育生活。写作，应该是每一个教师必备的专业能力。就像很难设想一个不读书的人能够教书一样，一个不会也不爱写作的人，同样难以成为一个真正的教育者。

2021年11月6日

教育首先是心灵的艺术

无数次读过陶行知这段话，每次读它都令我心潮澎湃，感动不已——

> 要想完成乡村教育的使命，属于什么计划方法都是次要的，那超过一切的条件是同志们肯不肯把整个的心献给乡村人民和儿童。真教育是心心相印的活动。唯独从心里发出来的，才能打到心的深处。

这是陶行知当年对晓庄师范全体师生说的一番话，今天读来，感觉这是陶行知对中国的每一位教师的殷切叮咛。

前不久，我去一个小县城讲学。这个地方教育相对不是那么发达，但当地人说，最近县政府引进了一个著名的"教育品牌"，即闻名全国的某名校来办分校，校名叫"××中学××实验学校"——前一个"××"就是那所名校的校名，后一个"××"就是该县县名；县政府划出了两百多亩地，准备投入几个亿，高标准建学校，并面向全国高薪招聘名校长和名师。

我知道，这是许多新建学校的"常态"。一说起办学，有人就自然会想到，先进理念、发展规划、著名品牌、上亿投入、豪华校舍、名师阵容、一流设备，还有"特色课程""创新课堂""智慧校园"之类。

这些当然重要，特别是并不富裕的地方政府能够以如此魄力办学校，令人钦佩。但还有更重要的是，教育者（校长和教师）有没有奉献之心。就像当年陶行知告诫晓庄师生所说："属于什么计划方法都是次要的，那超过一切的条件是同志们肯不肯把整个的心献给乡村人民和儿童。"在今天的时代背景下，需要教育者"把整个的心献给"的就不仅仅是乡村人民和儿童，而是所有的人民和儿童。

注意，别误会！绝不是说教育理念、发展规划、上亿元投入、高标准校舍、现代化设备……不重要，不，这些都很重要，但是，比这更重要的——用陶行知的话说就是"那超过一切的条件"，是一颗爱孩子爱教育的心。

陶行知在晓庄建校一周年的演讲中说："倘使我们肯把整个的心捧出来献给乡村儿童，那末，无论如何困难，必有达到目的之一日。否则天天背诵教学做合一，也是空的。我今天要代表乡村儿童向全国乡村小学教师及师范生上一个总请愿：'不要你的金，不要你的银，只要你的心。'"

陶行知这几句话，朴实、动情而深刻。

问题的核心是，如何理解教育？教育属于科学，还是人文？

我越来越觉得，现在教育上许多问题，都是因为教育者把教育当成了纯粹的"科学"甚至"技术"，而忘记教育首先是心灵的艺术，"是心心相印的活动"。

我一点都不否认，教育学研究断然离不开心理学、脑科学、社会学、经济学、物理学、数学、统计学、行为科学等成果，更何况在信息技术和人工智能时代，教育与科学的联系越来越密切。科学的介入，必将继续助推教育的发展。陶行知也说过："教育之学术，非可独立存在。彼立于哲学、心理学、生物学、生理学、社会学、经济学等各种学术之基础上。"

然而，无论多么"科学"，教育首先属于"人学"。

它更多的关注不是因果，不是规律，不是物性，而是价值，是精神，是人性。教育学研究的教育现象，不是精确的而是模糊的。在教育实践中，教育者和被教育者的关系不是人与物的关系，而是人与人的关系——准确地说，教育者和被教育者已经融为一个整体。教育的职业特点决定了教育者必须带着思想也带着感情尽可能走进学生的心灵深处。换句话说，只有当师生彼此心灵相通，彼此能够感受到对方的脉搏、能够听到对方的心跳时，教育才能真正发生。

我再强调一遍，虽然教育学研究中不排除自然科学和社会科学的研究方法乃至利用其研究成果，但是这并不意味着教育就仅仅是一门纯粹的科学，而无视其人文学科的特点。即使是教育中最理性的学科教学，也绝不仅仅是一种"客观"的教育活动。教学，作为以课程内容为中介的师生双方教和学的共同活动，它从属于教育，或者说是学校实现教育目的的重要途径。尽管学科教学是向学生传授系统知识、技能，但这无法抹杀教学过程中应有的人格引领、心灵感染、智慧启迪等人文色彩。教育承载着"价值"，凝聚着"精神"，体现着"人性"……岂能只是冷冰冰的科学知识？我愿再次强调，学科教学是为人格培养服务的，而不是相反。

总之，通俗一点说，教育不能只见"物"（硬件）不见"人"（孩子），更不能只见"分"（考试）不见"心"（精神）。一旦目中无人、心中无爱，即使校园的大楼再豪华，墙上的理念再先进，学校有再多的光环，校长有再多的头衔……也不是陶行知所说的"真教育"！

陶行知早就说过："纸上的教育改造能有多大效力！大家愿意把整个的心捧出来献给小孩子，才能实现真正的改造。"这种"真教育"更多的时候并不是写在高楼上的"理念"或"愿景"，不是体现在校长参加各种"高峰论坛"时的演讲，也不是写在数不清的教育论文中的文字，而是自然而然地流露在一些细节上——

校门口，面对忘记戴红领巾而紧张的小姑娘说："没关系，下次记着就行了！"操场边，看着远处飞来的足球，抬腿踢回去，或者干脆就跑过去和孩子们一起踢球；上课时，面对孩子们响亮的"老师好"，我们也真诚地说一声："同学们好！"并微微鞠躬回礼；课堂上，一个孩子举手回答问题，却突然卡壳了，老师及时降低难度，让他能够回答，然后让全班同学给他鼓掌；课后，认真仔细地批改每一本作业而不是敷衍地写个日期；当得知某孩子的母亲不幸去世后，本来准备讲《我的母亲》的老师，临时改变授课内容……

"真教育是心心相印的活动"应该成为每一位教师的座右铭。

2021年11月6日

"教师之职务是教人学做主人"

陶行知是中国最早从臣民时代觉醒的知识分子之一。尽管1911年辛亥革命推翻了几千年帝制,中国进入共和时代,建立了共和,但许多老百姓的思想依然停留在皇权时代,没有意识到自己是国家的主人。因此陶行知从事教育,就是希望能够造就共和公民,培养国家主人。

他唤起民众的主人意识:"中华民国是一个公司,四万万五千万人联合起来做老板。男人是男老板,女人是女老板;大人是大老板,小孩是小老板。大家都是中华民国的老板,大家都是中华民国的主人。"

类似的话在他的文章和演说中多次出现。

谈到民主教育的目标,他说:"民主教育是教人做主人,做自己的主人,做国家的主人,做世界的主人。"

他认为教师的任务就是教学生做主人,教育就应该是主人的教育,而且是真主人的教育。1930年4月,晓庄学校被国民党查封，陶行知被通缉。他大义凛然写下《护校宣言》，其中有这样一段话："我们认清了教师之职务是教人学做主人。怎样才算是教人学做主人呢？过主人的生活，就是主人的教育，倘若嘴里读的是做主人的书，耳朵听的是做主人的话，而所过的是奴隶的生活，在传统的目光看来，或可算是主人的教育。但依生活教育的观点看来，则断断乎要称他为奴隶的教育，或是假的主人教育。"

陶行知这些观点是直接针对着并冲击着传统专制教育的，因为几千年的专制教育，目的就是培养忠于皇上的臣民，通俗点说，就是"听话教育"。所谓"听话教育"就是以"听话"为目的的教育，其教育目的或者说客观的教育后果是培养"顺民"。

90余年过去了，这种封建教育的残余并没有绝迹。中国父母对孩子常有一句口头禅："要听话""做听话的好孩子"。有一句顺口溜也说："在家里听爹妈的话，到学校里听老师的话，将来进单位要听领导的话。"形象地反映了一代人成长的过程。如此教育培养的学生，必然迷信老师、迷信权威。

一位法国教育心理专家曾给上海的学生出了一道题目——一艘船上有86头牛，34只羊，问：这艘船的船长年纪有多大？结果有90%的同学做出了答案：船长年纪是$86-34=52$（岁）。10%的同学认为此题非常荒谬，无法解答。当然这10%的同学是答对了。后来法国专家对这90%的同学作调查发现，他们之所以会做出答案来，是因为觉得"老师出的题总是对的，不可能不能做"；"老师平时教育我们题目做了才能得分，不做的话一分也没有"。法国专家不得不感叹"中国学生很听老师的话"，因为同一道题在法国小学做试验时，超过90%的同学提出了异议，甚至嘲笑老师的"糊涂"。

为了避免误解，我必须特别说明和澄清的是，教育学生遵守公共道德与秩序，虚心听取来自老师和他人的批评意见，养成从善如流的学习习惯和海纳百川的宽容胸襟，这和我批评的有特定含义的"听话教育"是两码事。更重要的是，一个人对真理的追求与服从，对法律的尊重与恪守——这也是一个公民应该具备的基本素养。我所批判的"听话教育"的"听话"特指毫无主见、迷信权威和权力、自动关闭大脑的独立思考功能的盲从，本质上是愚民教育、奴化教育，与陶行知所倡导的"主人教育"是背道而驰的。

说穿了，听话教育是把学生作为工具，目的是培养一种只会听话的听从者、顺从者、服从者，且不能独立思考、毫无主见的驯服工具。听话教育只能培养两种人：一种是奴才，就是对的话听，不对的话也听，好的话听，坏的话也听，自己毫无主见，没有独立人格；一种是两面派，有人在时听话，没人在时就不听话，说的是一套，想的是另一套，公开搞的是合法的，背地搞的全是假冒伪劣。

听话教育是封建制度下顺民教育在今天的流毒。中国古代封建教育特别强调"教化"，而"教化"便是规定一系列让人不可逾越、限制人的创造力发展的"规范"，逼使受教育者就范。这是由当时的专制制度所决定的，因为专制制度所需要的，是奴才和顺民。主人与公民需要自治，而奴才和顺民希望被治。所以陶行知说："专制国所需要的公民，是要他们有被治的习惯，共和国所需要的公民，是要他们有共同自治的能力。"

当然，主人教育绝不意味着培养学生无法无天，唯我独尊，无视纪律，不守法纪。不是的。陶行知在《实施民主教育的提纲》中专门说："民主有民主的纪律，与专制纪律不同，专制纪律是盲从。民主纪律是自觉的集体的，不但要人服从纪律，还要人懂得为什么。"

每一位教师一定要意识到，在你的手中，或许在不经意之间，就孕育着未来的公民，或臣民。

应该说，陶行知认为中国教育应该培养的"主人"，就是他多次呼吁的富有创造力和开拓精神的"真人""活人"，这与我们今天提出的培养有理想、有道德、有文化、有纪律的社会主义合格建设者和可靠接班人的基本精神是一致的。面向未来，实现中华民族伟大复兴的中国梦，不正需要一代又一代有爱国情怀、主人翁意识、创造能力的共和国公民吗？

2021年11月7日

"吃得苦中苦,方为人中人"

有一句话是不少老师和家长爱对孩子说的:"吃得苦中苦,方为人上人。"迄今为止,这十个字仍是不少教育者口中的"励志名言"。

什么是"人上人"呢?自然是升官发财的人,出人头地的人,光宗耀祖的人……

这话当然不是今天才有的,陶行知当年就批评过这十个字:"当你遇着一群失学的孩子的时候,你会把古时候苦孩子读书的故事讲给他们听,临了,你会引一两句成语劝他说:'吃得苦中苦,方为人上人。'你可曾把这两句话的意思想过没有?我是听得太多了。不懂事的大先生老是用这种话来勉励小先生,不用头脑的小先生也是照样画葫芦的拿这种话哄骗别的孩子。我们吃苦的目的就是要做'人上人'吗?我们用功的目的就是要求个人升官发财吗?为什么要读书?读了书就应该把自己的脚站在别人的头上吗？我有一位朋友把这两句话改成'吃得苦中苦，不为人上人'。我觉得这位朋友所改的语气有些消极，又把它改成'吃得苦中苦，方为人中人'。公平的世界里只有人中人，不该有'人上人'和'人下人'。"

看，陶行知认为，某些人所追求的"人上人"，就是"升官发财"的人，"把自己的脚站在别人的头上"的人。中国已经建立共和国，人人平等，都是共和公民，可这种充满封建腐臭的论调还被许多人奉为至理名言，岂非咄咄怪事？

1939年7月，陶行知在四川重庆创办育才学校，招收因战争流离失所的难童中有特别天赋的孩子，为国家培养特殊人才。这个举措很容易让人误以为是培养"人上人"。为此，陶行知特别说明："不是培养他做'人上人'。有人误会以为我们要在这里造就一些人出来升官发财，跨在他人之上，这是不对的。我们的孩子们都从老百姓中来，他们还是要回到老百姓中去，以他们所学得的东西贡献给老百姓，为老百姓造福利；他们都是受着国家民族的教养，要以他们学得的东西贡献给整个国家民族，为整个国家民族谋幸福；他们是在世界中呼吸，要以他们学得的东西帮助改造世界，为整个人类谋利益。"

培养"人中人"——"从老百姓中来""回到老百姓中去""为老百姓造福"，这就是陶行知伟大的育人目标，就是他崇高的社会理想。

陶行知说得很明白："公平的世界里只有'人中人'，不该有'人上人'和'人下人'。"共和时代与封建时代的重要区别，就是前者人人平等，后者等级森严。

不做"人上人"而做"人中人"，是陶行知一贯的主张。1937年，在上海法租界八仙桥徽宁小学毕业典礼上，针对曾任安徽省长的许世英讲"你们要争取做一个'人上人'"的话，陶行知当场便针锋相对地对毕业生们说："希望你们要树立同群众打成一片的思想，做个人中人。"

向孩子灌输做"人上人"的观念,不是励志,而是赤裸裸的封建等级教育。

所谓"封建等级教育",就是充满封建等级意识的教育,同时也是潜移默化培养孩子等级观念的教育。

可以这样说,中国传统教育没有平等,只有等级。众所周知,出于封建权贵集团的整体利益,历代统治者一向十分强调君臣父子、上下尊卑的封建等级秩序,倡导"三纲五常""三从四德"等封建伦理道德。封建社会等级森严,一切俸禄、礼、教,甚至服饰,都有严格的等级标志。这反映在教育上,必然是培养学生的等级秩序意识。因为这种等级秩序,直接维系着封建社会的稳定和封建统治者不可动摇的至高无上的地位。

专制教育的等级性的体现之一,就是以科举考试或者当代一刀切式的应试教育将学生分成不同的等级,进而将他们的未来的人生分流:"优生"或者"差生"——所谓"人上人"或"人下人"已经开始"分化"或说被划分。与此相类似,为了选拔出"尖子人才",各种人为划分的所谓"重点学校""重点班",使孩子还在中小学便被分为三六九等!在这种"等级"下,学生们每一天都在体验着上下尊卑的感觉!

那些被一次次淘汰的孩子,最后高考落榜,进入社会底层,干着艰苦的体力活,成为一些教育者继续对孩子进行"人上人"教育的"反面"素材:"你不好好学习,将来就和他一样,只能去蹬三轮、扫马路!"而立志做"人上人"的孩子,一旦考上大学,继而一路硕士、博士读上去,最后找到理想的工作,当老板,当领导……成为"社会精英""国家栋梁",为国家和社会作出重要贡献。但有的人却变成骑在老百姓头上的"人上人",你能指望他们"为人民服务"吗?

我曾经和一位用"吃得苦中苦,方为人上人"来"激励"孩子的朋友讨论这个话题,我刚说:"这话不对……"他就打断我的话:"别给我谈什么大道理!"然后理直气壮地反问我:"难道我们的社会现实不是这样吗?"

我承认,由于种种原因,我们的国家和社会在各个方面各个领域依然存在着种种不平等现象,但这不是我们继续制造不平等的理由。铲除这种不平等现象,恰恰需要我们对下一代进行民主、平等、正义、公正的教育。个人天赋不同,勤奋程度不同,时代机遇不同,社会分工不同……每一个孩子未来的人生发展不一样,他们在职业选择、事业成功、精神荣誉、物质待遇等方面也不一样,但从根本上说,大家都是"人中人"。无论从事什么职业,作为社会主义国家的公民,人与人之间都是互相服务的关系,人格、尊严与权利都是平等的,谁都无权成为站在别人头上的"人上人"。而至今热衷并迷信"人上人"观念的人,崇尚的不过是弱肉强食的"丛林法则";继续向孩子灌输这种陈腐的观念,就是在继续强化这种"丛林法则"。

我想起了当年淘粪工人时传祥和国家主席刘少奇的一段交往。时传祥在自己的岗位上默默无闻地奉献,提出"工作无贵贱,行业无尊卑;宁愿一人脏,换来万人净"的口号。在那些年里,他几乎放弃了节假日休息,有时间就到处走走看看,问问闻闻。哪里该淘粪,不用人来找,他总是主动去。不管坑外多烂,不管坑底多深,他都想方设法淘干扫净。他以这种不怕吃苦的精神努力工作,赢得了全社会的尊敬,被评为全国劳动模范。在北京参加表彰时,刘少奇一见到他,便走上前来一把握住他的手,脱口而出:"你是老时吧?"时传祥非常感动,想不到自己一个淘粪工人能被党和国家领导人当朋友一般尊重。刘少奇知道时传祥文化程度不高,便勉励他不断学习,并把自己的英雄牌钢笔送给了时传祥,并诚挚地说:"你淘大粪是人民勤务员,我当主席也是人民勤务员,这只是革命分工不同。"

国家主席不是"人上人",淘粪工人不是"人下人",在我们社会主义国家,每一个人都是"人民的勤务员",都是"人中人"。这才是现代社会民主国家应有的人际关系。

还必须说明的是，主张孩子做"人中人"而不做"人上人"，并非鼓励孩子平庸，恰恰相反，陶行知所期待的"人中人"是精神上的大丈夫。对此，陶行知也有过解释："做人中人的道理很多，最要紧的是要有'富贵不能淫，贫贱不能移，威武不能屈'的精神。这种精神，必须有独立的意志，独立的思想，独立的生计和耐劳的筋骨，耐饿的体肤，耐困乏的身，去做那摇不动的基础。近今国人气节，销磨殆尽，最堪痛心。倘不赶早在本身和后辈身上培植一种不可屈挠的精神，将何以为国呢？……那末推己及人的恕道，和大公无我的容量，也是做人中人的最重要的精神。把这几种精神合起来，我找不到一个更好的名词，就称他为大丈夫的精神罢。"

独立的意志，自由的思想，善良的品格，劳动的生计，平等的精神，强健的体格，不屈的气节，最好的自己……这就是我理解也是我们应该培养的"人中人"。

2021年11月7日

"人人都能享受粗茶淡饭的教育"

我在当校长时候,有一次一位领导来视察,我陪着他转校园,他突然问我:"李校长,你们学校有什么特色?"

我想都没想,便答:"没什么特色啊!"

他看了我一眼,眼中含着惊讶,好像不太明白我的意思:"你们学校怎么会没有特色呢?"

我也很惊讶地问他,又像是自言自语:"是呀,我们学校怎么会有特色呢?"

他更加糊涂了,说:"我每到一所学校,校长都给我说这个特色那个特色,你们怎么可能没有特色呢?"

我解释说:"我们学校才办几年,而形成特色是需要长期实践积淀的。我从来不反对一个学校应该有特色,但是第一,需要时间,因为特色是历史的积淀;第二,需要实践,因为特色是做出来的,而不是人为'梳理''提炼''总结'出来的。所以说,我现在也没想那么多的什么

'特色'，就想让我们的老师认认真真上好每一堂课，认认真真教好每一个学生，认认真真带好每一个班，我呢，认认真真帮助每一个年轻老师成长，就可以了。"

这位领导想了想，对我点了点头，好像认同了我的说法。

我知道现在不少学校热衷于特色——当然，这个"热衷"与教育行政部门的"要求"有关。不光是"特色"，还有"创新"，如"新理念""新突破""新台阶""新举措"……也是教育行政部门文件的热词。这样一来，很多学校挖空心思琢磨，怎么才能让自己学校有"特色"。而我刚才说了，特色不是说想有就有，招之即来的。于是一种"教育服务"应运而生。某些专家、某些机构，专门到学校帮着"提炼""梳理""总结"该校的"特色"，又于是，很多简洁整齐的句式，或夹杂着数字或字母的短语满天飞，比如"教学共生，师生互动""6S教育""五合教学"……最后，打造"特色"，成了局长"练字大赛"，成了校长"造句大赛"！

除了这种华而不实甚至弄虚作假的教育，还有一种追求"豪华""精致"直接"与国际接轨"的"高端教育"，近年来在国内也方兴未艾。动辄高喊"要办国际一流、国内领先、×部第一的教育"——这都是明明白白写在其宣传文案上的，宣示在大街小巷的。不少学校还在修校舍，便气吞山河："打造世界一流学校，建设中国的伊顿公学！"当然，还有学校喜欢说与哪所世界名校联手，或引进哪所国际高端学府的优质教育资源，等等。

花样如此繁多，强化的是教育不均，助长的是择校热潮。因此名校与弱校不但越来越多，而且彼此差距越来越大。我说的这些，不仅仅是民办学校，也包括一些教育局所属的公办中小学。

举个例子，某地搞"教育改革"，打算"打造"一所"人民满意"的初中，而且还是"高起点""高水平"的"示范学校"。怎么才能让这所连校园里移植的花草树木都还没长起来的新学校很快有"名"起来呢？教育行政部门除了斥资几个亿（现在，修学校不动辄就"几个亿"都不好意思说"修学校"）修了一所堪称豪华的学校，教育局还发文在政策上"予以倾斜"：第一，要求所在辖区内的各小学将毕业班最优秀的前几名送到该校去；第二，该校可以在区内任何一所学校选招优秀教师。这两项政策意味着，这所新的学校，靠教育行政力量，集中了全区最好的学生和最好的教师。呵呵，这样的学校哪需要搞什么"改革"呀？即使不做任何"改革"，趴着不动也会"硕果累累"的！我可以想象，三年后中考结束，校长和教育局肯定大谈"体制改革""机制创新""课堂模式"，会"提炼""总结"出汉字加英文加阿拉伯数字凑成的各种概念——"5U课堂""8S德育"之类，唯独不会提那两条选"优生"、选"优师"的"政策倾斜"。如此速成"名校"，教育者和教育行政者岂止是违背教育规律，简直就是违背了人的良知。

我特别同意著名学者杨东平教授的话："义务教育的均衡发展，就是在义务教育阶段不应该、不允许有名校、重点校、示范校，一个地方只要有什么'六小强''八大金刚'，就说明你均衡发展的目标根本就没有实现。从根本上说，就是违反《中华人民共和国义务教育法》。"

以上种种，都是追求少数人享受的"大菜教育"——让少数所谓"优质生源"拥有最强大的师资阵容，最丰富的课程资源，最豪华的硬件设施，最精致的教育服务……而这些与大多数普通孩子基本无缘。

在基础教育阶段搞这种"大菜教育"，是万万不可取的！

早在1935年，陶行知就在《普及现代生活教育之路》一文中，抨击过这种"大菜教育"。他认为中国教育当务之急，是需要大众的普及，而不是少数人的独享，因此必须"攻破大菜关"。

陶行知是这样说的："假如你问一位老成的教育官说：为何不把教育

普及出去？你有时会遇到这样的一个回答：我们只求质量的改进，不求数量之加多。这原来就是那'贵精不贵多'的滥调。我曾经写过一首小诗，想把他们的迷梦唤醒：'只为阔老烧大菜，那管穷人吃糟糠；说起理由他充足，声声重质不重量。'在这种冷酷的态度之下，大众的教育是被牺牲了。我们要求大众都能享受粗茶淡饭的教育权，质量与数量是分不开的。我们站在大众的立场上说话，是要在数量上求质量的纯粹，不在数量外求质量的改进。"

当时的中国，经济上还非常贫弱，"只为阔老烧大菜"似乎还有一点点"理由"；而今天，中国早已成为世界第二大经济体，《中华人民共和国义务教育法》早在1986年就颁布并实施了，但不可忽视的是，我们的基础教育在有些地方依然存在着发展不均衡甚至悬殊的情况。

去掉学校里的所谓"特色"之类华而不实的"添油加醋"吧，消除教育上的种种"豪华""精致""高端"的"满汉全席"吧，我们还是需要陶行知所说的"人人都能享受粗茶淡饭的教育"！

所谓"人人都能享受"，就是无视家庭背景，没有地域差别，无视财富差别，每一个孩子都能享受同样的教育，每一朵祖国的花朵都能沐浴同样的阳光雨露。这就是陶行知所说的"教育为公"。

所谓"粗茶淡饭的教育"，就是朴素而优质的教育。朴素，就是门槛低甚至没有门槛，大众化，是培养"人中人"而非"人上人"的教育。优质，就是要有营养。特别要说明的是，"粗茶淡饭"绝不意味着"清汤寡水"。陶行知说得很清楚："我们在要求人人都能享受粗茶淡饭的教育的时候，立刻必得要求这粗茶淡饭里没有一粒泥沙，而有丰富的糠精和维他命。"

如是，学校去掉了"油彩"，教育抹去了"口红"，孩子喜欢上学，学习之余，能够有充足的时间做自己喜欢的事，睡眠充足，视力健康，体质强壮……最后每一个孩子都能够有自己的个性与天赋，成为最好的自己，成为国家不同领域的建设者！

——这样的教育，就是"粗茶淡饭的教育"。

2021年11月7日

"看他开花，看他成熟"

陶行知在1919年7月一次关于"新教育"的演讲中，提到了新教育对新教员的要求，第一条就是"要有信仰心"，他认为，对教育的"信仰心"，不仅来自教育本身的意义，"是永久有益于世的"，而且还来自教育所带来的快乐。

陶行知的原话是这样说的："这里头还有一种快乐——照我们自己想想，小学校里学生小，房子小，薪水少，功课多，辛苦得很，哪有快乐？其实，看小学生天天生长大来，从没有知识，变为有知识，如同一颗种子的由萌芽而生枝叶，而看他开花，看他成熟，这里有极大的快乐。……那不信仰这事的，可以不必在这儿做小学教员。"

从这里可以知道，当时也有教师抱怨"房子小，薪水少，功课多，辛苦得很"，丝毫看不到教育职业有什么快乐可言。这和今天不少教师的心态不是一样的吗？

教育的快乐源于何处？

陶行知认为，教育快乐首先源于对教育本身的信仰："那不信仰这事的，可以不必在这儿做小学教员。一国之中，并非个个人要做这事的，有的做兵，有的做工，有的做官……各人依了他的信仰，去做他的事。"

说到"依了他的信仰，去做他的事"，我想到有一年我去参观青海塔尔寺的时候看到酥油花的情景。寺庙的一个僧人告诉我，酥油花塑造工艺复杂，要进行大量的选料、配制、做模等前期工作。由于酥油易融化，艺僧们徒手捏塑酥油花时只能在零下十几摄氏度的阴冷房间里封闭工作。在制作过程中，艺僧手指被冻得疼痛难忍，失去触觉，但他们依然将酥油做成一朵朵精美的花朵。这些酥油花只能"存活"几个月，因为天气转暖便要融化，于是每年都要重做酥油花。因此最后艺僧们的手指都会溃烂，且终身残疾。这些艺僧都是自愿做酥油花的，没有谁强迫他们，哪怕手指溃烂，他们也无怨无悔。这些美丽的酥油花都不是为"市场"而制作，唯一的用途就是放在寺庙里供奉神灵。没有半点功利色彩，不是因为物质生活的需要，不是迫于别人的指令，而完全是出于心灵深处的信仰，自觉自愿地奉献出自己的智慧和健康。在世俗的人看来，他们很苦，但他们自己却觉得很幸福——这就是信仰的力量！

回头说教育。并不是每一个教育者都会把教育当信仰，但要看到，陶行知、苏霍姆林斯基、魏书生、崔其升等人的确是对教育有一种类似于宗教一般的信仰，他们不仅为中国教育作出了贡献，也因此而获得了内心的自由、宁静与幸福。我们也许不应苛求每一个教师都把教育当信仰，但如果教育者有了一份陶行知所说的对教育的"信仰心"，一定会享受到更多的教育幸福。

陶行知还认为，教育的幸福源于看着孩子成长："看小学生天天生长大来，从没有知识，变为有知识，如同一颗种子的由萌芽而生枝叶，而看他开花，看他成熟，这里有极大的快乐。"读到这里，我想到了我从教几十年来所教过一批又一批的学生。我带班常常是"大循环"——从初一到高三，一教六年；当然，也有只带初中三年或高中三年的"小循环"。但无论"大循环"还是"小循环"，几年中，看着孩子成长，真的是一件很美妙的事。当他们刚进校时，还是刚毕业的小学生，十一二岁、十二三岁，活泼调皮的小男孩、天真烂漫的小姑娘；当他们高三毕业离开我的时候，已经是英俊健壮的小伙子、如花似玉的大姑娘了。然后我又回头带初一，又迎接一批可爱的小不点儿，然后又陪着他们一天天长大成人……多年后，他们回来看我，有的是企业家，有的是作曲家，有的是医学专家，有的是科研专家，有的是飞行员，有的是足球教练，有的是摇滚歌手，有的是大学教授，有的是乡村教师，有的是银行职员，有的是公交司机……无论他们从事什么，只要他们善良、正直、勤劳，就是我最优秀的学生，也是我幸福的源泉。

有一个叫王红川的孩子，是我大学毕业后教的第一个班的学生。当初的他，瘦瘦的，小小的，戴个小眼镜，特别机灵可爱。但因为他体质较弱，我特别呵护他，有一次还帮他揍高年级欺负他的学生，为此我也挨了学校的处分。我早晨骑自行车上班要经过他家附近，有一段时间他每天早晨都在街边等我，我到了以后，他便跳上我的自行车后座，然后我载着他上学去。多年后，他成了一位著名的西医骨科专家。还有一个女生叫周惠，1987年8月31日高一新生报名的当天晚上，她就病了，肚子疼得厉害。我用自行车送她到医院急诊室，结果医生说必须住院。于是我又背着她到了山上的住院部。在山路上，为了安慰趴在我背上轻轻呻吟的周惠，我一边喘息一边给她开玩笑："骑在人民头上的，人民把他摔垮！"多年后，在德国大学教书的周惠，带着女儿回来看我。回忆当年我背她上医院的事，她说当时她疼得说不出话，但在心里默念着："给人民做牛马的，人民永远记住他！"

2018年8月，应学生的要求，我为他们上了一堂退休前的"最后一课"，不同年级的学生都来了。从几年前教毕业的"关门弟子"，到已经年过半百的第一批学生……180个座位的阶梯教室，挤了400余人。王红川带着妻子和女儿来了，周惠专程从德国赶回来了，还有当年的"差生"、如今的四川省足球教练张凌，还有当年的学霸、如今的飞行员和机长吴镝……虽然他们中的大多数已经不再年轻，但看到他们，浮现在我眼前的，依然是他们当年稚气可爱的面容。我讲课时，他们一双双痴迷的眼睛凝视着我，现在20岁、30岁、40岁、50岁的眼睛依然闪烁着当年12岁、13岁、14岁、15岁的光芒。那一刻，我感到我面对着属于我的一片星辰大海！

我想到了加拿大学者马克斯·范梅南的话："教育学就是迷恋他人成长的学问。"不过，我要补充一句："迷恋他人成长的人也必将被他人迷恋！"

我想到了苏霍姆林斯基曾经说过的话："我生活中最主要的东西是什么？我毫不犹豫地回答：对孩子的爱。"我根据自己切身的感受，也想补上一句："以及孩子对我的爱！"

我想到了陶行知的话："看他开花，看他成熟，这里有极大的快乐。"我还想补充一句："不只是看孩子开花与成熟，在陪伴孩子成长的同时，我也开花，也成熟，同样有极大的快乐。"

2021年11月7日

"教育万能之说是教育界自欺欺人的话"

《学问之要素》是陶行知先生回复程仲沂先生信中的节选。根据这封回信看,对方给陶行知来信中谈到做学问必须要有三个条件:第一,好的身体;第二,要有天赋;第三,要有足够的财力。

陶行知在这封回信中,明确表示认可程先生说的第一、二点,但对第三点提出异议:"我不承认财力是学问的要素。我以为,只要有志学问或是有志于子女的学问,经济的难关是可以打破的。……我还有一点意见,就是:穷苦和学问是好友;富贵和学问是仇敌。那天天轻裘肥马,炫耀于同学之前的,究竟学问如何?"

我完全同意陶行知的观点。当然,"富贵和学问是仇敌"也许说得绝对了一些。不过做学问确实需要一定的物质条件,同等情况下,财力充足一些,相关资料、手段和设备自然就会更加丰富和先进,但这不是绝对的,更不是起决定作用的因素，起决定作用的还是学者本人的天赋与勤奋。

这里，我把"天赋"放在"勤奋"的前面，这是我读陶行知这封信得到的最重要感悟。

长期以来，我们不太愿意或者说有意无意地回避学生的天赋，好像学生的成绩就仅仅是因为他方法科学、勤奋刻苦，而成绩不好就是因为不努力、贪玩。当然，的确有的孩子成绩差是因为学习态度的问题。但这样的学生我们见得不少——学习态度极为端正，考试成绩相当糟糕，而且各科发展"均衡"且成绩"稳定"。

作出这样判断的前提是学生的接受能力（说白了，就是"天资"）都是一样的。但孩子的天赋真的是一样的吗？

可能几乎所有老师都给学生讲过爱迪生的一句名言："天才是百分之一的灵感加上百分之九十九的汗水。"以激励孩子们发愤刻苦。但后来有人说，这句话其实还有后半句。

查百度网，得知爱迪生的原话是："Genius is one percent inspiration and ninety-nine percent perspiration. Of course, without the one percent of inspiration, all the perspiration in the world is only a bucket of sweat."

翻译成中文是："天才是百分之一的灵感加上百分之九十九的汗水，当然，没有那百分之一的灵感，世界上所有的汗水加在一起也只不过是一桶汗水而已！"

百度网这个资料是否准确，说实话我没有把握。所以我又专门请教了我在四川大学教英语的学生吴文静，她回复我："前半句是爱迪生原话，后半句是美国作家Cindi Myers在一篇题为Inspiration and Perspiration中引用完爱迪生名言后自己做出的感言。"

看来，这句名言的所谓"后半句"并非爱迪生所说。

但天才的重要性胜过勤奋的汗水，哪怕没有见到这"后半句"，我也确信不疑。

但陶行知比爱迪生更"过分",他认为天才在一个人做学问的过程中所占的比例更大:"天才是做学问的根据。有几分天才做几分学问。大概天才有十分八九之势力,教育的势力只占十分之一二。"

其实,爱迪生说的"1%"也好,陶行知所说的"十分八九"也好,都不是统计学上精确的数据。但有一点不必调查统计也是千真万确的:"天才是做学问的根据。有几分天才做几分学问。"

当然,还必须厘清的逻辑是,爱迪生说的是发明创造,陶行知说的是做学问,这和学生通常的学习还不完全一样。毕竟中小学生的功课既非爱迪生那样的发明创造,也非陶行知那样的教育研究。但是,即使如此,不同孩子的学习能力也是有差别的,否认这一点,也是不尊重教育特点、人的生理发展规律和脑科学,必然走向"教育万能"的神话。

大家都知道,陶行知对孩子的爱与信任是无条件的,也是无限的。他的平民教育、乡村教育都是源于他一颗赤诚的心。但恰恰是他坚决反对"教育万能"说。

在这封信中,他说:"教育万能之说是教育界自欺欺人的话。"

然而,时至今日,这种"教育万能说"依然在我们一些领导的口中极富生命力,他们常常片面地绝对地宣称:"没有教不好的学生,只有不会教的老师。"这就是典型的"教育万能说"。

特别要说明的是,我并不简单地反对"没有教不好的学生,只有不会教的老师"这句话,只是说不能"片面地绝对地"宣扬这句话。

不知这话是谁最早说的。有人说是陈鹤琴说的,但我没查到。我只是记得被周恩来总理称作"国宝"的已故著名小学数学特级教师霍懋征也表达过类似的观点。但在她的语境里,所谓"没有教不好的孩子",强调的是孩子的可塑性,所以她主张要细心观察每一个孩子,对学生做到细心、耐心、爱心、信心，取得他们的认可。这也是霍懋征老师成功的秘诀。她对自己教育的严格要求，的确是难能可贵的。

所以，如果这句话是教育者的自励，是完全可以的，这样的教育者是有的，他们令我肃然起敬；但是，如果这句话是校长、局长或其他教育行政领导对老师们的要求，甚至考核评价标准，则是相当荒谬的——用陶行知的话来说，是"自欺欺人的话"！

当然，抨击"教育万能说"并不否认教育本身的力量；同样，承认天才的重要性，并非意味着教育偏心或歧视。恰恰相反，这让我们在符合每一个人的个性特点的基础上实施更加有针对性的教育。我这么长的句子，其实在孔夫子那里就是无比精辟的四个字："因材施教"。

陶行知在这方面可以说做得非常好。他既面对广大的乡村儿童搞普及性的"平民教育"，也针对少数天才儿童搞小众化的"特殊教育"。前者以他创办的晓庄学校和山海工学团为代表，后者以他建立的育才学校为典范。

他曾这样介绍育才学校："全校学生一百五十余人，系从十五省流亡之难童中选拔而来。教育方针除依部章指导其一般功课外，从小便注意发现其特殊才能与兴趣而加以适当之培养。在这四年半中普修课已从小学办到初中程度；特修科已建立自然、社会、文学、音乐、绘画、戏剧六组。"

看，多么令人感动！陶行知为了不使那些天才孩子被埋没，专门从流亡难童中挑选有特殊禀赋的孩子，专门设立"特修科"，请当时的著名大师给孩子们授课，如茅盾（作家）、贺绿汀（音乐）、戴爱莲（舞蹈）、丰子恺（画家）、艾青（诗人）、郭沫若（史学家）、章泯（剧作家）……当时，陶行知专门解释说，他并不是要把这些孩子培养成脱离人民的"人上人"，而是要这些从老百姓中来的孩子学好本领后回到老百姓中去，为人民服务。育才学校的不少孩子几十年后成了国家的杰出人才。

仅举一例——

电视连续剧《红楼梦》的曲作者是我国顶尖级的作曲家王立平，而他的老师是我国大师级的音乐家杜鸣心，即芭蕾舞剧《红色娘子军》的曲作者之一。更牛的是，杜鸣心先生还是我国著名的音乐教育家，他的学生除了王立平，还有郑秋枫（著名作曲家，作品有《我爱你，中国》等）、张丕基（著名作曲家，作品有《乡恋》《夕阳红》等）、石夫（著名作曲家）、叶小钢（著名钢琴演奏家、作曲家）、瞿小松（著名作曲家，作品有《青春祭》《孩子王》《盗马贼》《野人》《边走边唱》等）、徐沛东（著名作曲家，作品有《亚洲雄风》《爱我中华》等）……

而在1939年，杜鸣心还是宋庆龄主办的战时难童收容所的一个难童。后来他随着大批撤退的人马辗转来到四川永川县（今重庆市永川区）的战时儿童第二保健院，被前来招生的陶行知选中，进了育才学校，才成为著名音乐大师贺绿汀（《牧童短笛》《游击队之歌》的作者）的学生……

杜鸣心后来的成功，首先是因为他本身具备音乐天赋，其次是遇到了陶行知这个慧眼识珠的伯乐。正如陶行知说："天才有时很不容易看出来。时机未到，天才隐在里面，专靠主观、武断，以致差之毫厘，失之千里的，是常有的事。"陶行知不但爱孩子而且懂孩子，因此他有一双辨别天才的火眼金睛，没让杜鸣心与他"失之交臂"，不然，当代中国将少了一位音乐大师。

从当年的育才学校走出的杰出人才当然不只杜鸣心一个，还有李鹏（1939级社会组学生，国务院原总理、全国人大前委员长）、陈贻鑫（1939级音乐组学生，著名指挥家，中央音乐学院教授，享受国务院特殊津贴）、戴晓林（1939级自然组学生，航天科技公司一院102所所长、总工程师，部级突出贡献专家）、刘幼雪（1939级音乐组学生，中央歌剧院前党委书记，一级演出监督）、伍必端（1939级绘画组学生，著名版画家，曾任中央美术学院版画系主任、教授）、盛杨（1944级绘画组学生，中央美术学院前党委书记、教授，毛主席纪念堂雕塑组组长）……

陶行知告诉我们，教育不是万能的，万能的是"因材施教"。

2021年11月8日

师生应该"共造校风,共守校规"

姚文采是陶行知的同乡。陶行知留美回国后,任南京高等师范学堂(后来的东南大学、中央大学)教授兼教务长,他曾聘姚文采担任该校生物学、解剖学讲师,同时姚文采还兼任南京安徽公学副校长。陶行知办晓庄师范时,姚文采是该校生物教师。后来晓庄师范被国民党当局查封,陶行知出走日本,姚文采等几十名师生被捕。

1924年8月,担任南京安徽公学校长的陶行知,给副校长姚文采写了一封信,谈到学校风气的建设,提了很中肯的意见。

陶行知在信中这样写道:"但最重要的是教职员和学生共甘苦,共生活,共造校风,共守校规。我认为这是改进中学教育和一切学校教育的大关键。所以从学生进校之日起,全校教职员要偕同旧生以身作则,拿全副精神来同化新生。如果只招一班学生,这事体就要简便多了。现在是要拿一百多人来同化一百多人,确是一件最困难的事。我们对于这件事要小心翼翼,如临大敌,才有成功的希望。我希望诸弟现在就要准备开学时一切琐碎的手续,使得时候到了,可以把精神集中在训育方面。凡住校的教职员,一定要和学生共甘苦,共生活,共造校风,共守校规,断不能有一个例外。如有例外,一定失败。我希望你住校一个月,以示表率。"

其实类似的话,后来陶行知在演讲和文章中多次出现。比如,第二年陶行知专门写过一篇《南京安徽公学办学旨趣》的文章,其中再次写道:"我们最注重师生接近,最注重以人教人。教职员和学生愿意共生活,共甘苦。……师生有了共甘苦的生活,就能渐渐的发生相亲相爱的关系。教师对学生,学生对教师,教师对教师,学生对学生,精神都要融洽,都要知无不言,言无不尽。一校之中,人与人的隔阂完全打通,才算是真正的精神交通,才算是真正的人格教育。"

其实陶行知多次"唠叨"的,无非就是"以身作则"四个字,这也不是陶行知的首倡,孔子早就说过:"其身正,不令而行;其身不正,虽令不从。"这已是众所周知的教育常识了。

但这个常识却常常被教育者遗忘。很多时候,教育只有"言传"而没有"身教",最后这"言传"往往成了令人反感的"说教"。比如,我们是怎样劝说孩子读书的?从培根的"读史使人明智"到歌德的"读一本好书就是和一位高尚的人谈话",从"腹有诗书气自华"到"为中华之崛起而读书"……但我们作为教师或家长读书吗?当然,不少教育者本人也是爱读书的,但是不是所有教育孩子要"多读书"的教育者都在读书?据我所知,相当多的教师和家长苦口婆心劝孩子读书,他们自己却很少读书甚至根本就不读书,不得不说,这是教育的悲哀之一。

2006年9月,我到武侯实验中学做校长参加第一次升旗仪式时,看到孩子们队列整齐,表情庄严,可老师们却没有列队,东站一个西站一个,有的还在学生队列后面聊天。我没有当场批评,而是拍了几张照片——有精神抖擞的孩子,有随意散漫的老师。

第二天下午,在全校教职工大会上,我提到了前一天的升旗仪式。我说:"老师们想想,我们给学生进行过多少爱国主义教育啊!说过多少升旗仪式的意义啊!也告诫过学生要认真对待升旗仪式,要站端正,不要说话,要庄严肃穆,等等。可这些给学生说的话,我们为什么做不到呢?而学生却做得比我们好。什么叫教育的良知?让学生做到的,教师也能够做得到,而且做得更好。如果说一套做一套,就毫无良知可言!"

记得当时,我有几句话说得很尖锐:"我是校长,愿意和老师们一起扪心自问——我们给孩子讲的,我们信吗?我们要孩子做的,我们做吗?""如果以对孩子的要求来要求自己,我们就非常了不起了!所谓'教育',就是你想要孩子有的,你先得拥有。"

从那以后,每次升旗仪式前,老师们都自觉面对旗台站在操场最中间,两旁是全校学生。体育老师每次整队时,首先对老师们发出口令:"全体老师注意了,稍息,立正!向前看齐!"老师们都认真地听从口令,调整队列。然后,体育老师再对全校学生喊道:"全体学生都有啊,立正,稍息,立正!两边的同学,向左向右转——向老师们看齐!"全校学生齐刷刷转过身,面向老师,对照老师队列,调整队形。

"向老师们看齐!"气势磅礴而又意味深长的一语双关。

后来我校的升旗仪式成了一道著名的风景,常常有不少兄弟学校的校长带着老师前来观摩。每次升旗仪式,我们老师的队列和孩子们一样整齐壮观。而老师们在升旗仪式上所呈现的昂扬而饱满的精神面貌,正是最好的教育。

成都有一所很特别的学校,它不叫"学校",而叫"学习社区"。它的全名叫"先锋学习社区",专门招收特别有个性、无法与常规学校教育相融的孩子，但后来这些孩子都考上了大学。先锋学习社区当然有其独特的课程与方法，但有一点非常重要，就是师生共同生活。我有一个20年前教毕业的学生叫崔涛，他在先锋学习社区任教，就长期和学生吃住在一起，包括晚上睡觉，都和学生在一块儿，完全打成一片。

昆明有一所很特殊的初中，叫"丑小鸭中学"。其"特殊"在于，校长詹大年专门招收全国各地学校无法管、家长管不了的孩子，但这些在许多校长、教师、家长眼中的"坏孩子"，到了丑小鸭中学却变得阳光、开朗、积极、向上。丑小鸭中学除了保证国家的统一课程，还有自己的课程，其中最重要的课程，就是师生同吃同住——一日三餐同吃一个大锅的饭，晚上同在宿舍睡觉。

陶行知说："要学生做的事，教职员躬亲共做；要学生学的知识，教职员躬亲共学；要学生守的规则，教职员躬亲共守。我们深信这种共学、共事、共修养的方法，是真正的教育。"

这正是：最好的教育莫过于感染，最好的管理莫过于示范。

2021年11月9日

"要想学生学好，必须先生好学"

陶行知曾在给友人的一封信中写道："现今青年人所以不肯努力求学的缘故，实由于学校里缺少学问上熏染和督促的力量。熏染和督促两种力量比较起来，尤以熏染为更重要。好学是传染的，一人好学，可以染起许多人好学。就地位论，好学的教师最为重要。想有好学的学生，须有好学的先生。换句话说，要想学生学好，必须先生好学。惟有学而不厌的先生，才能教出学而不厌的学生。"

这里陶行知特别谈到了先生在学问上"以身作则"的力量，那就是"惟有学而不厌的先生，才能教出学而不厌的学生"。

陶行知还曾对孔子的"学而不厌，诲人不倦"有个专门的解释："中国'四书'上有两句话：'学而不厌，诲人不倦。'这真是千古不灭的格言，并且是两句不能分开的话。因为要'学而不厌'，才能够做到'诲人不倦'。"

几年前，在谈到课堂教学时我说过："课堂的魅力就是教师的魅力，而教师的魅力主要就是学识的魅力。教师往讲台上一站，就要让学生感到你有一种源于知识的人格魅力。"

今天重读陶行知这段话，我想，教师的人格魅力，更多的来自"学而不厌"。

我多次给青年教师说："你一定要让你的学生迷上你的课！"而让学生迷上自己的课，作为教师的自己肚子里就得"有货"。现在提倡素质教育，反对老师"满堂灌"，从原则上说这是对的，但也不能一概而论。我认为，只要教师肚子里真的有学问，那他无论怎么教，甚至哪怕他"满堂灌"，都叫"素质教育"，都叫"新课改"！旁征博引，信手拈来，俯视古今，联通中外……这样的课不但吸引了学生的注意力，而且震撼了学生的心灵，打开了学生的视野，激发了他们的思考与创造。

如此上课的前提，依然是教师的"学而不厌"。

比如我国中学语文教育界的泰斗钱梦龙老师，只有初中文凭，但他的学问显然远远不止初中水平。他曾经说："我虽然学历不高，但一直酷爱读书，担任中学教师后更是手不释卷，所以尽管学历不高，却一直以'读书人'自许。"他26岁被打成右派，但他后来说："无论我坠落到怎样的谷底，我都没有放弃，即使在处境最艰难的那些日子里，我也没放弃如饥似渴的阅读。"等他1979年"复出"时，已经48岁，最黄金的年华消耗在了共和国动荡不安的岁月。然而，他执教的第一堂公开课《愚公移山》便反响强烈，引起轰动。钱老师第二年便被评为上海市特级教师，而当时他的"右派问题"还没有被"改正"。这不能不说是"奇迹"。而创造这"奇迹"的原因，主要还是他坚持不懈的"学而不厌"。

教师在学生面前所自然而然散发出的书香气，从教育的角度说，其意义不仅仅是让学生佩服你，进而"亲其师，信其道"，更深远的意义在于，这种书香气必然熏染出学生的书卷气。

我的好朋友黄玉峰，退休前是上海复旦附中的语文教师。他也是一位饱读诗书的书生。他不仅自己读书，还带着全班学生读书——我这里所说的"读书"显然不只是读教材。对于语文教材里的某些课文，黄玉峰老师很少讲或者根本不讲，让学生自己看，可在课本之外又补充了古今中外数百篇著述，比如《论语》《庄子》《诗经》，还有《红楼梦》《简·爱》《共产党宣言》甚至《射雕英雄传》；他每周都安排一节语文课让学生到图书馆看书……

他不但带着学生广博地阅读，而且指导学生搞学术研究，并且写论文，最后还要搞"论文答辩"——这通常只有大学毕业生才做的事，竟然出现在黄玉峰的班上。更让我吃惊的是，他把最著名的学者请到了他的班上担任学生的论文答辩导师！能够接受大学教授质疑的高二学生，其学术水准、思维层次肯定是相当高的了，他们的人文胸襟一定是相当的开阔。是的，我看过他的学生办的班刊，可以说是全中国办得最好的班刊！仅仅看目录上中学生们拟的文章标题，就让我对黄玉峰和他的学生刮目相看了：《试探李商隐诗风形成的原因及其影响》《周作人人文主义思想讨论》《狂与逸——李白人格浅谈》《从〈复活〉看批判现实主义的意义》《试述希伯来民族不灭的信仰原因》……怎么也不敢相信，这些即使是大学生也未必能写出的论文，竟出自黄玉峰所教的17岁左右的高二学生！

我还想到了已故的深圳中学马小平老师。2004年，正值壮年的他被查出患有癌症而住进了医院，他的亲人和朋友都为他的病担心，他却感到第一次有了这么一段完整的时间，可以做自己想做的事了。于是在医院的那段时间里，马老师凭着记忆和印象，凭着一张无线上网卡和一部扫描仪，搜集了几千篇文章，然后从其中反复筛选，选出102篇文章，编选了一本《人文素养读本》。出院后，他向学校申请并获准开设了"人文素养"课程，课程深受学生欢迎。他连续三年被评为最受欢迎的老师。

几年后，他不幸去世，生前所编的《人文素养读本》正式出版，更名为《叩响命运的门》，北大教授钱理群为该书作序。钱理群教授开篇写道："我曾经说过：'不要看轻中学教师的意义和价值，更不要低估一个普通的中学教师他的生命力量所能达到的高度和潜能。'我说这句话时，心里想着的，就是先后在东莞中学和深圳中学任教的马小平老师。近十多年，我有幸在全国范围结交了一批出色的中小学教师，马老师以其全球教育眼光，高瞻远瞩，思想深邃，而让我格外关注。"

在序言的后半部分，钱教授还这样评价这本书的意义："马老师给学生打开了无数道宽阔的大门，通向一个又一个思想的高地……"

的确如此。马老师生前，他的学生黄素珍曾在写给他的信中说："您让我在忙碌的日常生活中沉静下来。您让我摆脱庸俗，再次审视自己的灵魂，再次重检和重建自己过去的种种观念。或者说，您给我指出了许多道门，门还是关着的；而现在及将来，我都将努去叩响每一道门，通过自己的独立思考去打开它们。"

读到这里，我不禁想，如果马老师自己没有"打开无数宽阔的大门"，他怎能给学生打开一道道精神的大门？如果他自己的灵魂没有"通向一个又一个思想的高地"，他又怎能将学生引向人类文明的制高点？

这就是陶行知所说的："惟有学而不厌的先生，才能教出学而不厌的学生。"

愿我们的时代，有更多的钱梦龙老师、黄玉峰老师和马小平老师！

2021年11月9日

看陶行知是怎样批判孔老先生的

几年前，在我的微信公众号"镇西茶馆"的一篇文章里，我谈到对于任何思想理论都可以作为研究的对象，而不应该无条件地迷信时，举了几个例子，其中也提到孔子学说。但仅仅是"孔子学说"，就引起了一位网友的愤慨。他留言批评我说："孔子是我国古代伟大的思想家、政治家，是万世师表，是大成至圣先师，你竟然以如此不尊重的口吻谈论孔子，你有什么资格批评我们中华民族伟大的圣人，如此数典忘祖，没有一点中华民族的文化自信，你太狂妄了吧！"如此激动，如此斥责，所以我说他"愤慨"是一点都不夸张。

我在想，这位因热爱孔子而文化自信满满的朋友，估计是一位年轻人。他不知道，两千多年来，孔子在被统治者奉为圣人的同时，一直都在被批。老子就当面批评过孔子的所谓"仁义"说，然后从先秦的韩非到明代的李贽，从五四运动的"打倒孔家店"，到20世纪70年代的"批林批孔"……可以说，批孔的声音从来就没消失过。

当然，不是说凡是批孔就是"政治正确"，比如"批林批孔"时的批孔虽然不能说全都没道理，但确实有许多荒唐之处，尤其是把孔老二（那时都不称"孔子"而蔑称"孔老二"）同林彪捆绑在一起，更是令人啼笑皆非。

但无论如何，所有理论学说都没有被免于质疑、批评乃至批判的特权。这是绝对的。

好，绕了一圈，咱们还是说正题——

看陶行知是怎样批判孔老先生的。

陶行知教育思想的主体，就是生活教育，而生活教育的核心主张，就是理论与实践的合一，读书不能脱离实际。陶行知尤其主张教育必须同劳动相结合，他甚至认为读书、教书、用书都是为了生活，都必须统一于身体力行的实践，所以"教学做合一"。这与孔子轻视甚至鄙视劳动的思想，显然是相对立的。

1932年9月，陶行知发表了一篇短文《从教育上谋国难的出路》，重点谈"手脑并用"的问题。他写道："用头脑不及手脑并用的力量大——读书人只能想出许多解决困难的方法，但却生不出力量。"

能想出解决问题的办法，却没有力量解决问题，陶行知认为这是传统教育的矛盾，即双手和大脑脱节。他分析说："传统教育的矛盾，可由孔老先生来做总代表。他是地主，所以他说：'君子谋道不谋食。'他骂劳农是小人，然而他却说'非小人莫养君子'，这是多么的无赖。他又是好吃懒做的人，所以一个农人对子路骂他是'四体不勤，五谷不分'。'割不正'一段话，很可代表他的好吃。'民可使由之不可使知之'，这是他所主张的教育。中国从这位老先生以来，可说完全造成了一个书呆子国家。"

从这一段话看，可以说陶行知对孔老先生是很不客气的。

当然，他并没有全面评价孔子的学说，仅仅是就"手脑脱节"而言，以批评孔子脱离实践、反对劳动、蔑视人民的教育，进而突出自己的主张：手脑并用。

陶行知主张："竭力把知识分子变成工人，把工人变成知识分子。"他曾经批判中国的乡村教育："中国的乡村教师，多是书呆子；中国的乡村学校，多是书呆子制造厂——把好好的农民子女，继续不断的变为不事生产的废人。这种教育倘不彻底改革，则旧的力量不能维持，新的力量不能产生，我们的民族恐怕要日益贫弱，以至于灭亡。"

读书与劳动结合，这并不仅仅是陶行知的主张，关键还是他的实践，他就是这样办学的。也就是说，他对孔老先生的批判，不只是打"口水仗"，还用行动来抨击。

陶行知办晓庄师范时，曾在《试验乡村师范学校答客问》中，介绍晓庄："我们第一院里面种种事务都是要学生分任去做的；什么文牍、会计、庶务、烧饭、种菜，都是要学生轮流学习的。全校只用一个校工担任挑水一类的事，其余一切操作，都列为正课，由学生躬亲从事。"

客人感到不解，问陶行知："师范生要学习烧饭种菜，这是什么道理？"

陶行知回答道："乡村里当教师，不会烹饪，就要吃苦，我们晓得师范生初到乡间去充当教师，有的时候，不免饿得肚皮叫，就是因为他们不会炊事。……所以我们这里的口号是：'不会种菜，不算学生'，'不会烧饭，不得毕业。'"

"不会种菜，不算学生"，"不会烧饭，不得毕业"这样的口号——还不仅仅是口号更是行动，真是绝了！

有意思的是，当年报考晓庄师范共五门考试科目，第一门就是农事或土木工操作。如果考生不会做这些，对不起，不予录取。

1927年3月15日，是晓庄师范建校开学的日子。可学校却没有一间房子。陶行知后来很自豪地说:"没有房子而开学校,这是首创。我们以青天为顶,地球为地,日光照着工作,月光下休息和唱歌,过着富有诗意的生活。"

陶行知把饭堂取名叫"食力厅",把厕所取名叫"黄金世界",把图书馆取名叫"书呆子莫来馆",把礼堂取名叫"犁宫",还专门在犁宫前写了一副对联昭示他的办学态度:"和马牛羊鸡犬豕做朋友,对稻粱菽麦黍稷下功夫。"

他开心地描绘晓庄学生"富有诗意的生活":"学生男的以开荒挑粪、女的以倒马桶作为考试,洗菜、烧饭、打杂都得学生自己动手。因此,有一首:'呆子烧饭,一锅烧四样:生、焦、硬、烂。'挑水挑粪的比赛作为运动。学校没有围墙,农民随时可到学校里去。每家农家住有一二个学生,帮着扫地抹桌等操作,跟农民生活在一起,相互学习。学习和农民熟悉交流后,学生重新发现自己也有一双手,农民发现自己还有一个头脑。"

晓庄学生的课程就是全部生活,晓庄师范的校园就是整个天地。学校连大门都没有。所以三年后,晓庄师范被当局查封,封条没处贴,只好贴在黑板上。

当年有一位清华大学心理学系二年级的学生叫操震球,被陶行知的教育思想所征服,立志投身乡村教育。他听说晓庄师范即将开办并招生,便给陶行知写信,希望能够给他一个考试的机会。

陶行知一方面很感动,另一方面担心这位白面书生吃不了晓庄师范的苦,决定先"把丑话说在前面",给他回信道:"您既有这种宏愿,我就应当把个中的甘苦明明白白的告诉了您,还望您慎重考虑一番,再行决定。田家生活是要蛮干的,您愿意吗?您能打赤脚在烂污泥里奔走吗?您不怕把雪白的脸晒得漆黑吗?您不怕软手上起硬皮吗?您不怕在风霜雨雪中做工吗?您不怕挑粪吗?您愿意和马牛羊鸡狗猪做朋友吗?城里人的眼光看来，这都是苦处；其实乡下人并不以此为苦。纵然这是苦处，乡下人也有城里人想不到的乐趣。"

后来操震球放弃清华大学的学习，来到南京郊外的劳山，成为晓庄师范的第一期学生。他一生从事教育，践行陶行知思想。

1927年3月17日，晓庄师范开学第三天，陶行知给儿子桃红（陶宏）写信说："试验乡村师范已经开学，学生虽然只有十六名，但是精神真好。他们自己扫地、抹桌、弄饭、洗碗、打补丁。他们还脱了鞋袜，穿着草鞋种田地。昨天和今天，他们还为乡下小学生种牛痘，医秃头疮。"

纵观古今，横看中外，还有这样的教育吗？

读到这些，再想想今天中国的校园，不禁感慨：我们现在的教育给了孩子多少劳动的机会？

比如，校园清洁卫生的打扫和保持本来应该由学生完成的。我印象中，至少在八九十年代，学生每天放学后打扫清洁卫生，既要打扫本班教室，还有公共区域（简称"公区"）；而现在许多学校的校园公区（包括厕所）包给了物业公司的保洁人员打扫，学生只打扫本班教室。这是非常不妥的做法。让学生参与打扫并维持校园卫生，这是极有意义的劳动实践。

当我们在高喊"学习陶行知"的时候，千万不要违背他生活教育的思想。而继承陶行知的教育遗产，能否从让孩子参加校园劳动开始？

2021年11月9日

陶行知为什么提倡"有限制的爱国心"

恐怕没有人怀疑作为不朽教育家的陶行知,首先是一位伟大的爱国者吧?他之所以立志办教育,就是希望通过教育改造中国,以实现中国的民主富强和人民的自由幸福。

1917年10月10日,在南京高师任教务主任的陶行知在双十节纪念会上发表演讲时,这样深情地说道:"我们居在四百万英方里的地方,是数千年祖宗传下来的;我们所治的中华民国,是千万英雄血所造成功的。我们对此中华民国,应该要报何等的恩典、负何等的责任呢?第一要爱国,要爱我们的民国。国要爱,我们的民国更要爱。死而复活,再死再复活的民国,更要爱而又爱。凡国家都有人爱,我们不爱国家,或者爱的不深,外国人就要代我们爱了。印度人爱印度不深,英国人代他爱;朝鲜人爱朝鲜不深,日本人代他爱;中国人不爱台湾、香港、青岛、大连湾、威海湾、广州湾,所以给外国人夺去了。我们倘若是对全国的爱情不深,那全国就要跟着别人跑去了。所以一国的存亡,看国民有爱国的心没有。有了爱国心,虽亡必存;没有爱国心,虽存必亡。"

读到这些句子,我感觉每一个字都是滚烫的。这些话是从陶行知的心灵深处流淌出来的,因为经历过割地赔款屈辱历史时期的陶行知,比今天和平年代的我们更懂得"爱国"意味着什么。

今天的我们当然也爱国,而且我坚信许多中国人的爱国情感和当年陶行知一样的深厚。但是,爱国和怎样爱国还不是一回事。近年来,我们看到一些号称爱国的人(尤其是在网上)以盲目排外的狭隘民族主义情绪表达"爱国热情",做出一些损国甚至害国的事。

在陶行知的那个时代,也有这样的所谓"爱国者"。因此陶行知在演讲中特别强调:"要知道爱国心是一件事,爱国的法子又是一件事。……所以有了爱国心,必定要有爱国的法子,方能达到我们爱国的目的。倘不照这样儿做,虽有爱国心,也无济于事。"

这个道理也容易理解。爱国不能仅仅是演讲、作文、标语和口号,而应该有具体的途径和方法。比如陶行知的行动就是办教育。

但接下来,陶行知提出一个观点:要限制爱国心。他的原话是:"有爱国心不难,有限制的爱国心是很难。"

我估计这话会让许多爱国者迷惑不解:爱国心不是越多越好吗?怎么还要"有限制"?

再仔细看上下文,原来陶行知这样说,是基于他的某种担心。他是这样说的:"爱国心如同火一样:用得好,可以照了我们读书做事;用得不好,把房子都能烧去,所谓不戢将自焚也。""不戢将自焚也",戢,收敛之意。此语出自《左传·隐公四年》:"夫兵,犹火也,弗戢,将自焚也。"意思是说战争就像玩火,不在适当情况下及时止息,就会把自己烧掉。正是在这个意义上,他才说:"有爱国心不难,有限制的爱国心是很难。"

是不是这样的呢？有没有因"爱国心"太炽太烈而损害了国家的例子呢？

我想到了前几年一些城市的"抵制日货"。某些"爱国青年"怒喊"灭了小日本"，砸伊藤洋华堂，砸日本商品，甚至还有人用U形自行车锁砸伤日系车主致其重伤至五级伤残的惨剧……客观地说，我们很难否认这些人的爱国心是真诚的，但如陶行知当年所说，这是没有"限制"的"爱国心"，其烈焰最后烧着了我们自己的同胞。

记得当时这些事件发生后，我对学生说，对于日本侵华历史，我们当然永远不能忘记；对于日本右翼分子否认历史的行为，我们永远不能原谅。但是那些以爱国的名义所实施的打砸行为不仅是错误的，而且是愚蠢的。我还对学生说，和平时代，和对手最好的较量就是超越他们，而超越的前提是认清对手的实力。一个民族的自信与智慧，有时候恰恰体现在勇于并善于向自己的对手学习。所以，我们不但应该学习包括日本民族在内的世界各个强盛民族的科学技术及其他先进之处，而且今天甚至完全可以享用同样包括日本在内的世界发达国家的物质文明和精神文明的成果，但是，我们时刻都不应该忘记，我们的最终目标是实现中华民族的伟大复兴！

2018年2月，我曾去日本旅游。在京都郊外著名的风景区岚山，我读到了当年留学日本的周恩来写下的美丽诗篇。当时我就感慨，就在周恩来写这首诗的25年前，即1894年，中日爆发了甲午海战，此役最后以中国的惨败、北洋水师的全军覆灭而告终。整个中华民族因此而蒙受奇耻大辱，并感到了空前的民族危机。然而，恰恰是那一代有志有识之士——除了周恩来和鲁迅，还有后来成为国共两党的领袖人物的孙中山、陈独秀、李大钊、李达、李汉俊、董必武等人，他们东渡日本，向刚刚给过自己国家以沉重打击的敌国学习，这是怎样的胸襟、怎样的远见？

若是在今天，这些人很可能会被骂为"汉奸"。学习之余，他们还游览欣赏日本的自然风景，写下赞美的诗文，这事放在今天，估计又会被一些"爱国者"质疑："中国那么大，世界那么大，为什么要欣赏日本的风景呢？"

"你可以不喜欢日本人，但你要知道我们和他们的差距有多大。"这是我多次对学生说过的话。这个"差距"，显然不仅仅指经济、科技、教育等方面。如果我们不承认这一点，不努力提升中华民族每一个成员的文明修养，就算将来中国在物质文明方面真正强大了，不光日本人，世界其他民族一样会看不起中国人的。一个民族的自信与智慧，有时候恰恰体现在勇于并善于向自己的对手学习。我至今仍然坚持我的这个观点。

重读陶行知，我再次感到他的了不起，因为他的许多话能够穿越时空，照亮今天。陶行知在1917年那次双十节演讲中说的一番话，好像说的也是百年后的中国："应该有适当的限制爱国的法子，譬如义和团这件事，法子不好，结果也不好。四百五十兆的赔款，叫我们苦百姓三十九年方能还得清楚。这是小不忍则乱大谋，不是爱国，乃是害国。所以爱国的法子，应该要有适当限制，可以进则进，可以退则退，方能算真正爱国的国民。有了爱国心，又有爱国的法子，如此的爱国，方能有益于国。"

是的，既有坚定的民族立场和深厚的爱国情感，又有清醒的思辨头脑和宽阔的世界胸襟，不妄自菲薄，也不狂妄自大，不当"维持会"，也不做"义和团"……这就是真正的有"限制的爱国心"。

而"如此的爱国，方能有益于国"。

2021年11月10日

自然而有温度的教育

我曾经说过,自然而然的教育是最好的教育,有温度的教育最能感染孩子们的心。

这是我几十年不变的教育追求,也是所有优秀教育者的实践。

比如,重读陶行知,我就再次读到了他讲的一个真实故事。这个故事,其实就是他在美国哥伦比亚大学教育学院学习时,所亲眼看到的一个课堂案例。

美国哥伦比亚大学师范院附属小学有一位叫柏格罗的女教师,她平日一直注重根据每一个孩子的个性特点来引导孩子,所以她班上的学生,比别班的更加活泼,同时也很守规矩。

有一天,在二年级的教室里,有个名叫多玛的孩子恰好过生日,她的母亲特为孩子买了生日蛋糕送到学校,请老师分给多玛的同学吃,以便大家热闹一番。于是,陶行知看到一个特别温馨而有意义的教育现场。他在文中这样描述道——

> 柏女士接过盘来，笑问全班学生说："谁应分这美丽的糕？"大家回答说："先生，你来分。"女士以为然，将糕一块一块儿的切好了。又问："请告诉我，谁应吃第一块糕？"大家欢呼说："多玛，多玛！"女士依大家的话，先给多玛一块，然后按着座位的次序，分给全班学生。分了后，还余几块，女士又问道："现在糕尚有余，怎样是好？"一位学生起立说："先生请自吃一块。"又一个学生说："多玛的母亲在那边，何不给她一块？"又一个学生指着参观的人说："何不给那三位客人几块？"这三个学生的话，柏女士以为都不差，故先派一个学生送糕给多玛的母亲，其次再送参观的客人每人一块，然后女士自取一片，大家齐吃一顿。学生、教员、母亲和参观的客人皆大欢喜。最后，一位七岁女孩来向多玛说："多谢你的好糕，我很情愿天天是你的生日。"大家听见，都以为是妙人妙语。过不多时，习字的功课到了，快乐之后，势难静坐。柏女士乃弹琴数下，大家听了那清静的琴声，就不知不觉的静起来了。这是柏格罗女士分糕寓教的一段教授法，作者亲眼看见的。这分糕的方法很有教育上的价值，所以就将它来介绍于同志。

看到这里，我想任何读者的心都会软软的暖暖的。当然，如果只是感到温暖，还只是一般读者的感受。对于教育者来说，除了感动，还应该有教育上的领悟。

比如我，就想到自然而然的温馨教育。这位老师不但爱孩子，而且还有一颗善于感受孩子的心，和一双敏锐发现教育时机的眼睛，更有尊重孩子、接纳孩子的开阔胸襟。

她乐于和孩子分享生日的喜悦,因为她懂孩子的心理,所以她能够很快进入孩子的精神世界,以孩子的快乐为快乐。她善于感受并把握教育契机——孩子母亲给孩子送来了一个生日蛋糕,也是送来了一个关于爱以及与爱相关的友谊、尊重、生命等的教育契机,当然对这契机的运用则是自然而然、润物无声的。无论是切蛋糕还是吃蛋糕,每一步她都非常亲切地征求孩子们的意见,呈现出和孩子们平等和谐的关系。当孩子们吃完蛋糕,还在兴奋中难以平静时,女教师轻弹钢琴,便收拢了孩子们的心——自由纪律,有张有弛,收放自如,恰到好处。

当时在场的陶行知又感悟到什么呢?

他这样分析道:"按以教育的目光看来,这段故事有五个要点。第一,小学教育的功效,一部分要靠着学校和家庭的联络。看多玛的母亲送糕到学校里来,可以晓得她母亲与教师的感情深厚。第二,教育的方法首重启发思想。女士所问的事,表面上看起来,似很平常,却是能引起学生独立的思想。第三,课堂里面的精神,一来靠着先生和学生的感情,二来靠着同学彼此的感情。看这一课的终始,不但教员和学生有感情,就是那同学彼此的感情也很融洽。那堂内一段和气,实非笔墨言语所能形容的。第四,教育儿童,应当严格的地方便须严格;应当放任的地方便须放任。美国的教育偏重放任,中国的教育偏重严格。太放任了虽是富于自由,不免溢出范围;太严格了,虽是谨守规则,却有些枯干气味,都不是应当有的现象。柏格罗女士的班上,自由中有规则,规则中有自由。学生既有发言的机会,又能中绳准,真是难得的!第五,善教的人随事寓教,不但是教书就算了。同一生辰送糕,如果遇了不好的先生,他便会驳斥说:'学校重地,不准吃糕。'遇了平常的教员,也不过一饱口福就罢了。但是到了好先生的手里,就是教育的一段好材料。"

和我的感悟相比,陶行知先生还是站得更高、看得更透。他看到了家校关系的和谐，即孩子父母与老师的"感情深厚"；他看到了老师的善于启发——是的，怎么吃蛋糕，老师一句话就可以说了算，但这位老师却一一问孩子们，这种民主的风范本身就是一种教育；他看到了教室里无论师生之间还是孩子之间那种融洽的情感，"那堂内一段和气，实非笔墨言语所能形容的"，我想陶行知当时应该也被感动了；他看到了女教师的教育艺术和管理分寸，宽严得当；他看到了女教师善于"随事寓教"，把一个生日蛋糕的教育效应发挥到淋漓尽致。

  优秀的教育者应该是一个特别敏锐的人，这样的人总能在生活中、校园里、课堂上随时发现并及时捕捉教育素材，能够在别人司空见惯的地方乃至仅仅是一些细节处发现其中蕴含的教育因素，然后巧妙地对孩子进行引导和感染。而这一切看上去又是那么的"不经意"。不动声色，不知不觉，了无痕迹，天衣无缝，润物无声，潜移默化……这就是教育的智慧，也是教育的艺术，更是教育的境界。

2021年11月10日

"校长和校工一律看待"

比起公开的演讲和文章，书信更能直接表达思想、抒发感情。重读陶行知，当然包括他的书信。这些书信也是他思想的重要载体。陶行知的影响力大，他是他那个时代的著名人士，因此他的好多信也是写给不少大人物的，如毛泽东、蒋介石、宋美龄、邵力子、张治中、孔祥熙、孙科、冯玉祥、胡适、张大千、卢作孚、邹韬奋、白崇禧、杜月笙、阎宝航、章伯钧、沙千里、杜威、孟禄、甘地、泰戈尔……每一封名人书信的背后，都是一段翻卷的历史风云。

但我更喜欢他给平常人写的信，给亲人，给同事，给同志，给朋友……这些更平易朴素，文字也更亲切，用今天的话说，叫作"接地气"。

比如，下面这给"高大哥"的一封信——

高大哥：

　　我久想和您细细的谈一回心，只因事情太忙，不能做到，实在烦闷得很。今天在船上念到您，便要写信把我的心思使您知道。

　　您为人很诚实。我们大家都爱上您这一点。这是做人的根本。我希望您永久保守这个宝贝，终身做个诚实人。但是在世上做人，单靠诚实是不够的。诚实之外，还要尽本分。我们学校里，各人有各人要尽的本分。您的本分是按着一定的时候挑水、烧锅、买菜、清理厨房和别的粗工。做这些事您应当受主管人的调度。

　　您现在最大的一个毛病便是顽皮，不受调度。您应当痛改。我们主张人类平等：校长和校工一律看待，吃一样的饭，一样的要尽本分。校长不尽本分，校长的饭碗便要打破；校工不尽本分，校工的饭碗也是要打破的。您可知道，这次他们开会限我二十一日前要回校，若是过期不到，连我也要受罚。您看厉害不厉害？大家能罚我，难道就不能罚您吗？我们不愿意受罚，便须尽本分、听调度。我现在不在学校里，一切由赵先生作主。他要您听谁调度，您就听谁调度。

　　自己的本分尽了，还得用空闲的工夫帮人的忙。您帮人家忙，人家也愿意帮您忙。倘若人家请您帮忙，正在您不能放手的时候，也要和和气气的对人家说明，不可发茅草火的脾气。

　　您倘若诚实到老，尽本分，听调度，帮人忙，和气待人，那您便是我们晓庄理想的校工，也可以说是校工中之圣人，保您有个铁饭碗，永远打不破。您要不信我的话，那便是瓷器饭碗，随时可以打破的。我相信您是世界上一等好人，一定是肯听我的忠告的。

　　现在船已靠岸，不能多写。我身体精神都好，请可放心，但时常念着您和晓庄同志。好在只有十六天就可以回来了。再会，再会。

"校长和校工一律看待"

祝您和大家安乐进步！

十六年十二月五日

我读到这封信，开头的称呼"高大哥"就把我暖着了。

我没有读到这封信的任何背景资料，但我觉得对这封信的理解也不用任何背景资料。信是写给晓庄师范的一位校工的，当时陶行知在外奔波，在船上想到这位校工了。

为什么陶行知会想到这位校工呢？根据信的内容不难推测，校工有些不听指挥，给他们安排活儿还发脾气。作为一校之长的陶行知早就想和这位校工谈心，却苦于忙碌一直没有找到机会。现在就在船上以书信的方式给他沟通。

这事放在今天，在某些校长看来，一个学校干"挑水、烧锅、买菜、清理厨房和别的粗工"的校工，不过就是一个临时工，如果不听话，直接开除就是了，"废什么话"！

按说陶行知似乎可以这样做——注意，我这里说的是"似乎可以这样做"，因为陶行知实际上不可能这样做，如果这样做，那就不是陶行知了。

在陶行知心中，人民是至高无上的，而这个"人民"不是抽象的，而是具体的，就是他身边的每一个普通的劳动者。平等的观念已经深入他的骨髓，因此他能够非常自然地把这位高姓校工称为"高大哥"，从心里尊重他，即使他犯了错误，也以平等宽容之心待他。

但平等与尊重，不等于不讲原则。面对犯了错误的高大哥，陶行知也诚恳地对他提出了严肃的批评。品味陶行知的批评艺术，我们可以学到很多，尤其是做管理的校长应该很受启发。

首先，陶行知充分肯定高大哥的优点："您为人很诚实。我们大家都爱上您这一点。这是做人的根本。我希望您永久保守这个宝贝，终身做个诚实人。"不因对方有缺点并且犯了错误，就将其优点也否定，甚至一棍子打死。

虽然是一封批评的信，但称呼"高大哥"，而且用"您"的尊称，这些文字细节都体现出陶行知对人的平等与平易，高大哥"为人很诚实"，而且还说"我们大家都爱上您这一点"。我想高大哥即使本来有抵触情绪，读到这些心里也会平和多了，并愿意继续读下去。

但这封信的目的毕竟不是为了表扬，所以有了前面的铺垫以后，接下来陶行知直言："在世上做人，单靠诚实是不够的。诚实之外，还要尽本分。"所谓"本分"，就是一个人本身应该承担的责任和义务。显然高大哥在这一点上做得不够好，所以陶行知说："做这些事您应当受主管人的调度。"并直接批评道："您现在最大的一个毛病便是顽皮，不受调度。您应当痛改。"

如果仅止于此，那陶行知还只是就事论事的批评，接下来，他耐心地给高大哥讲"我们主张人类平等"道理："校长和校工一律看待，吃一样的饭，一样的要尽本分。"然后他先说自己："校长不尽本分，校长的饭碗便要打破……"然后再说校工："校工不尽本分，校工的饭碗也是要打破的。"看看，换个校长可能直接说："你再这样，就别怪我不客气了，你只好走人！"意思其实都是一样，但把校长自己摆进去，表明守本分不是对某一个人的要求，而是人人必须遵守的规则，这样高大哥一定接受道理。

但接受道理不一定心情舒畅。陶行知虽然把自己摆进去了，语气也很温和，可毕竟说到了"饭碗也是要打破的"，高大哥估计还是有些紧张。于是陶行知最后写了一段信任与鼓励的话，如果改了缺点，"那您便是我们晓庄理想的校工，也可以说是校工中之圣人，保您有个铁饭碗，永远打不破"。还说："我相信您是世界上一等好人，一定是肯听我的忠告的。"

一个犯了错误的校工，遇到陶行知这样的校长，该多幸福！

千万不要仅仅以为是陶行知"善于做思想工作","会说话"。他当然具备教育智慧和教育艺术,但我觉得更重要的是他那颗与人为善的心,尤其是他对人民的热爱,使他对普通劳动者有一种发自内心的尊重。这才是最可贵的。

今天的校长应该具备这样的现代民主观念与平等意识。在学校,无论师生之间,还是干群之间,或是教师和职员之间,包括与门卫、保洁工和食堂师傅的相处,不应该有一丝一毫的上下尊卑之分,人格与尊严都应是绝对平等的,仅仅是分工不同而已。

我想到自己在做校长时,尽可能尊重学校的每一个校工。每年教师节,所有师傅不但参加学校的教师节庆祝活动,而且也是被表彰奖励的对象。有一次我从国外回来,不但给老师们买了巧克力,而且给门卫保安、保洁人员和食堂师傅也送了一份。卸任离校的那一天,我最后做的一件事就是特意向每一位师傅致谢告别。记得那天食堂有几位师傅不在,第二天我专门又开车回学校向他们表示感谢。

我不认为我这样做有什么不得了的,因为"校长和校工一律看待,吃一样的饭,一样的要尽本分",这是天经地义的。

我这都是跟陶行知学的。

2021年11月12日

孩子的错误算不算"错误"?

时不时会听到一些否认"问题学生""后进生""差生"(其实这几个说法本质上是一回事)存在的观点。他们认为,孩子的错误根本就不是错误,很正常。我甚至还亲耳听过一位专家在报告时说,孩子根本不会犯错误,所谓"错误"都是以大人的眼光去看孩子的行为。

应该说,这些教育者对孩子的爱与信任让我感动,我非常理解他们的意思——孩子就是孩子,不要戴着主观的有色眼镜去看他们,不要简单地给孩子的行为定义为"错误",更不要给孩子贴一个"差生"的标签,而应该将他看作一个正常的孩子,这是教育的前提。

不要简单地给孩子下定义、贴标签,我同意。但是,说孩子不会犯错误,进而否定"差生"的存在,就太绝对了——好像学生因为是小孩子所以是不会犯错误的,学生之间也不存在"优"和"差"的区别。这不是一种实事求是的科学的教育态度。

当然，犯错误的孩子不一定是"差生"，二者不能简单画等号，但犯错误与"差生"是紧密相连的。不断犯错误，就是我们所说的"差生"。经常听一些家长为自己犯错误的孩子辩护："他还是个孩子嘛！没什么大不了的。"

这看上去轻描淡写的口头禅，掩盖了多少孩子的坏习惯？而这些坏习惯极有可能成为他人格成长的隐患。

陶行知是怎么看这个问题的呢？

最近重读《陶行知全集》，读到他在给一位友人的信中，有这样的话："您说'小孩子根本不会有错误'，倘若您的意思只是企图导出一种结论，认为孩子们的错误，根本上是由于环境造成的，那倒没有什么不对。但是，倘若您要据此作为训导儿童的一个重要的指导原则，那就有问题了。儿童不但有错误，而且常常有着许多错误。由于儿童年龄上的限制，缺乏经验，因而本身便包含着错误的可能性，这是一；环境不良，养成了许多错误的习惯，从这些错误出发，必然再造错误，这是二。因此教育的任务除了积极发扬每个儿童固有的优点而外，正是要根据事实，肯定他们的错误，从而改正他们的错误。"

真是说得太好了！虽然陶行知说的不过是常识，他不说我们也知道这个常识，但这话由这位伟大的人民教育家说出来，意义就不一样了。大家都知道，"爱满天下"的陶行知对孩子的爱是难以形容的，为了千千万万孩子的教育，他"捧着一颗心来，不带半根草去"。可他依然没有被"爱"冲昏头脑，无视小孩子的错误，而且明确说："儿童不但有错误，而且常常有着许多错误。"

陶行知不但正视小孩子会犯错误的事实，而且指出了小孩子犯错误的原因，"根本上是由于环境造成的"。我理解，陶行知提醒的"儿童年龄上的限制，缺乏经验"，正是他理解儿童心理特点的体现，这里面就包含着宽容和包容，但宽容和包容不等于纵容。陶行知这里的"环境不良"的"环境"，显然不仅仅是指自然环境，更多的是指人文环境——家庭环境和社会环境，包括孩子的人际交往，甚至如苏霍姆林斯基所说的"街头结交"。当然，这些"环境"最终都是以"人"的形态出现的，比如家庭环境除了家庭的布置和家庭的氛围，更指家庭成员尤其是父母的言谈举止。

当年苏霍姆林斯基也针对一些人说过，"没有不好的学生，只有不好的教师"（看，这句话成了流行全球的"世界名言"了）时，特别说："难教的儿童总会是有的，无论如何也不能摆脱他们。"他说的"难教的儿童"就是我们说的"差生"。

在对难教儿童的成因进行大量的调查研究之后，苏霍姆林斯基发现，除了孩子自身的年龄和其他因素之外，环境也是重要原因。他说："童年时代缺乏真正的人的环境，这是一些孩子成为难教儿童的主要原因。"这里，他主要是指家庭教育的缺失或不完整。在《家长教育学》一书中，他直截了当地写道："教育工作多年的实践以及对儿童智力劳动和五光十色的精神生活的研究，使我弄明白了，儿童之所以成为难管教的、不及格的、落后的，最重要的原因是孩子所受教育和孩子早期童年的周围环境条件所引起的。这也就是说小孩子在一至七八岁时，思维物质没有得到为发育所需的极为重要的某种东西。"

无论是陶行知，还是苏霍姆林斯基，两位杰出的教育家都没有否认我们今天所说的"差生"的存在，他们对我们最可贵的指导，就是正视"差生"的存在，分析存在的原因，并研究在实践中如何转化这些"差生"。

说到"差生"这个词，估计有些教育者难以接受。近年来，不少老师为了回避这个词，发明了许多称呼："个性生""潜力生""待优生"……我认为，问题的关键不在于怎么称呼，而是如何对待这些孩子；而如何对待的前提就是必须弄清——"差生"的存在是不是一种客观现象？

常识告诉我们，孩子是有差异的，这个差异既体现于个性特点，也表现于行为习惯，当然更凸显于学习能力和成绩，这是一种客观存在，没必要鸵鸟式地回避。但是我们要明白，"差"和"优"是一个相对的概念，从来就没有孤立的"差"和"优"，关键看是放在怎样的生源环境中比。另外，某个学生今天"差"不等于永远"差"，这个方面"差"不等于其他方面都"差"。

当然，承认"差生"（其实在我的文章中，更习惯于用"后进生"这个词），是为了更好地研究，而不是作为一种标签，一贴了之，把孩子的成长固化了。更不能将其作为称谓去叫学生，这是对孩子自尊心的损伤。

应该铭记陶行知的教诲："教育的任务除了积极发扬每个儿童固有的优点而外，正是要根据事实，肯定他们的错误，从而改正他们的错误。"

不承认"差生"存在的老师，或许有真诚的爱心；承认"差生"并研究和转化"差生"的老师，不但同样有真诚的爱心，而且还有丰富的智慧。

2021年11月13日

陶行知是怎样维护教师权益的？

大家知道，"捧着一颗心来，不带半根草去"的陶行知具有崇高的奉献精神。他在晓庄师范曾代表孩子们对师范生们说："不要你的金，不要你的银，只要你的心。"在重庆办育才学校时，他说："只要是为老百姓造福，我们吃草也干！"

但这并不意味着陶行知忽略教师的物质待遇。他的第一条教育信条便是："教育是国家万年根本大计。"而学校则是教育的基石。那么，好的学校从何而来？他说："要有好的学校，先要有好的教师。"

"不要你的金，不要你的银，只要你的心。"可政府不能亏待老师，不能不给老师们足以养活自己和全家的"金"和"银"。"只要是为老百姓造福，我们吃草也干！"可国家不能只让老师们"吃草"。在旧时代，中小学教师的待遇是很低的，为此陶行知多次要求国家保障教育经费，落实教师待遇。

1924年，他在《民国十三年中国教育状况》中指出："由于政局动荡军费开支无常，教育界人士面临着教育经费无保障的局面。……中国的公教人员是以个人的最大牺牲来为国家服务的。"因而他呼吁："采取经济措施和借助立法以保证有定期的教育经费，让公教人员免受经济拮据的困扰而能一心一意地献身教育事业。"他知道，要改变教师生活的窘困，首先是国家层面要重视。因此他提出要以"立法"的形式将改善教师待遇作为法规长期确立下来。

1940年，他经过事先周密调查和深入研究，发现教师待遇太低了，尤其是小学教师，于是他撰文《小学教师之烦恼》说："小学教师待遇太低，对于整个国民教育之影响是很严重的。"进而他提出改善教师待遇之办法："1.配合物价之高涨以增高薪水；2.改十个月为全年；3.改领薪为发薪；4.禁止欠薪；5.假期予以进修机会；6.供应书报及其他文化食粮；7.尊重聘约；8.举行失业残废生命保险；9.害病时予以公费治疗；10.为改善生活、共求进步、负担任务，小学教师本身应有组织。"在这里，陶行知已经不是一般的呼吁了，他提出了具体的建议，希望将改善教师待遇落到实处，而不只是一句空话。同时要达到的目的是："使小学教师的伟大力量能充分地发挥出来，形成抗战建国之基本的真实的力量。"

当时，不少学校有老师兼课比较多，另外还有学校的教师报酬是计时制，即单纯以课时多少来计算教师的工资。为此，在谈到学校聘任老师时，他特别建议："教师聘任之根据：1.中国中等以上学校，教师以一人兼任数校功课的很多，以致教师与学校的关系不能密切；学生对于教师亦失相当的敬仰。故学校通例，教师不宜兼他校功课。2.中国中等以上学校聘任教师，多以钟点计算，故大家希望多分钟点，敷衍教授。欲矫此弊，宜定专任薪水标准；使每人所得，足供生活之要求。并定每周担任钟点限度,以免劳逸不均之现象。"

这里,陶行知所说的"兼课"指的是同一教师在不同学校上课,兼课多了,必然增加教师的工作负担,同时也与本校的关系疏远,因为毕竟时间有限,这也不利于教师的成长与学校的发展。而单纯凭上课的多少论工资,老师往往容易为了课酬而抢课,多多上课往往会降低教学质量。其实,这两种情况的背后都是教师待遇不高的原因。所以陶行知"使每人所得,足供生活之要求",一直呼吁提高教师待遇。

1941年6月1日,他再次撰文呼吁当局必须重视提高教师们的工资待遇,解决他们的生活困难:"为着要叫中华民国的小主人壮大起来,第一就是要叫他们吃得饱,可以欣欣向荣的长成;第二就要叫教师们能养家,可以安心于传道授业;第三就要叫学校当局不为米所困,可以专心准备充分的精神食粮,使全校师生在学术的气候中求长进,并以教育的力量帮助争取最后之胜利。"

陶行知就是这样,坚持不懈地为提高教师待遇而呼吁。

当然,教师既要生存,也要发展。前者有赖于物质待遇,后者依靠专业追求。所以陶行知在这方面也提出过建议,并力所能及地呼吁。比如关于暑假,当时存在两个问题:第一,并不是所有老师都能享受暑假;第二,有的老师并没有好好利用暑假来提高自身专业水平。为此,陶行知说:"学界中人既不能人人享受暑假利益,而暑假的风俗习惯又不能打破,那就要因时制宜,想些别的法子来解决这个问题。于是有心教育的人就想乘暑假的时候,来换些新事业,得些新阅历,使与暑假有关系的人,不但不致荒废光阴,而且能得许多平日所不能得的益处;如同旅行、游历、集会,都是解决这暑假问题的方法。但是益处最大的,无过于暑期学校。请谈暑假学校的优点:(一)功课没有学足,或是虽学足而未学好的学生,可以乘此补习。(二)施行选科制的学校,大都只问程度,不拘年限,那爱惜光阴的学生，就可在夏天加读几门功课，早些完毕，使那人生必需的学问，可以早些立定基础。（三）教员最重要的精神，是求事业能力的长进，要把我们的教材教法一天长进一天。否则年年卖旧货，还有什么意味呢？"

这里，陶行知既说了学生，也说了教师。其实，对学生的要求同样适用于教师。他认为，要保证师生的暑假，在这个前提下，师生要好好利用好暑假，"不致荒废光阴"，比如"旅行、游历、集会"，还有学习。对学生来说，"那爱惜光阴的学生，就可在夏天加读几门功课"；对教师来说，"要把我们的教材教法一天长进一天"。

这些话对今天的我们，不一样也有着重要的指导意义吗？

陶行知的晓庄师范仅仅存在了三年零一个月，却培养了许多出色的教师，他们成了陶行知教育思想的火种，播撒到了全国各地。既关心物质生活，也重视精神追求，陶行知不愧是优秀教师中的杰出教师。

2021年11月16日

父母是儿童最好的老师

陶行知专门论述家庭教育的文章不多,更没有写过家庭教育的专著,但这并不意味着他不重视家庭教育。他是把家庭教育放在整个生活教育的框架里思考的,是站在整个中国走向民主社会、创造时代的高度来看待家庭教育的。所以,他是结合平民教育、乡村教育、国难教育等一起论述的。这些散见于他演讲和文章中的家庭教育思想,今天依然闪烁着真理的光芒。

严格地说,陶行知所谈的家庭教育,与其说是在讲如何在家庭对孩子进行教育,不如说他更多的是谈怎样的父母才有资格进行良好的家庭教育。也就是说,他的家庭教育观,其实是父母教育观,即告诉中国的父母们,应该怎样当父母。

在陶行知看来,父母是孩子最早的也是最好的教师。因为他认为:"六岁以前是人格陶冶最重要的时期。这个时期培养得好，以后只须顺着他继长增高的培养上去，自然成为社会优良的分子；倘使培养得不好，那末，习惯成了不易改，倾向定了不易移，态度决了不易变。这些儿童升到学校里来，教师需费尽九牛二虎之力去纠正他们已成的坏习惯、坏倾向、坏态度，真可算为事倍功半。"在那个年代，绝大多数儿童是不能上幼稚园的，那么孩子在进小学前，"人格陶冶最重要的时期"就是和父母一起度过的，而这段时间内孩子受的"人格熏陶"自然来自父母。

为此，陶行知特别指出："孩童最易受人影响者也，父母之言行举动，子女多于不知不觉中被其激触，效而尤之。"

直到今天，也并不是所有的父母都能意识到这一点。你要孩子语言文明，你说脏话吗？你要孩子早起，你睡懒觉吗？你要孩子努力，你有上进心吗？你要孩子不迟到，你守时吗？这些都是"不知不觉"的家庭教育啊！

而这种家庭教育，在陶行知看来，六岁之前尤为关键："六岁以前的教育是多么重要啊！所以要培养小学生，先须培养幼稚生，更须培养婴儿，即须培养婴儿的母亲，那才是根本的办法咧。不注重母教要想把小学办好，比如是水中捞月，如何可能！"

我曾对老师们说过："最好的教育莫过于感染，最好的管理莫过于示范。"这句话同样适用于父母。

陶行知主张，父母们对儿童的兴趣爱好应该宽容，不要轻易地扼杀孩子的天性，说不定这些兴趣爱好里面便蕴含着创造的萌芽。

陶行知在评论好友陈鹤琴先生《家庭教育》一书时，同意陈先生的一个一贯的主张："这个主张就是做父母的对于子女的教育应有一致的措施。中国家庭教育素主刚柔并济。父亲往往失之过严；母亲往往失之过宽。父母所用的方法是不一致的。虽然有时相成，但流弊未免太大。因为父母所施方法之宽严不同，子女竟至无所适从，不能了解事理之当然。并且方法过严则易失子女之爱心，过宽则易失子女之敬意。这都是父母主张不一致的弊病。"

中国人爱说"严父慈母"，一般来说，父亲比较严厉而母亲较为温和，这是没问题的。陶行知批评的是父母的教育观念不同，教育方式有异。现在，许多家庭教育的问题往往都是父母对孩子的要求不一，这如同父母有两个时间不同的手表，都要孩子遵守自己的时间，孩子必然无所适从。因此宽严标准，父母应该一致。

然而，现在许多父母在溺爱孩子这一点上倒是高度统一的：不要孩子做家务事，上学路上帮孩子背书包，孩子参加学校军训开车接送，大学报到父母送到学校并且还帮着办入学手续……如此教育，孩子永远长不大。而孩子的自强品质和自立精神特别重要，不仅关系着孩子自己的人生，还决定着国家的未来。

为此，陶行知专门为儿童写过一首特别的诗："滴自己的汗，吃自己的饭，自己的事自己干。靠天，靠地，靠父母，不算是好汉！"

这首诗应该成为中国每一个家庭的"家训"。

没有合格的父母，就没有合格的孩子，也就没有合格的公民。但不合格的父母太多，怎么办？陶行知主张："我们需要新的普通学校、新的师范学校和新的父母学校，来培养后一代之新教师与新父母，这是过渡时代之儿童福利之泉源。"

如果说在当时，办更多的父母学校还不是太现实的话，那么今天，我国几乎所有学校都有各种形式的家长学校，这是一个进步。但我觉得，培养新父母，一方面当然得靠学校，另一方面还得让全社会都重视起来。作为成都市人大代表，我曾经建议："除了各学校要建立面向全体家长的培训制度，对家长进行系统的培训外，更重要的是，整个成都市要建立家长教育培训的机制与制度，并从公共服务的层面，为尽可能多的家长进行专业的培训，比如每个周末都在成都图书馆或更大的报告厅举行面向所有市民的家庭教育公益讲座。这种培训，应该是传授系统的家庭教育理论和方法，而不是零散的、碎片化的、彼此没有联系的讲座。"

我想，如果陶行知健在，他会同意我这个建议的。

2021年11月16日

跟陶行知学写文章

几个月前,我给一个刚大学毕业参加工作的年轻教师推荐陶行知的书。我说:"你要学习教育理论,请先从陶行知读起。"

过了一段时间,他给我发微信:"没想到陶行知的文章这么浅!完全是口水话,不系统,也没理论高度。"

我估计他喜欢这样的词语:"嬗变""悬置""高蹈""祛魅""增殖"(不是"增值")"前意识"(不是"潜意识")"元感知代码"……

我估计他热衷这样的句式:"基于……进而……抑或……""纵观……正如后××时代的……""镜像式存在……""旨在……蜕变于……"

我估计他欣赏这样的文段:"……看到自我被边缘的自身丧失了主体意识,在看似立体实则线性的时间耗散中坠落于价值迷失与意义失序……"

我估计他激赏这样的篇章:"语文的主体是广泛的,复杂的,无穷的。这是指它作为知识本身不仅包含着基础的认知符号系统及其内部规律,同时包含着与之对位的人的情感状态、价值判断、过程描述等主体的共时性体验。因而,人们在教授和学习它时,不可能像对其他学科那样系统,有层次、有梯度地进行线性方式的知识传授和接受,而是要更大可能地构建学习主体能够深入、持续的语文学习的内在体验。在今天,尤其重要地凸现在现代教学中。"

当然,如果文中还夹杂着"卡维伯克""布鲁科尔""苏斯别尔洛夫""帕杰卡夫"等著名哲学家、教育家、心理学家的名字就更好了。

……

相比之下,那个陶什么知就"太小儿科"了,"太乡土气息"了,"太口水话"了。

其实,作为南京高师(后来的东南大学)的教授和教育科主任、教务科主任,陶行知有足够的资格写出气势恢宏、高屋建瓴、鞭辟入里的文章。

他至今还指导着中国教育的理论,其高瞻远瞩和明见万里,也"配得上"那些看似庄严神圣实则高深莫测的表达。

可他偏偏要写人人都能懂的文章,连他的理论概括也那么白开水:"生活即教育""社会即学校""教学做合一"。

这次重读陶行知,读到了他为自己的"辩解"。他在与友人谈自己写诗时这样说:"我写诗不是给有闲阶级观赏,而是替劳苦大众呐喊的。"他是在说写诗,而他写教育文章也如此。

他不是为评职称而写,不是为获奖而写,不是为汇报而写,不是写给专家看的,不是写给评委看的,不是写给领导看的,而是写给老百姓看的。他不是为了凸显自己的"特色",不是为了标榜自己的"创新",不是为了炫耀自己的"前卫",不是为了宣示自己的"划时代",而是"替劳苦大众呐喊"。因为他搞的是平民教育、乡村教育、国难教育、大众教育——一句话，他办的是人民的教育，当然就要写人民看得懂的文章。

谈中国教育的弊端，他不说"戕害儿童""荼毒生灵""祸国殃民"，而是说"他教人离开乡下向城里跑；他教人吃饭不种稻，穿衣不种棉，做房子不造林；他教人羡慕奢华，看不起务农；他教人分利不生利；他教农夫子弟变成书呆子；他教富的变穷，穷的变得格外穷；他教强的变弱，弱的变得格外弱。"

谈小先生普及知识的意义，他不说"惠泽天下""知识解放""教育普惠"，而是说"在小先生手里，知识是变成空气，人人得而呼吸；知识是变成甘霖，处处得其润泽；知识是变成太阳光，照着广大的群众，向前行进"。

谈"教学做合一"，他不说"知行合一""力学笃行""实践出真知"，而是说"一个活动对事说是做，对己说是学，对人说是教。比如种田这件事是要在田里做的，便须在田里学，在田里教。游水也是如此，游水是在水里做的事，便须在水里学，在水里教。再进一步说，关于种稻的讲解，不是为讲解而讲解，乃是为种稻而讲解；关于种稻而看书，不是为看书而看书，乃是为种稻而看书；想把种稻教得好，要讲什么话就讲什么话，要看什么书就看什么书。我们不能说种稻是做，看书是学，讲解是教。为种稻而讲解，讲解也是做；为种稻而看书，看书也是做。这是种稻的教学做合一。"

谈"社会即学校"，他不说"释放生命""生活课程""环境育人"，而是说"学校即社会，就好像把一只活泼泼的小鸟从天空里捉来关在笼里一样。它要以一个小的学校去把社会上所有的一切东西都吸收进来，所以容易弄假。社会即学校则不然，它是要把笼中的小鸟放到天空中去，使它能任意翱翔，是要把学校的一切伸张到大自然界里去。"

……

爱打比方，善于排比，尽可能用贴近生活的语言词汇，把深刻的思想蕴含于大白话中——这是陶行知文风（包括他的诗风）的特点。这也是我们今天的老师在写文章时最应该向陶行知学习的地方。

说到"大白话"，我想到陶行知在谈到如何写信时，曾提出"请耳朵做教员"。他说："写信如同谈话一样。写的时候，必须要觉得好像有一个人坐在那里，你和他对谈。谈一句，写一句；一面谈，一面写。写好，再一句一句的读出来，请你自己的耳朵做先生。若是耳朵听不懂，就要改；听得不好听，也是要改。总之，你的耳朵要怎样就怎样，要耳朵都喜欢听了，才算是好信。"

他曾连续发表《怎样写大众文》《再谈怎样写大众文》的文章，反复强调"请耳朵做教员"，还写了一首诗谈他的主张和做法：

"根据大众语，来写大众文。文章和说话，不能随便分。一面动笔写，一面用嘴哼。好听不好听，耳朵做先生。"

在这篇文章中，他还举了一个例子：他原来还写过一首《老妈子先生》的小诗，末尾两句原来是："废纸有谁要？只有书呆子。"后来"因为张妹的耳朵的帮助"，他将这两句改成："废纸哪个要？送给书呆子。"

在《四个先生》中，他在批评某些人专门写别人不懂的文章时，也很通俗形象："中国大众的肚皮吃不饱，脑袋也饿得要命。会写文章的人像厨子一样，只为阔佬烧大菜，不顾穷人吃糟糠。"为了写大众能够读懂的文章，他推荐了"四位先生"：第一位是"耳朵先生"，第二位是"大众先生"，第三位是"生活先生"，第四位是"新文字先生"。

对每一位"先生"的介绍也是通俗而诙谐，比如他是这样介绍"耳朵先生"的："我们平常写文章，只要眼睛看得满意就算是好的了。但是我们的眼睛，看惯了古文，看惯了白话文最容易叫我们上当。它会教我们写成大众看不懂的文字。我们的耳朵呢，比起眼睛来是和大众接近些。我们听得懂的话，大众多半听得懂。根据我们听得懂的话语写出文章来，识字的大众是比较容易看得懂。写之前，写之时，写之后，都要把自己的耳朵请出来指导一下，读起来，耳朵听得懂，高兴听，就算及格；听不懂，不高兴听，就把它摔到字纸篓里去。"

而他对"大众先生"的介绍，让我想起了当年的白居易："我们的耳朵虽然比眼睛靠得住，但不是顶靠得住的。顶靠得住的是大众的耳朵，农人、工人、车夫、老妈子、小孩子都是我们必须请教的先生。倘使能够认识几位前进的大众，那是格外的好。写好一篇文章或是一篇诗歌，读起来给他们听听，他们必定能够给我们改得很好。他们听到新名词的时候，有时听不懂，我们必得解释。但是新名词也应当充分的根据大众语来创造或改造。比如，微生物学里的'草履虫'是无疑的应当改成'草鞋虫'。"

读到这些文字，我很感动。这已经不仅仅是写作技巧了，更是陶行知那颗对人民大众的爱心。

不装腔作势，不故弄玄虚，不生造词语，不凌空虚蹈……只需老老实实，诚诚恳恳，掏出一颗心，献上满腔情，做真人，说人话。

当代中国每一位真心想追随陶行知的教育者，都应该跟陶行知学写文章。

2021年11月16日

新教育的世纪回响

重读陶行知，我不能不联想到今天的新教育实验。

1936年7月11日，陶行知开始了他一生中的第三次出洋。他这次出国，直接原因是受邀出席世界新教育会第七届集会，但更重要的使命是，他受全国各界救国会之重托，以国民外交使节的身份向海外侨胞和世界各国人民宣传中国人民抗日救国主张。五天之后，抵达新加坡的陶行知，面对新加坡的侨胞发表了他此次海外之行的第一次演讲——《新教育与新中国》。结合当时的局势，他号召大家为了救国在教育上联合起来，从有理论的行动中创造一个新中国。

翻开陶行知的论著，"新教育"这个词频频出现。他不但创办了《新教育》《新教育评论》等杂志，而且亲自写了不少文章宣传新教育。比如《新教育》一文，便从新教育的需要、释义、目的、方法以及新学校、新学生、新教员、新课程、新教材、新考成（测验、考试、考核）等方面全面解说了新教育。

当然，必须指出的是，就字面本身的含义而言，与一切阻碍人和社会发展的相对立的教育都可以称为广义上的"新教育"，但陶行知所说的"新教育"有其特定时代背景，这就是当时中国的新教育运动。

如果继续追溯的话，中国的新教育运动的源头是19世纪末20世纪初欧洲的新教育流派。它是随着欧洲国家工业化发展、垄断的进一步形成而出现在欧洲的一场反对传统教育理论和方法，广泛采用新的教育形式、内容和方法，革新已有教育的方方面面的教育运动。在美国，"新教育"又被称作"进步教育"。欧美新教育流派（运动）主张：充分尊重儿童的个性，促进儿童全面发展，让儿童成为有个人尊严的现代公民。这些相对于传统教育来说，都是极具反叛色彩的。

到了20世纪初，蔡元培、黄炎培、郭秉文、蒋梦麟、陶行知等海外留学回来的学者们，在新文化运动的背景下，向阻碍人性发展、不合共和精神、妨碍公民成长的传统教育发起了冲击。他们以民间教育力量为主体，以实用主义教育哲学为理论基础，以教育民主化、科学化、国际化和本土化为基本内容，开始了中国的新教育运动，其实质是教育现代化改革运动。

朱永新老师指出："中国新教育运动的兴起和发展，固然是中国近现代教育发展的内在需要，同时也深受20世纪初期国际教育思潮与运动，特别是美国'进步主义教育运动'和欧洲'新教育运动'的深刻影响，同时它积极反馈于国际教育新潮。从某种意义上说，也可将之视为20世纪前期国际教育改革运动的重要组成部分，它们彼此相互影响，相互推动，促进了20世纪前期世界教育的改革与发展。"

不知这样理解是否正确——如果说，蔡元培的北大改革是中国新教育运动在高等教育中的呈现；那么新教育运动在陶行知这里则体现于他对平民教育、乡村教育、国难教育等生活教育有声有色的实践中。

毫无疑问，陶行知是20世纪前半叶中国新教育的杰出代表。

历史的脚步走到20世纪末，踏上了世纪之交的门槛。以朱永新为代表的一大批有理想的教育者，顺应改革开放以来国家教育改革的潮流，尤其是素质教育的主张，继承陶行知等教育先辈们的教育思想，开始了当代新教育的探索实践。这支队伍中，除了有思想有理论的专家学者，绝大多数都是来自中小学一线的草根教师。他们把自己的教育探索称为"新教育实验"。

朱永新老师曾谈到新教育实验的理念与中国早期新教育运动代表人物的思想联系："从'学术认祖'的角度来看，早在20世纪二三十年代的时候，以陶行知、黄炎培、梁漱溟、晏阳初四位为代表的教育家们就已经为我们树立了光辉的典范。他们对当时中国教育存在的问题进行了深入的探讨和反思，在借鉴和运用西方教育理论的基础上进行创新和发展，投入轰轰烈烈的教育改革实验中去，以自己的亲身实践为基础，分别创立了具有中国特色的'生活教育理论''职业教育理论''乡村教育理论'和'平民教育理论'。他们的活动方式以及所留下来的这些理论是中国教育的无价之宝，无疑是新教育实验的重要思想资源。"

毫无疑问，陶行知当年未能彻底革除教育弊端，需要我们今天接过他的旗帜奋然前行，继续革除。比如教育均衡问题，培养创造力的问题，"六大解放"的问题，师范生培养问题，等等，都是当年也是今天的教育顽症。但是我们也不是当年陶行知教育实践的简单延续，毕竟时代已经走过了百年，今天的新教育人面对着新的教育难题，即使有些难题当年也存在，但在新的时代这些难题又有新的呈现方式。

如果说，陶行知当年的新教育要解决的主要任务是让读不上书的老百姓及其孩子能够平等地接受教育；那么今天我们的新教育就是要让所有孩子都能平等地享受优质教育。我这个概括不一定精确，但我认为大致是这样的。

当然，为了这优质教育，新教育人从理论创新、文化建设、课程开发、社会实践等方面进行了卓有成效的探索："书香校园""完美教室""未来学校""理想课堂""卓越课程""每月一事""家校合作""教师发展"……

当年陶行知有他的教育主题，今天我们有自己的教育使命。现在新教育人每天所上演的，正是陶行知生活教育的21世纪升级版。用朱永新老师的话来说："21世纪初叶中国关于教育改革探索的'新教育'，既可以视为'世界语境'中的'新教育'在当代中国的一声'回响'，也可以视为对20世纪初叶中国新教育的一种'承继'。因为此项探索与历史上的'新教育'之间有许多共同的特性：都试图对当下的教育和社会进行改良和创新，都主张尊重儿童的个性与自由，都建立了一批实验学校，都是民间草根的自发行动等。从传承意义上讲，我们关于教育的探索和创新是历史上'新教育'精神在新时代的'链接'和'延续'。为了区别于历史上的'新教育'，我们将这项教育改革探索称为'新教育实验'。"

更重要的是，我们所秉持的新教育精神——执着坚守的理想主义、深入现场的田野意识、共同生活的合作态度、悲天悯人的公益情怀，这不也正是当年陶行知所主张并身体力行的吗？

从这个意义上，我可以自豪地说，我们今天的新教育实验是陶行知教育思想的当代实践，是百年中国新教育的世纪回响。

2021年11月16日

后 记
不读行知，何以为师？

20世纪上半叶的中国，教育家可谓群星璀璨。但论在当代中国教师中的知名度，首推陶行知。

是呀，在很多学校，都会看到教育家陶行知的肖像和"捧着一颗心来，不带半根草去"的语录。不过很遗憾，不少教师对陶行知的了解也就仅此而已。作为一名中国教师，如果对陶行知富有中国气派的教育理论和实践，缺乏深入了解，很难称得上是完整合格的教师。

我的朋友张圣华先生曾在为《陶行知教育名篇》写的序言中说："一个没有读过陶行知的人，怎么可以在中国做教师呢？"

是的——在中国，不读行知，何以为师？

我在大学时代没听说过陶行知。估计不少年轻的朋友会感到吃惊："难道读师范时，老师不讲陶行知吗？"是的，虽然陶行知去世时，毛泽东授予他"伟大的人民教育家"的称号，但是几年后的1951年，从批判《武训传》开始，陶行知也被批判，然后被打入"冷宫"，直到改革开放后的1981年，中共中央以纪念陶行知诞辰90周年的名义，给陶行知恢复名誉，算是平反。整整30年，陶行知人间"蒸发"。我1978年上大学，哪个老师敢讲陶行知？

1980年，安徽和江苏先后成立陶行知研究会；1981年，四川省也成立了陶行知研究会；接着全国各地纷纷成立陶行知研究会；1985年，中国陶行知研究会成立。中国教育界渐渐有了一些陶行知的气息了。正是从那时起，我开始直接阅读陶行知，一直读到现在。当然，虽然40年来一直都没中断读陶行知，但多数时候都是断断续续地读，真正比较集中阅读陶行知有三次。

第一次是我1982年参加工作之初，那时候陶行知的著作已经开始"解冻"。我读的第一本陶行知的书，是教育科学出版社1981年出版的《陶行知教育文选》，我一下便被他朴素的语言和深刻的道理征服了。这和读苏霍姆林斯基的感觉完全一样，但因为陶行知说的是中国教育，所以他又比苏霍姆林斯基更亲切。实话实说，那一段时间读陶行知，虽然比较集中，但完全是零碎的、非系统的，而且带有功利，就是为了写文章时找"理论"。即使如此，我也感到收获很大。可以说，是陶行知坚定了我许多教育信念，比如当时在进行"生活语文"的探索，这个教育实验就是直接受到陶行知生活教育理论的启发。

第二次集中读陶行知著作，是我2000年读博期间。因为有充裕的时间，我比较系统地研读了陶行知。注意，我说的是"研读"，即以研究的态度细读陶行知的书。我还是得诚实地说，读博那几年读陶行知，依然有着明确的功利目的，就是为了完成博士论文。那几年我读的教育论著，当然远不止陶行知，但他是我读得最认真的几位教育家之一。特别是他的民主教育理论，让我震撼：原来在我们中国曾经还有这样一位民主教育的先驱！不但阅读，我还去南京参观了陶行知纪念馆，凭吊了先生的墓地。那一天刚好是陶行知诞生110周年的日子。在陶行知墓前，我从先生的教育想到今天的教育，感慨万千，回去以后写了一篇随笔《愧对先生》。

这次重读陶行知，是从两个多月前即2021年9月2日早晨开始的。因为我做了一个不大不小的手术，需要躺在床上慢慢恢复。这么长的时间，对我来说正是读书的好机会。于是，我没有"躺平"，而是把书房里所有的陶行知著作全搬来堆在床边，然后再用两个枕头垫着背，斜躺（其实也可以说是半坐）在

后 记

床上打开了陶行知的书。

没有了任何功利，就想重新系统地读读先生。这次我是"地毯式轰炸"般的阅读，把年轻时读过的《陶行知教育文选》，还有中年时读过的《陶行知教育文集》以及《陶行知全集》，还有一些有关他的书都重读了一遍。为什么读了全集还要读选集呢？因为不同的版本注释和附录都不一样。这次重读，就不仅仅是读他的文章了，还读他的诗歌、小说、书信，连他的便条，我都不放过。总之，我视野内的陶行知所有的文字，这次被"一网打尽"。

不仅仅是读，还随时写，我有感想便及时写下来，写完后继续往下读。反正笔记本电脑放在双腿上正合适，写作很方便。于是，边读边想边写，从9月2日读第一章，到今天11月16日读完最后一页，在床上两个多月，我就写了73篇"重读陶行知"的小文。

这些短文仅仅是我结合自己的教育实践与感受写下的随笔而已，比起我读过的许多陶研专家的论著，我这些文字连"陶研"的皮毛都算不上，更谈不上什么"学术性"，它们只是我对陶行知思想的肤浅理解，而且这些理解完全可能有偏差；但每一个字都是从我心里流出来的。这也算是献给我敬爱的陶行知大先生的学习汇报。

我所有感想都在里面了，而最大的感想是——

当代中国的某些教育者，在高喊着陶行知名字的时候，却遗忘了陶行知。

实话说了吧，其实本来我想用"背叛了陶行知"！

难道不是吗？

——当我们歌颂"捧着一颗心来，不带半根草去"的时候，有多少教育者却醉心名利，以"教育产业化""教育市场化"的名义，发着"教育财"？

——当我们把"千教万教教人求真，千学万学学做真人"写在校园墙上时，有多少教育者不但自己作假，还教孩子作假？

——当我们在推崇"生活即教育""社会即学校"时，有多少教育者把学校和社会以及大自然强行分开，以"安全"为由，连春游都取消了？

——当我们在演讲和论文中，引用"六大解放"的"名言"时，有多少教育者却给孩子加重课业负担，让无数孩子失去了充足的睡眠和健康的身体，以及自由的大脑？

……

如果继续"当"下去，这组排比将会很长很长。算了，不"当"了！

翻开陶行知的书，我总感觉他的一双眼睛依然并始终注视着当代中国教育，注视着我们。这眼睛里有许多欣慰，也有不少忧虑。如果陶行知活在今天，他将怎样说？

亲爱的教育同行，无论您教了多长时间的书，无论您遇到怎样的困难，只要您的初心至今一尘不染，只要您还想当一个有良知、有爱心、有胸襟、有智慧的中国教师，恳请您捧读陶行知，走进他的精神世界。您会发现——

陶行知的每一个字，都闪着光，温暖而明亮，永远照耀着我们的校园、我们的课堂、我们的教室，还有我们的灵魂……

2021年11月16日晚

参考文献

陶行知.陶行知全集[M].成都：四川教育出版社，2005.
陶行知.陶行知教育文集[M].成都：四川教育出版社，2007.
陶行知.陶行知教育名篇[M].方明编.北京：教育科学出版社，2013.
苏霍姆林斯基.给教师的建议·全一册[M].北京：教育科学出版社，1984.
苏霍姆林斯基.给教师的一百条建议[M].周蕖，王义高，等译.天津：天津人民出版社，1981.
苏霍姆林斯基.和青年校长的谈话[M].赵玮，等译.上海：上海教育出版社，1983.
苏霍姆林斯基.育人三部曲[M].毕淑芝，等译.北京：人民教育出版社，1998.
苏霍姆林斯基.帕夫雷什中学[M].赵玮，等译.北京：教育科学出版社，1983.
杜威.民主主义与教育[M].王承绪，译.北京：人民教育出版社，1990.
朱永新.朱永新教育演讲录[M].北京：人民教育出版社，2018.
朱永新.新教育[M].桂林：漓江出版社，2014.
朱永新.新教育实验二十年：回顾、总结与展望[J].华东师范大学学报·教育科学版，2021.
贾谊.过秦论[M].吴调侯，吴楚材选编.古文观止.北京：中华书局出版社，1959.
王开岭.精神明亮的人[M].太原：山西人民出版社，2009.
中共中央马克思恩格斯列宁斯大林著作编译局.马克思恩格斯全集：第一卷[M].北京：人民出版社，1956.
中共中央文献研究室、新华通讯社.毛泽东新闻工作文选[M].北京：新华出版社，2014.
马克斯·范梅南.教学机智——教育智慧的意蕴[M].李树英，译.北京：教育科学出版社，2001.

赞可夫. 和教师的谈话[M]. 杜殿坤,译. 北京:教育科学出版社,1980.
泰戈尔. 飞鸟集[M]. 郑振铎,译. 上海:上海译文出版社,1981.
蒙台梭利. 童年的秘密[M]. 马荣根,译. 北京:人民教育出版社,2005.
格里德. 胡适与中国的文艺复兴[M]. 鲁奇,译. 南京:江苏人民出版社,1996.
刘军宁. 民主共和宪政[M]. 上海:上海三联书店,1998.
马小平. 叩响命运的门[M]. 长沙:湖南文艺出版社,2021.